FACULTÉ DE DROIT DE BORDEAUX

DU TRANSFERT
DE LA PROPRIÉTÉ FONCIÈRE
Par l'effet des conventions à titre onéreux
EN DROIT ROMAIN ET EN DROIT FRANÇAIS
ET DE LA PUBLICITÉ
des actes translatifs de propriété
D'APRÈS LA LOI DE 1855

THÈSE

POUR LE DOCTORAT

Soutenue le 10 Mai 1875

PAR

Michel ARNAUDIN

Avocat

BORDEAUX
TYPOGRAPHIE L. CODERC, LIBRAIRE
28, RUE DU PAS-SAINT-GEORGES, 28.

—

1875

DU TRANSFERT
DE LA PROPRIÉTÉ FONCIÈRE
Par l'effet des conventions à titre onéreux
EN DROIT ROMAIN ET EN DROIT FRANÇAIS
ET DE LA PUBLICITÉ
des actes translatifs de propriété
D'APRÈS LA LOI DE 1855

THÈSE
POUR LE DOCTORAT

Soutenue le 10 Mai 1875

PAR

Michel ARNAUDIN

Né à Icbour (Landes), le 2 Novembre 1849
1re Mention honorable au Concours de 1re année, Poitiers 1870.
2e Prix au Concours de Droit Français de 3e année, Bordeaux 1872

BORDEAUX
TYPOGRAPHIE L. CODERC, LIBRAIRE
28, RUE DU PAS-SAINT-GEORGES, 28.

1875

FACULTÉ DE DROIT DE BORDEAUX

A MA GRAND'MÈRE

A MON PÈRE ET A MA MÈRE

A MA SŒUR

A MON ONCLE ET PARRAIN

Michel ARNAUDIN

BIBLIOGRAPHIE

I. — DROIT ROMAIN

GIRAUD. . . . . *De la Propriété.*
PELLAT. . . . . *De la Propriété.*
DEMANGEAT. . . . . *Cours de Droit romain.*
ORTOLAN. . . . . *Explication des Institutes de Justinien*
ACCARIAS. . . . . *Précis de Droit romain.*
WETTER. . . . . *Cours de Droit romain.*
MAYNX. . . . . *Cours de Droit romain.*
BUFNOIR . . . . *De la Condition.*
MOLITOR. . . . . *De la Possession.*
DE SAVIGNY . . . . *De la Possession.*
M. RIBÉREAU . . . . *Théorie de l'In bonis.*
CUJAS. . . . . *Opera.*
DONELLUS. . . . . *Opera.*
POTHIER . . . . *Pandectes.*

II. — DROIT ANCIEN

LABOULAYE . . . . *Histoire de la Propriété foncière au Moyen-Age.*
GUIZOT. . . . . *Histoire de la Civilisation en France.*
MICHELET. . . . . *Des Origines du Droit français.*
GROTIUS. . . . . *De Jure Pacis et Belli.*
LESCARRET. . . . . *De la Propriété féodale.*
M. DELALANDE. . . . . . . *De la Saisine héréditaire. — Thèse Bordeaux, 1872.*
POTHIER . . . . *Traités de la Propriété et de la Vente.*
DOMAT. . . . . *Lois civiles.*
DUMOULIN . . . . *Coutumes générales.*
ROUTEILLER. . . . . *Somme rurale avec Notes de Charondas.*

LOISEL . . . . *Institutes coutumières.*
HENRIQUEZ . . . . *Code des Seigneurs hauts justiciers et*
féodaux.
BOUCHER D'ARGIS . . . . . *Code rural.*
ARGOU . . . . *Institution au Droit français.*
LOCRÉ . . . . *Législation civile.*

III. — DROIT ACTUEL

AUBRY et RAU . . . . *Droit civil*, nouvelle édition.
TROPLONG . . . . *Traité de la Transcription. — Privi-*
léges et Hypothèques. — Mariage. —
Vente.
DEMOLOMBE . . . . Divers traités sur le *Droit civil.*
MOURLON . . . . *Répétitions écrites. — Traité de la*
Transcription.
LAURENT . . . . *Cours de Droit civil.*
FONTAINE DE RESBECQ. *Thèse.* Paris 1861.
LAURE . . . . *Thèse*, Paris 1872.
BANCELIN . . . . *Thèse*, Paris 1874.
MARCADÉ . . . . *Droit civil.*
PAUL PONT . . . . *Traité des Priviléges et Hypothèques.*
SELIGMAN . . . . *Commentaire de la Loi du 21 Mai 1858.*
BASTIAT . . . . Ses Œuvres.

RECUEILS ET REVUES

DALLOZ . . . . *Répertoire de Jurisprudence.*
SIREY . . . . *Répertoire de Jurisprudence.*
MERLIN . . . . 1° *Questions de Jurisprudence;* 2° *Ques-*
tions de droit.

Revue historique.
Revue pratique.
Annuaire de la Législation étrangère, 1872.
Revue critique.
Thémis.

DU TRANSFERT

DE LA PROPRIÉTÉ FONCIÈRE

PAR L'EFFET DES CONVENTIONS A TITRE ONÉREUX

ET

DE LA PUBLICITÉ

des actes translatifs de propriété, d'après la loi de 1855.

INTRODUCTION

L'art 544 du Code Civil définit ainsi la propriété : « Le droit de jouir et de disposer des choses de la manière la plus absolue » Par cette définition le législateur de 1804 a déterminé les effets du droit de propriété, mais il n'a pas indiqué sa nature et son fondement. Il a suivi les errements de la généralité des jurisconsultes et des philosophes des temps antérieurs qui ont longuement disserté sur les effets et les conséquences de ce droit sans en examiner l'origine, sans mettre en doute sa légitimité, l'acceptant comme une chose évidente par elle-même, parce qu'elle est une des bases indiscutables de la Société. Mais ce droit n'a pas échappé à l'esprit investigateur de notre siècle. L'école socialiste personnifiée dans

Proudhon, a cherché à l'ébranler et a engagé une lutte vio-
lente contre ses défenseurs, qu'elle a amenés par suite à
une étude plus attentive de sa nature et de son fondement.
Le résultat de cette lutte a été de faire donner par ces derniers la véritable définition de la propriété, qui est la suivante. « La propriété n'est que l'appropriation devenue un
droit par le travail » Elle est due à Frédéric Bastiat, le grand
économiste dont peuvent s'honorer les Landes. De cette
définition découlent sans peine les effets que le législateur
reconnait à la propriété dans son art. 544. De ce que la propriété est le droit de l'individu sur les choses qu'il s'est appropriées, l'appropriation n'étant qu'une extension et un
développement de la personne même, et la personne étant
l'individu libre, il résulte que les éléments constitutifs de la
propriété sont l'individualité et la liberté. De là, au point de
vue juridique, un double caractère : de l'individualité découle
un principe d'exclusion, qui fait que le propriétaire peut
opposer son droit à toute autre personne ; et de la liberté découle un principe d'attribution absolue qui est déterminé par
le rapport de la volonté de l'individu à la chose, et qui lui
donne le pouvoir de disposer de son bien à son gré, de s'en
dépouiller, et même de le détruire[1].

[1] M. Accarias dans son *Traité du Droit romain*, 1re édition, 1er vo-
lume, p. 131, dit en des termes d'une précision frappante :

« Le droit du propriétaire n'est que l'expression et le résultat d'un
travail plus ou moins prolongé ; il est la manifestation permanente
d'une activité qui a su produire au delà de ses besoins. Au fond donc,
c'est la personnalité humaine qui s'affirme dans le droit de propriété,
et de là cette plénitude de pouvoirs qu'entraîne, comme conséquence
remarquable, la faculté de transmettre, soit entre vifs, soit par décès. »

L'aliénation, qui est ainsi un des principaux attributs de la propriété, peut être indirecte par l'abandon, ou directe par la transmission à un autre individu.

Dans ce dernier cas, qui nous fait rentrer dans notre sujet, elle peut présenter deux caractères bien distincts : celui de don ou de libéralité, soit quand le propriétaire fait donation actuelle à autrui de la chose qu'il possède sans rien recevoir en compensation, soit quand il fait un legs qui ne le dépouille qu'après sa mort, et celui d'échange, quand il cède sa chose et qu'il en reçoit une autre à la place, c'est-à-dire, en termes de droit, quand il se démet de sa propriété par suite d'une convention à titre onéreux.

La transmission de propriété qui résulte de ces aliénations, a lieu par suite de la volonté manifestée du propriétaire

Quand il décède sans avoir fait de dispositions testamentaires, c'est la loi elle-même qui règle la transmission de ses biens à ses héritiers, cherchant autant que possible à suivre ses volontés, qu'elle suppose conformes aux liens de la nature :

Ainsi se produit ce fait social d'une importance capitale : le passage de la propriété de la tête d'une personne sur celle d'une autre.

Nous allons étudier ce fait au point de vue du droit positif, non pas dans tous les cas, mais dans celui seulement où il a lieu par suite d'un contrat réel, c'est-à-dire par l'échange d'une chose contre une autre d'égale valeur, ou d'une chose contre sa valeur fictive.

— Mais avant de commencer cette étude il est indispensable d'examiner brièvement ce fait du transfert de la propriété au point de vue du droit pur, c'est-à-dire de rechercher, d'après l'état auquel est arrivée de nos jours la science du droit, les règles générales auxquelles le législateur aurait dû obéir, pour organiser d'une manière complète et parfaite le système de la transmission de la propriété entre-vifs et à titre onéreux. Nous pourrons aussi plus facilement le suivre pas à pas à travers les siècles, montrer sa tendance constante vers la réalisation de ce système, indiquer à chaque époque le résultat des efforts qu'il a faits pour l'atteindre, et, après avoir exposé la loi telle qu'elle est aujourd'hui, nous demander s'il a réussi, dans la plus grande de ses tentatives, à satisfaire aux exigences de la science.

La propriété est un droit, comme nous l'avons établi, inhérent à la nature humaine. Au point de vue du droit positif, elle est le plus complet des droits réels, parce qu'elle met en rapport direct et immédiat une personne avec une chose, et qu'elle donne à cette personne le pouvoir le plus absolu sur cette chose, en obligeant toutes les autres personnes sans distinction à le respecter, et à ne rien faire qui puisse en empêcher l'exercice.

Mais ce droit considéré en lui-même n'est qu'une pure abstraction. Il faut qu'un signe extérieur vienne le révéler et rendre son existence certaine ; ce signe ne peut être le même pour les meubles et pour les immeubles : pour les premiers, en effet, la détention en est possible et facile, et c'est là le signe le plus manifeste, la preuve réelle et palpable de la propriété ; mais pour les immeubles, la possession matérielle et de fait, la détention physique et visible n'existant pas le plus souvent, quoique la possession légale soit très-facile et de droit commun, il est à-peu-près indispensable de recourir à un acte intellectuel, susceptible cependant d'être connu de tous, pour constituer la preuve du droit de propriété que l'on peut avoir sur eux.

Ce signe extérieur est surtout nécessaire pour bien déterminer le moment où le droit passe de la tête d'une personne sur celle d'une autre, et pour permettre au nouveau propriétaire de se servir de ce droit, de l'utiliser dans ses relations avec autrui et de l'invoquer contre tout agresseur.

A quel moment donc peut-on dire que cet événement a lieu, et surtout comment doit-on pouvoir le prouver?

Il faut observer cet événement : au point de vue des parties contractantes elles-mêmes, et au point de vue des tiers.

En premier lieu le rapport direct que le droit de propriété établit entre une personne et une chose, n'étant autre qu'un rapport de volonté, lorsque cette volonté est éteinte par suite d'un contrat, le droit lui-même doit disparaître dans la personne du propriétaire pour naître aussitôt dans la personne du contractant qui prend sa place.

On peut dire en effet que le signe extérieur pour les parties contractantes, se trouve ici dans la convention elle-même; car pour former une convention, il faut qu'il y ait concours de volontés, et ce concours de volontés ne peut avoir lieu que par une manifestation quelconque et réciproque faite l'une à l'autre par les parties; et du moment que cette manifestation a eu lieu, rien ne s'oppose au transfert du droit lui-même. C'est ainsi que l'on donne l'explication et les motifs de ce principe que la propriété peut se transférer par le seul effet des conventions. Et puisqu'il s'agit de conventions, il n'y a qu'à admettre les preuves ordinaires, déterminées par la loi pour en constater l'existence.

En second lieu, les tiers sont obligés de respecter le droit de propriété dans la personne du propriétaire. Or, n'intervenant pas au contrat, et n'en connaissant pas l'existence, ils ne peuvent faire autrement que de le respecter dans la personne de l'ancien propriétaire, dont la volonté est supposée toujours persistante, et non dans celle du nouveau, tant que celui-ci ne s'est pas fait connaître à eux; et comme ce dernier ne peut avertir chaque personne en particulier, il est indispensable pour le législateur de faire, par un moyen simple, facile, sûr, que tout acte translatif de propriété puisse être connu de tous, et de disposer qu'une fois cette formalité remplie, cet acte soit opposable à tous.

De grands intérêts sociaux viennent d'ailleurs s'ajouter à ces raisons juridiques, et démontrer que ce sont là les véritables bases de l'organisation du transfert de la propriété.

D'un côté, en effet, si on examine les parties contractantes, on voit que le but poursuivi par chacune d'elles dans le contrat, a été de se procurer, à l'aide d'une chose dont elle peut se passer, une autre chose qui lui est plus utile, plus nécessaire à la satisfaction de ses besoins; chacune d'elles cherche son profit dans cet échange; or, le bien-être général n'est autre chose que la somme des bien-êtres particuliers; on peut donc dire que la circulation des biens développe, augmente la prospérité et la fortune publique, et que le devoir du législateur est en conséquence de faciliter cette circulation, et pour cela de simplifier autant que possible les rapports des parties contractantes. Evidemment il ne peut mieux le faire qu'en admettant le principe du transfert de la propriété par le seul effet du consentement.

D'un autre côté, le crédit exige, pour bien fonctionner, beaucoup de sécurité et de garanties. Celui qui veut acquérir tient à s'assurer du droit de propriété de son vendeur, pour éviter la tromperie et la fraude et ne pas s'exposer à être évincé par le véritable propriétaire après avoir payé son prix à un faux aliénateur. Celui qui prête son argent exige un gage certain qui ne porte pas à faux sur des immeubles appartenant à une autre personne qu'à son débiteur, afin de ne pas se trouver, à l'échéance de la dette, en face d'une personne insolvable, qui n'a pour tout bien que les faux titres qu'elle a produits. On voit qu'il est de nécessité sociale que tous les actes modificatifs de la propriété soient connus de tous. Le législateur doit donc les entourer de toutes les plus grandes garanties et leur donner la plus grande publicité.

Ainsi les raisons philosophiques et les intérêts sociaux s'accordent pour dicter au législateur ces deux règles générales qui peuvent le conduire à une organisation parfaite de la transmission de la propriété : 1° Simplifier autant que possible les rapports des parties contractantes, afin de faciliter la circulation des biens ; 2° Entourer les contrats translatifs de propriété de toutes les garanties et de la plus grande publicité, afin de permettre au crédit de se développer en toute sécurité.

A-t-il appliqué ces deux règles ?

C'est ce que nous allons rechercher :

1° Dans le droit romain,

2° Dans notre ancien droit,

3° Dans le droit intermédiaire,

4° Et dans notre droit actuel.

Ce sera la première partie de ce travail.

Dans une deuxième partie, arrivé à la loi de 1855 qui ne traite que du rapport des parties contractantes avec les tiers, nous étudierons le système de publicité établi par cette loi, pour tous les actes à titre onéreux translatifs de propriété, qui comprennent, en outre des contrats ordinaires, les jugements d'adjudications, dont nous parlerons également pour faire un traité aussi complet que possible.

Cette deuxième partie sera divisée en trois chapitres :

1° Actes et jugements translatifs soumis à la transcription.

2° Forme de la transcription.

3° Ses effets et sanction du défaut de son accomplissement.

Enfin dans un appendice nous ferons un résumé rapide de la marche du législateur et une critique très-brève de la loi de 1855, et nous dirons quelques mots des législations étrangères.

Il nous reste une remarque fondamentale à faire. L'organisation de la transmission de la propriété est entièrement dépendante de l'organisation de la propriété elle-même. Il nous sera donc indispensable, au commencement de chaque époque, de parler d'abord de la propriété avant d'exposer son système de transmission.

Iʳᵉ PARTIE

PARTIE HISTORIQUE

CHAPITRE Iᵉʳ

DROIT ROMAIN

CONSIDÉRATIONS GÉNÉRALES

Aussi loin que l'on peut remonter dans l'histoire de Rome, malgré les ténèbres qui enveloppent son origine, on y constate l'existence de lois positives, simples, sévères, nettement formulées, fortes de l'autorité de la religion, si grande à cette époque, et entourées du respect de tous. Ces lois se sont d'autant plus facilement imposées à l'obéissance des Romains, qu'elles paraissent, autant qu'on peut en juger, la simple consécration des mœurs, des coutumes et des usages de l'époque, et qu'elles s'appliquent à un peuple chez lequel on peut constater des diversités de races et des divisions de castes, mais qui, petit et faible d'abord, a été obligé dès son commencement de se tenir serré et concentré pour lutter contre ses ennemis, et pour cela de bien déterminer ses droits et ses devoirs. On peut dire que le principe de la

2

grandeur des Romains se trouve dans l'unité, la simplicité et la force de leurs lois primitives. C'est ce qui explique la grande autorité que ces lois conservèrent toujours, et qui les maintint si longtemps sans changement, alors que tout changeait autour d'elles.

Comme celles de tous les peuples primitifs, elles étaient loin d'être conformes au droit naturel et étaient empreintes du plus grossier matérialisme; elles constataient et régularisaient des faits, qu'elles entouraient de formes symboliques, d'images, de gestes extérieurs, de tout ce qui pouvait frapper les sens, et en même temps de paroles, de formules consacrées, dont on ne pouvait se départir sans perdre son droit. Elles doivent être considérées comme de pures conventions qui n'avaient pas le moindre rapport avec l'idée du droit, tel que nous le concevons aujourd'hui. Aussi ne furent-elles réellement appliquées dans toute leur rigueur que tout-à-fait dans les premiers temps. Dès que le peuple Romain commença à s'étendre, dès qu'il eut fait ses premières conquêtes, et que la civilisation commença à y paraître, il se trouva gêné par sa législation rigoureuse, exclusive et restrictive, et chercha à se débarrasser de ses formes trop matérielles; les premiers pas qu'il fit vers des lois plus douces et plus spirituelles, furent consacrés par un monument dont le souvenir est impérissable, les lois des XII tables. C'est là la première époque de ce droit.

La seconde époque est celle de sa transformation lente, régulière, sans interruption, que l'on peut suivre pas à pas, en se rendant compte du travail journalier des siècles. Les formes disparaissent petit à petit; le Préteur, cédant aux exigences d'un droit plus équitable, nécessité par un grand développement du commerce, par l'introduction des idées

philosophiques, par les progrès considérables du spiritualisme, arrache tous les jours quelques lambeaux à cette
ancienne loi, qu'il prétend toujours respecter, mais qu'il
détruit en ne lui laissant qu'une autorité tout à fait nomina-
tive, et en lui enlevant toute force d'application. Cette
seconde époque s'étend de la loi des XII tables jusqu'à
Justinien, qui vient enfin régulariser l'état des choses par
l'entière abolition des quelques formules qui peuvent
encore exister de l'ancienne loi, et par la consécration des
résultats du long travail des Préteurs et des prudents.
Nous nous trouvons encore ici en face d'une législation une
et simple, mais qui se rapproche beaucoup du droit naturel,
sans qu'on puisse cependant dire qu'elle l'a parfaitement
atteint.

Telle est la marche générale du droit romain, et les
diverses époques qui divisent distinctement son histoire in-
terne. Appliquons-les à notre sujet. Ici plus facilement que
partout ailleurs, nous allons pouvoir suivre pas à pas les
transformations que le droit a subies à Rome, et qui, de
matériel, de symbolique, de conventionnel qu'il était, en ont
fait un droit assez équitable, et empreint d'un assez grand
spiritualisme[1].

---

[1] Ortolan. *Explication historique des Institutes de Justinien*, et notamment la 2e partie du 1er vol. : *Généralisation du Droit romain*.

PREMIÈRE ÉPOQUE

DES TEMPS LES PLUS RECULÉS JUSQU'AUX XII TABLES

———

I. — *Organisation de la propriété*

La loi des XII tables ne connaît qu'une seule espèce de
propriété « *Aut enim ex jure Quiritium unus quisque Dominus erat, aut non intelligebatur Dominus* » (dit Gaius 2. § 46.)
Pour avoir cette propriété, ce dominium, il faut être citoyen
Romain ; et pour qu'elle porte sur les immeubles, il faut en
outre qu'ils en soient susceptibles, c'est-à-dire qu'ils fassent
partie de l'*ager Romanus*[1]. En principe la propriété appartient à l'état ; c'est lui qui est censé la céder aux particuliers. On voit que nous sommes bien loin du véritable droit
de propriété dont le principe est dans l'homme même. Ici la
propriété n'est qu'un fait, un fait brutal, la spoliation « *Maxime sua esse credebant quæ ex hostibus cepissent* (Gaius C.,
4, § 16.) « *Ea quæ ex hostibus cepimus jure gentium nostra
fiunt* (Inst. 2, 1, § 17.) » Elle est un droit, si l'on veut,
mais le droit de la force ; et ce caractère lui restera toujours
à Rome.

II. — *Transmission.*

Cette propriété ainsi soumise à des restrictions si étroites,
ne peut être transférée que par des modes limités et soumis
également à des règles du plus sévère formalisme.

Le § 50 des *fragmenta vaticana* nous apprend que deux

———

[1] Le seul qui existe dans ces temps primitifs.

de ces modes usités à l'époque des XII tables étaient la *man-cipatio* et la *cessio in jure* « *Et mancipationem et in jure ces-sionem lex XII tabularum confirmat.* » Ce qui est confirmé, du moins en ce qui concerne la mancipation, par Festus au mot *nuncupata*; par Cicéron *de of.* 3, 16; *De orat*, 1, 57; *Pro Cocina, cap.* 23; et par Varron, *de ling. lat.* 5, 9. On l'avait mis en doute avant la découverte des *fragmenta*.

Tout porte à croire aussi que la tradition, faite simple-ment, pouvait servir à transférer la propriété, mais seule-ment de certains meubles. Elle ne pouvait, dans tous les cas s'appliquer aux immeubles, car ces derniers ont toujours été compris dans les *res mancipi*, c'est-à-dire au rang de ces choses qui avaient besoin pour être transférées d'un mode spécial du droit civil, et surtout de la *mancipatio*. La tra-dition, en supposant qu'elle existait à cette époque, ne pou-vait s'appliquer qu'aux *res nec mancipi*. Et il est certain au-jourd'hui que cette division des choses en *res mancipi, et res nec mancipi* avait été consacrée par la loi des XII tables, ainsi qu'il résulte du § 47, du C. 2, de Gaius.

De longues recherches ont été faites sur les origines et les dispositions de ce droit des Quirites, qui a laissé une si profonde trace dans la suite des temps, et dont les législations actuelles de l'Europe se ressentent encore. Des savants, tels que Vico, Niébuhr, de Savigny, Ortolan, et d'autres, se sont en vain efforcés de les découvrir au milieu des ténèbres de cette époque confuse, en remontant de conséquences en conséquences jusqu'aux principes ; ils n'ont pu établir que des théories plus ou moins hypothétiques qui se rapprochent sans doute de la vérité, mais qu'il suffit de rappeler dans un travail qui doit être avant tout basé sur des connaissan-ces précises et à peu près hors de contestations. Une chose

très-probable, c'est que la *mancipatio* et la *cessio in jure*
devaient être avant la loi des XII tables soumises à des règles
qui n'étaient plus les mêmes pour l'époque postérieure à
cette loi.

DEUXIÈME ÉPOQUE

DEPUIS LA LOI DES XII TABLES JUSQU'A JUSTINIEN.

I. — Propriété

La loi des XII tables ne reconnaissait qu'une seule
espèce de propriété, celle du droit civil, *le dominium ex
jure Quiritium*. Mais bientôt [1], le Préteur fut créé et investi
du pouvoir de faire des édits et par là de modifier la loi.
Il ne songea pas à détruire les dispositions existantes pour
les remplacer par de nouvelles entièrement différentes, mais
il s'efforça de les neutraliser par des institutions qui, tirées
de l'ancienne loi, n'en avaient pas moins pour résultat de
la corriger, de la combattre, de répondre ainsi aux exigences
d'une société qui se transformait et aux réclamations d'un
peuple dont les idées s'élevaient de jour en jour davantage
au-dessus de la matière, et dont les mœurs s'adoucissaient
de plus en plus. Il s'empressa donc d'établir à côté du
dominium, une autre véritable propriété, qui mérite d'être
appelée propriété prétorienne, à laquelle il ne donna pas de
nom spécial pour ne pas paraître entrer en lutte avec le

[1] An 387 de Rome. La loi des XII tables avait paru dans les années
303 et 305 (Ortolan, 1er vol., p. 98 et 149.)

droit civil, qu'il se contenta de désigner par sa nature « *in bonis habere* » et qu'il réussit à protéger et à faire valoir tout autant que le *dominium ex jure Quiritium*.

Nous dirons dans un instant comment il s'y prit, par quels moyens ingénieux et subtils il put créer et affermir une pareille institution. Pour le moment, nous indiquerons seulement les différences qui existent entre ces deux propriétés et les effets de chacune d'elles. Ici nous pouvons nous étendre amplement ; les documents sont assez nombreux et nous donnent assez de lumières ; et les savants qui les ont interprétés sont incalculables.

1ᵉⁿᵗ. *Dominium.*—Le *dominium* était la propriété du droit civil ; il donnait le pouvoir le plus absolu sur la chose ; « *plenam in re potestatem.* » (Inst. 2. 4. § 4.) On le définit : *jus utendi, fruendi, abutendi atque vindicandi.* Il avait conservé le même caractère qu'il avait à cette époque avant la loi des XII tables ; il était soumis aux mêmes règles et aux mêmes restrictions ; les citoyens romains seuls pouvaient l'avoir.

Il ne pouvait s'appliquer à tous les immeubles. Nous avons vu que dans la première époque il ne s'appliquait qu'à *l'ager romanus*, c'est-à-dire au territoire que les Romains ont d'abord possédé et qui a été leur berceau. Rome ne tarda pas à étendre sa domination sur les peuples voisins, dont le droit des armes fit ses sujets ; elle ne voulut pas élargir son territoire propre ; elle le conserva tel quel ; mais elle accorda le *dominium* d'abord à ses colonies, puis au Latium, et enfin à l'Italie tout entière, qui fut désignée sous le nom *d'italicum solum*. Elle l'accorda même à quelques municipes hors de l'Italie, sous le nom de *jus italicum* par assimilation au sol de l'Italie. Ou a cru pendant longtemps que ce *jus italicum* se rattachait à la condition des personnes. La découverte du manuscrit de Vérone nous a appris qu'il était avant tout un privilége territorial. En dehors des territoires qui étaient ainsi susceptibles du *dominium*, il y avait les fonds provinciaux dont la propriété absolue appartenait en principe à l'état, et sur lesquels on ne pouvait avoir qu'un droit de jouissance et de possession protégée par des dispositions spéciales. Nous parlerons plus tard de leur condition.

2^{ent} *In bonis*. La propriété de fait ou propriété prétorienne, n'était à vrai dire qu'un démembrement du *dominium*, une partie détachée de ce droit; elle faisait passer la possession de la chose entre les mains de l'acquéreur, qui avait la faculté d'en jouir, d'en retirer les fruits, d'en disposer même et de la revendiquer par des moyens particuliers; mais elle laissait sur la tête du vendeur le *dominium* qui se détachait de la chose, et devenait une espèce d'abstraction de droit existant par lui-même, et à peu près sans effet. Cet état de choses était produit par le transfert de propriété d'un objet marqué du sceau du droit civil, opéré sans un des modes rigoureux exigé par ce droit. Quand cela avait lieu, tous les avantages matériels et pécuniaires du droit de propriété appartenaient à celui qui avait la chose *in bonis*; il avait, comme un véritable *dominus*, *jus utendi, fruendi et abutendi*. (Gaius, c. 2. § 88. Ulp. Reg. XIX, § 20, G. 1, § 54[1]).

Il pouvait affranchir l'esclave qui en était l'objet, trans-

---

[1] Cette propriété de l'*in bonis* est appelée par Théophile (§ 5 *De libertinis* Inst.; I. 5), δεσπότης βονιτάριος, d'où les commentateurs ont fait *dominium bonitarium* Cette expression n'est pas juridique.

On dit aussi en langage impropre que le possesseur de bonne foi a une chose *in bonis* (L. 53, *De acq. rer. dom.* — L. 49, *De verb. signif.*, IV. 16.) — Ainsi Pothier dit (*Pandectæ*, Lugduni, 1782, v. 8, p. 99, sur le titre de *Acq. rer. dom.*) : « *Observandum aliud esse dominium bonitarium, aliud rem in bonis habere.* »

mettre son droit mais seulement par la tradition, la *mancipatio* et la *cessio in jure* lui étant impossibles, hypothéquer la chose et l'usucaper. Cependant il se distinguait du *verus dominus* par quelques restrictions plutôt théoriques que réelles; il n'avait pas la *vindicatio*, mais seulement l'action *in rem publiciana;* de là l'impossibilité pour lui de faire un *legs per vindicationem;* il ne pouvait faire acquérir le *jus civitatis* à l'esclave qu'il affranchissait et qui devenait seulement latin Junien (Ulp. Reg. XI. § 19. G. Inst. c. 1. § 107.) Si cet affranchi venait à décéder, il avait sa succession ; mais s'il était mineur, la tutelle revenait au *nudus dominus*.

Ce dernier était justement appelé *nudus* parce que son droit se réduisait à un vain titre; il conservait la *rei vindicatio*, il est vrai, mais à l'état de formule sans effet, excepté quand elle était intentée contre un tiers possesseur qui n'était pas le titulaire de l'*in bonis habere* ou son ayant cause (G. Inst. C. 2. § 196). Il pouvait également disposer de la chose, mais non au préjudice de celui qui l'avait *in bonis*.

II. — Transmission.

Il y avait ainsi à cette époque deux espèces de propriété à Rome. Les modes de les transmettre étaient au nombre de trois: la *mancipatio*, la *cessio in jure*, modes du droit civil, la *traditio*, mode du droit des gens, qui tous pouvaient s'appliquer au *dominium;* mais dont le dernier seulement pouvait s'appliquer à la propriété de fait « *in bonis habere* [1]. »

[1] Nous rappelons que nous n'entendons parler que des modes de transfert de la propriété dépendant directement de la volonté des personnes, c'est-à-dire des actes dont l'accomplissement n'exige que des

Examinons-les séparément

1er — *Mancipatio.*

Ce mode dont nous avons constaté l'existence dans la loi des XII tables, devait très-probablement remonter encore bien plus haut et se rattacher tout à fait aux origines du droit civil, matériel et symbolique, dont il porte les plus fortes empreintes.

Il serait difficile de dire à quelles formalités il avait d'abord été soumis, mais il est très-probable que celles dont nous le trouvons entouré à la seconde époque en dérivaient directement et en étaient une représentation fidèle, ou du moins devaient les rappeler assez parfaitement.

La *mancipatio* était une *imaginaria venditio per æs et libram*, nous dit Gaius, c'est à dire qu'elle était l'image du mode de vente usité chez les anciens Romains.

---

conditions qu'il dépend de nous de réaliser avec plus ou moins de facilité, et qui ne sont que l'exécution d'une convention qui les précède ou les accompagne. C'est pour ce motif que nous laissons de côté les trois autres modes de transfert, l'usucapion, l'adjudication et la loi, qui opèrent dans des circonstances, jusqu'à un certain point, indépendantes de notre volonté. Ainsi l'usucapion est un mode d'acquérir par le laps de temps; les acquisitions *lege* n'ont lieu qu'en vertu d'une disposition législative spéciale, *sic le caducum et l'ereptorium (Loi Papia Poppæa)*, le legs *per vindicationem* (Ulp'en, XIX, § 17), le trésor (Inst., l. 2, tit 1, § 39); l'adjudication est une attribution de propriété faite par le juge, en vertu du pouvoir spécial qui lui appartient seulement dans les actions en partage et en bornage. (Ulp., XIX, § 16.) Pour bien constater que ce dernier mode, œuvre du juge, ne suppose pas le consentement des parties, il suffit de le comparer avec l'*in jure cessio*, qui se fait aussi devant le magistrat, mais où ce dernier figure seulement pour déclarer la volonté des parties, non pour y imposer la sienne. (Voir Accarias, édit. nouv., 1874, 1er vol., p. 487 et suiv.)

Elle se faisait ainsi : En présence de cinq citoyens romains pubères, servant de témoins, celui qui veut acquérir prend la chose ou un symbole de la chose des
mains de l'aliénateur, en prononçant des paroles solennelles,
qui sont par exemple dans la vente d'un esclave · « *Hunc ego
hominem ex jure Quiritium meum esse aio* » ; puis frappant
d'un morceau de métal une balance que tient un autre citoyen
romain pubère, désigné sous le nom de *libripens* [1], il ajoute :
isque mihi emptus est hoc œre œneaque libra, et enfin il
remet en guise de prix le morceau de métal à celui de qui
il reçoit la chose.

Tous ces détails nous ont été transmis par Gaius (I § 119)
qui nous en donne en même temps l'explication, en nous
apprenant que les Romains n'avaient pas autrefois d'argent
monnayé. La tradition pure et simple du prix de la vente était
impossible, et il fallait peser le métal ; de là le libripens avec sa
balance ; et il était nécessaire de faire constater la régularité
de l'opération par des témoins. Le nombre de cinq qui était
exigé a fait supposer que leur rôle était encore plus important et qu'il consistait à représenter les cinq classes dans
lesquelles Servius Tullius avait divisé le peuple romain [2].

Gaius ne parle que de la mancipation appliquée aux choses mobilières, et comme les Romains distinguaient les choses en meubles et immeubles sans en faire cependant une

[1] Le *libripens* a été quelquefois aussi désigné sous le nom d'*antesta-
tus*. (Édit. des Instit. de Gaius, tit. VI.) On s'est demandé si cette diversité de noms ne cachait pas une diversité de personnes ou de fonctions. Mais on n'a pu jusqu'à ce jour découvrir rien de précis sur ce
point.

[2] On s'explique ainsi pourquoi ces cinq témoins portent parfois le
nom de *classici testes*. (Aul. Gel., XV, 27, § 3. — Accarias, 2e éd., 1er
vol., p. 478.)

division fondamentale, comme le droit français, on pourrait croire qu'elle ne s'appliquait pas aux immeubles; cependant elle s'y appliquait aussi et de la même manière à peu près; il n'y avait que cette seule différence, qu'on ne pouvait manciper les objets mobiliers qu'autant qu'ils étaient présents et qu'il était possible d'en saisir avec la main, tandis qu'on pouvait manciper les immeubles quoique absents et plusieurs à la fois; on les représentait, par un signe symbolique, une motte de terre, une tuile de maison (Ulp. XIX. 6. Gaius, 1, § 121.)

Pure création du droit civil, la mancipation ne pouvait avoir lieu entre toutes espèces de personnes, celles-là seulement qui avaient le *jus commercii*, c'est-à-dire le droit d'acheter et de vendre, pouvaient l'employer, et c'était d'abord les citoyens romains, les Latins coloniaires et *Juniens*; et ceux d'entre les *peregrini* à qui ce démembrement du droit strict avait été concédé par faveur.

Par le même motif, elle ne s'appliquait qu'à des choses déterminées par la loi, qui seules en étaient susceptibles, et qu'on désignait par suite du nom de *res mancipi*. Ulpien nous en donne l'énumération précise, (XIX, § 1.), qui comprend d'une manière générale, 1° les immeubles italiques (ou ayant le *jus italicum*) bâtis ou non bâtis; 2° les servitudes rurales seulement (*jus italicum*), 3° les esclaves et les animaux domestiques, «*quœ dorso collove domantur.*»

Toutes les autres choses, non susceptibles de mancipation, se nommaient par opposition *res nec mancipi* et parmi elles se trouvaient les immeubles autres que ceux situés en Italie ou jouissant du *jus italicum*, c'est-à-dire les fonds provinciaux, l'argent monnayé, les statues, les pierres précieuses, les marchandises. Pline dit cependant (*Hist. nat*, IX, 58 et 60)

qu'on se servait de la *mancipatio* pour transférer la propriété
des choses *nec mancipi* de grande valeur, des perles par
exemple. Quel pouvait-être en ce cas l'effet de cette formalité?
Nul très-probablement, à moins qu'on ne cherchât à constater d'une manière plus certaine l'accomplissement de la tradition. Cicéron, qui se pose cette question dans ses Topiques
§ 10, n'en donne à vrai dire aucune solution. Un fait positif,
c'est que ce cas devait être fort rare, parce que les formalités
de la mancipation étaient très-compliquées et que les parties
devaient se contenter du mode bien plus simple et facile de
la tradition.

Quelle pouvait-être l'origine de cette distinction des choses en *res mancipi* et *res nec mancipi*? Les auteurs se sont
livrés à ce sujet à de nombreuses conjectures.

Les uns disent qu'elle a été établie au point de vue de
l'agriculture.

Les autres croient la trouver dans ce fait : que les Romains
considéraient les biens pris à la guerre comme appartenant
au peuple en principe, que la distribution en était faite entre
les particuliers, en vertu d'une loi, et que l'acquéreur portait le nom de *manceps*; les choses ainsi appropriées, ajou-
tent-t-ils, ne pouvaient être ensuite transmises que dans les
formes d'une loi, qui était simulée par la mancipation.

D'autres la rattachent à la législation de Servius Tullius
et à la division du peuple romain en cinq classes d'après la
fortune. Pour bien établir les bases de cette distinction, il
fallut rechercher les biens ayant une assiette solide ; les
res mancipi seules satisfont à cette condition ; on se sera
attaché à les entourer de garanties spéciales. M de Fresquet
qui a soutenu énergiquement cette opinion, a argumenté
de l'analogie qui existait entre cette réforme et l'art. 4 de la

loi du 19 Août 1831 sur les censitaires (*Revue Historique* 1857).

M. Ribéreau, dans son traité sur l'*in bonis habere*, fait remonter également cette distinction à Servius Tullius; mais il lui donne une autre cause. D'après lui, il n'y avait *in principio* que la *mancipatio*, composée de la formalité que nous avons décrite d'après Gaius et de la tradition. Les intérêts économiques du temps réclamant contre le symbolisme de formes trop compliquées, Servius Tullius détacha de la *mancipatio* la tradition qui n'en était que le complément, et lui donna la force juridique de transférer le *dominium* par elle-même. Seulement on ne voulut pas donner à ce nouveau mode la même autorité qu'à l'ancien, on ne l'appliqua qu'aux choses qui étaient les moins précieuses suivant cette époque. C'est ainsi qu'on arriva à énumérer celles qui seules seraient susceptibles de mancipation.

Toutes ces opinions sont plus ou moins ingénieuses, malheureusement elles ne peuvent s'appuyer sur aucun texte ; comme il s'agit d'un fait historique, tant qu'on n'aura pour l'expliquer que des hypothèses, on pourra arriver à une grande probabilité, mais jamais à la certitude.

Le mieux pour nous est de nous en tenir simplement à cette observation d'Ulpien et de Gaius, que les *res mancipi* étaient « *res pretiosiores* » les choses les plus précieuses, bien entendu pour le romain agriculteur et sédentaire des premiers temps, les plus anciennement connues et celles qui ne pouvaient se consommer par l'usage (Gaius, 1, 192. Ulp. Reg. XII, 27).

Un fait curieux à noter, et qui doit avoir une grande importance pour la recherche de l'origine de cette distinction, c'est que les Romains, malgré le changement de leurs

mœurs et l'accroissement de leur fortune, et l'introduction
dans leurs usages d'objets d'une valeur bien plus considérable, laissèrent telle quelle l'énumération des *res mancipi*, et ne
voulurent jamais y rien ajouter. Cette distinction cependant
fut longtemps maintenue, sinon dans l'usage, au moins
dans la loi, et ne disparut qu'au temps de Justinien qui
l'abrogea comme inutile.

Dans les premiers temps, elle eut de l'importance à d'autres points de vue qu'à celui de la transmission de la propriété. Ainsi d'après Gaius (C. II ; § 80) la femme, placée
sous la tutelle de ses agnats ne pouvait aliéner une chose
mancipi sans l'autorisation de son tuteur, et même lorsque cette tutelle des femmes fut à peu près réduite à rien,
attendu que le magistrat en arriva à contraindre le tuteur
à donner son autorisation dans toutes circonstances, jamais
on ne se permit de forcer le tuteur d'une femme à donner
son autorisation pour l'aliénation d'une *res mancipi*.

Nous avons indiqué les formalités de la *mancipatio*, et
parmi les conditions qui la régissaient, celles qui se rappor-
taient aux personnes et aux choses : Ne fallait-il pas également, pour qu'elle fût translative de propriété, une
justa causa, c'est-à-dire, un fait manifestant la volonté des
parties? Ulpien qui s'occupe d'indiquer toutes les conditions qui sont nécessaires pour rendre la mancipation valable, n'en parle pas. Cela se comprend très-bien. Ce mode,
en effet, diffère essentiellement de la tradition dont nous
allons bientôt parler. La tradition par elle-même n'est pas
un fait qui révèle l'intention d'aliéner. Dans la mancipation,
au contraire, la manifestation même de cette intention forme une partie essentielle de la formule consacrée « *Hunc
ego hominem ex jure Quiritium meum esse aio; isque mihi*

emptus est hoc œre, œneaque libra » elle ne peut être mise
en doute, et l'indication d'une *justa causa* ne peut être ici
une force de plus.

La mancipation accomplie avec les formalités et les conditions que nous venons de déterminer avait pour effet de
transférer la propriété. Mode le plus caractéristique du droit
civil, elle procurait toujours le *dominium*, en sorte que celui qui y avait figuré comme acquéreur d'un immeuble
avait le droit le plus complet, le *jus utendi, fruendi, abutendi atque vindicandi* dans le sens le plus étendu.

Avait-elle aussi pour effet de transférer la possession ?
Non, et cette solution résulte d'abord du § 204 du Comm.
II de Gaius, dans lequel ce jurisconsulte, parlant du *legs
per vindicationem*, et supposant le cas où une chose *mancipi*
était léguée, dit que l'héritier doit commencer par en faire
mancipation ou cession *in jure*, tandis qu'il lui suffit de faire
la tradition d'une chose *nec mancipi*. Elle résulte en outre
du § 31, *frag. vat.* qui est aussi clair et évident que le premier et qu'il suffit de reproduire « *Donatio prædii quod mancipi est inter non exceptas personas traditione atque mancipatione perficitur, ejus vero quod nec mancipi est, traditione
sola* » Les mots *non exceptas personas* se rapportent à la loi
Cincia qui était restrictive des donations entre-vifs (Ortolan,
t, 2, p. 388)

2ᵐᵈ — *Cessio in jure.*

Le premier mode de transfert de la propriété, la *mancipatio*, que nous venons de voir, s'opérait devant de simples
citoyens; elle était une image de la vente primitive *per œs
et libram*, et consistait dans des formalités accomplies avec
une exactitude rigoureuse suivant la loi. Il n'en était pas de

même de la *cessio in jure;* elle était une fiction elle aussi, il
est vrai, mais de l'action en revendication qui existait sous le
système des actions de la loi. Aussi, comme c'était le magistrat du peuple Romain qui présidait à l'accomplissement de
ces actions, excepté pour la *pignoris capio* (ce qui faisait que
beaucoup ne la considéraient pas comme une véritable action
de la loi), c'était également devant le magistrat que se faisait la cession *in jure,* ainsi que le dit Gaius (c. 2, § 24),
et il ajoute « *Idque legis actio vocatur, quæ fieri potest etiam
in Provinciis apud præsides earum[1].* » Les parties contractantes se rendaient donc, soit à Rome devant le Préteur, soit
dans les Provinces, devant les présidents, et là celui à qui
la chose était cédée, disait ces paroles « *Hunc ego hominem
ex jure Quiritium meum esse aio* » Après qu'il avait ainsi
revendiqué, le magistrat, s'adressant à celui qui avait l'intention de céder, lui demandait s'il revendiquait de son
côté; celui-ci répondait négativement ou se taisait, et alors le
magistrat *addicebat,* c'est-à-dire qu'il déclarait le revendiquant véritable propriétaire de la chose supposée en litige
(Ulp. XIX, 9. et 10). — Il résulte de là que pour opérer ce
mode d'aliénation, il fallait la présence des trois personnes suivantes : celle qui cédait la chose, *in jure cedens;* celle qui revendiquait, *vindicans,* et enfin le magistrat, qui *addicebat,* chargé
d'indiquer le droit et d'attribuer la chose aux disant droit.

---

[1] La *cessio in jure* appartenait, de même que la *vindicta* et l'*adoptio* à
la jurid.liction gracieuse. Par conséquent : 1° le magistrat pouvait y procéder, même en dehors de son tribunal, par exemple, en se rendant au
bain ou au théâtre; 2° la présence d'un licteur n'était pas nécessaire;
2° le président de la province pouvait y procéder, même avant d'être
arrivé dans son ressort, pourvu qu'il fût sorti de Rome. — (Par analogie des lois : 7 *de manum vind ,* XL, 2; — 8, *cod. lit* ; — 2 *pr. de off.
pro.* II, 16; — Accarias. nouv. éd., 1ᵉʳ vol., p. 102, 210 et 501.)

On comprend très-bien que les Romains n'auraient guère employé ce mode, s'il n'avait pas eu d'autres avantages que la *mancipatio* et s'il n'avait pas produit d'autres effets. Il devait être certainement plus facile d'obtenir la coopération de cinq ou six citoyens, desquels on n'exigeait que la qualité même de citoyens avec la puberté, que celle d'un seul magistrat, dont les occupations étaient assez nombreuses et auprès duquel les parties devaient se rendre [1]. Mais la cession *in jure* qui produisait les mêmes effets que la *mancipatio*, pouvait en outre s'appliquer aux choses *nec mancipi*, et surtout aux choses incorporelles, pour lesquelles on ne pouvait admettre ni la *mancipatio* ni la tradition; c'était par elle seule qu'on pouvait les acquérir, ainsi l'usufruit, une hérédité, la liberté. — Seules les servitudes rurales étaient comprises dans les *res mancipi*. Les cas d'application de la cession *in jure* devaient être assez nombreux, puisqu'il n'y avait pas d'autre moyen de constituer ou de transférer tous les démembrements de la propriété.

De même que la mancipation, la *cessio in jure* transférait la propriété du droit civil, le *dominium*, et non-seulement le *dominium* des *res mancipi*, mais aussi des *res nec mancipi*; de même qu'elle, elle ne pouvait transférer la possession (Gaius, c. II, § 204)[2]; et comme elle était également marquée du sceau du droit civil, elle exigeait pour les parties contractantes les mêmes capacités qui se résumaient dans le *jus comercii*.

[1] Comme il s'agit d'une *legis actio*, le *legatus* ou délégué du magistrat ne peut le représenter ici (L. 2, § 1; L. 9, *de offic. proc.*, I, 16). — Dans le C. 1, § 101, Gaius parle du *legatus* de l'empereur qui remplit les fonctions de président de province.

[2] Par conséquent elle ne pouvait s'appliquer aux fonds provinciaux.

3ᵐᵉ *Tradition.*

La *mancipatio* et la *cessio in jure* étaient des modes du droit civil, pouvant seuls transférer la propriété de ces choses que les Romains avaient revêtues, pour des motifs à eux tout particuliers et qui sont restés jusqu'à l'heure inconnus, du caractère si exclusif de leur droit.

La tradition que nous allons considérer maintenant, en nous contentant pour le moment d'exposer son histoire, nous réservant d'examiner à l'époque de Justinien sa nature et ses conditions, qui n'ont presque jamais varié, est un mode de transférer la propriété, du droit des gens, qui n'a rien de spécial au droit romain, qu'ont appliqué à peu près toutes les anciennes législations, et que nous retrouverons bientôt dans notre ancien droit. Considérant le caractère d'exclusion et de restriction de l'ancien droit des Quirites, et retrouvant aussi loin qu'il est possible de voir dans ses origines, un état de lutte continuel du droit des gens contre sa rigueur, des auteurs sont allés encore au-delà et ont admis cette hypothèse qu'à un moment donné ce droit des Quirites a régné dans toute sa force, et qu'il n'a admis rien en dehors de ses formules, de ses règles, de ses prescriptions, et qu'ainsi la tradition n'a pas été connue à Rome de tout temps. Nous avons vu que M. Ribéreau en place l'admission à l'époque de Servius Tullius, et qu'il considère cette admission comme l'origine de la distinction des choses en *res mancipi* et *res nec mancipi.* Cette opinion peut se soutenir et est même très-probable pour le temps où il n'y avait pas de monnaie et où l'on pesait réellement le métal.

Un fait certain, c'est que cette distinction existait à l'époque des XII tables, et que par suite la tradition était appliquée à cette époque pour les *res nec mancipi* qui comprenaient alors les choses de peu de valeur, les choses d'un usage journalier, de consommation. Les formalités de la *mancipatio* et de la *cessio in jure* devaient paraître bien gênantes pour la transmission de la propriété de ces choses, alors surtout qu'il n'était plus nécessaire de peser le métal et qu'il y avait de la monnaie courante, et il est naturel d'admettre que les Romains aient cherché à s'en débarrasser, du jour où ils ont pu constater la simplicité et les grands avantages de la tradition simple, et à vulgariser au contraire l'application de cette dernière.

Mais, pour qu'il en fût ainsi, il fallait que la tradition, faite sans aucune formalité spéciale du droit civil, et avec les conditions que nous lui retrouverons à l'époque de Justinien, eût pour effet de transmettre le *dominium*. Or, tout le monde ne lui reconnaît pas cet effet[1]. Beaucoup d'auteurs frappés à première vue de la contradiction qui paraît exister entre ces mots mode *ex jure gentium*, domaine *ex jure Quiritium*, ont soutenu que la tradition, mode du droit des gens, ne pouvait transférer la propriété, le *dominium* du droit rigide et strict des Quirites. Ils ont, pour rester logiques avec eux-mêmes, soutenu que les *res mancipi* qui ne pouvaient être transmises que par des modes du droit civil, étaient aussi seules susceptibles du *dominium*, et que les *res nec mancipi*, transmissibles par un mode du droit des gens, exclues du droit quiritaire, non transmissibles par suite par les modes de ce droit, n'étaient susceptibles que d'une espèce de possession de fait, d'un droit d'usage et de jouis-

---

[1] Voir M. Ribéreau, Théorie de l'*in bonis*, p. 15 et suiv.

sance, mais non du *dominium*; et ils ont ainsi expliqué la distinction des *res mancipi* et des *res nec mancipi* par la participation au droit civil, ou par la non-participation à ce droit. — Ces auteurs en développant eux-mêmes les conséquences de leur système en ont prouvé la fausseté. Car ils reconnaissent qu'au temps des XII tables, il n'y avait qu'une seule espèce de propriété; ils ne peuvent réfuter sur ce point le texte de Gaïus ; *Aut enim ex jure Quiritium quisque dominus erat aut non intelligebatur dominus* (C. 2. § 40), que rien jusqu'à l'heure n'est venu contredire. Ils reconnaissent encore d'après un autre texte de Gaius (C. 2. § 47.) que la loi des XII tables admettait déjà la distinction des choses en *res mancipi* et *res nec mancipi*.

Comment donc, après cela, peuvent-ils venir dire que les *res mancipi* étaient seules susceptibles de *dominium*, attendu que le *dominium* seul était admis ? Mais si les *res nec mancipi* n'étaient pas susceptibles de *dominium*, quel était alors le droit que l'on pouvait avoir sur elles? Il serait difficile de le dire, du moins d'une manière positive et avec des arguments de textes qui sont ici indispensables cependant; on peut faire des hypothèses tant que l'on voudra, de même que pour l'origine de la distinction des choses en *res mancipi* et *res nec mancipi*, ce ne seront jamais que des hypothèses, qui arriveront difficilement à vaincre les raisons qui empêchent d'admettre une pareille solution. Car on peut invoquer contre elle autre chose que les deux textes de Gaius, que nous venons de citer. Il en est d'autres encore ; dont l'interprétation amène forcément à reconnaître que la tradition appliquée aux *res nec mancipi* pouvait de même que la *mancipatio* et la *cessio in jure*, appliquée aux *res mancipi*, transmettre le *dominium*. Ainsi Gaius (c. II, §§ 65,

66, 79). — Ulpien dit, c. XIX, §§ 2, 3, 7, 16, 18 : « *Sin-gularum rerum dominia nobis adquiruntur, mancipatione, tra-ditione, in jure cessione, etc.* ; » il ne fait aucune distinction entre ces divers modes, et bien certainement, si l'un d'eux n'avait pas produit le même effet que les autres, il l'aurait dit. De plus, d'après la loi 23. liv. 6. tit. 1. Dig., celui qui est devenu propriétaire par un mode du droit des gens a le droit de revendication tout aussi bien que celui qui a acquis en vertu d'un mode du droit civil.

D'ailleurs, on ne peut pas dire que la tradition appliquée à une *res nec mancipi* faisait acquérir la propriété de fait, la propriété prétorienne, dont nous avons déjà parlé « l'*in bonis habere.* » Car, lorsqu'on a dédoublé le droit de pro-priété, lorsqu'on a reconnu d'un côté la propriété de droit (*dominium*) et de l'autre la propriété de fait (*in bonis ha-bere*), on n'a pas entendu établir deux espèces de propriétés, portant distinctement sur deux objets différents, on ne les a pas séparées au point de vue de l'objet possédé lui-même, mais au point de vue des personnes qui pouvaient avoir des droits distincts sur le même objet ; dès là que j'avais l'*in bonis* sur l'immeuble *Sempronius*, une autre personne avait le *nu-dum dominium* sur le même immeuble. Si, donc une chose *nec mancipi* était livrée sans autre formalité, et si l'*accipiens* avait désormais cette chose *in bonis*, quelqu'autre devait en avoir le *dominium* ; or cette classe de choses n'en était pas susceptible. En supposant même que les *res nec mancipi* étaient susceptibles de *dominium*, dans le cas d'une tradi-tion simple, l'*in bonis* étant supposé acquis par l'*accipiens*, on ne peut soutenir que *le tradens* conservait *le nudum dominium*, à moins d'admettre qu'il en était pour ce cas tout-à-fait comme pour une *res mancipi*. Mais comment expliquer alors que dans tous les textes qui se rapportent à cette hypothèse, on ne parle jamais que des *res mancipi*? — Enfin la combinaison des § 41 et 43 du com. 2 de Gaius nous donne un argument sans réplique : Parlant de l'*usucapion* qui donne le *dominium* et qui a lieu au bout d'un an pour les meubles et de deux ans pour les immeubles, ce jurisconsulte énumère les cas dans lesquels elle peut avoir lieu ; ils sont au nombre de deux : 1ᵉʳ il cite en premier lieu le cas où une *res mancipi* est livrée sans mancipation et sans cession *in jure*, l'*accipiens* acquiert d'abord l'*in bonis* seulement qui se complète du *dominium* au bout du temps prescrit pour l'*usucapio* ; 2ᵐᵗ et il cite en second lieu celui où on reçoit de bonne foi une chose de quelqu'un qui n'en est pas propriétaire ; et il ajoute pour ce dernier cas ces mots : « *sivé mancipi sint eæ res, sivé nec mancipi* » Il a eu par là pour but évident de distinguer les deux cas, et de faire remarquer que le premier pouvait seulement s'appliquer aux *res mancipi* . Mais, alors en admettant qu'on peut avoir *in bonis* une *res nec mancipi*, quels seront pour l'*accipiens* les moyens de protéger et de faire valoir son droit, puisqu'il ne peut usucaper? Nous laissons aux adversaires le soin de chercher eux-mêmes la réponse. On admet aujourd'hui généralement et avec juste raison qu'on pouvait acquérir le *dominium* d'une *res nec mancipi* par une simple tradition, même à l'époque antérieure aux XII tables.

Si cette question a pu présenter des difficultés avant d'arriver à une solution acceptée, celle de savoir quel était l'effet de la tradition simple appliquée à une *res mancipi* n'en a jamais offert. On a déjà vu qu'au temps où il n'existait qu'une seule espèce de propriété, c'est-à-dire jusqu'aux XII tables, elle était nulle en ce cas et ne donnait aucun droit à l'*accipiens* sur la chose. On était plein propriétaire ou l'on ne l'était du tout ; c'était tout l'un ou tout l'autre ; or, pour devenir propriétaire, il fallait suivre des formalités particulières qui seules avaient le pouvoir de transférer la propriété, et pour les *res mancipi*, ces formalités étaient la *mancipatio* et la *cessio in jure;* la tradition ne suffisait pas. Si donc il arrivait que le propriétaire d'une *res mancipi* faisait simplement tradition de cette chose sans aucune autre formalité exigée par le droit civil, il conservait quand même son droit tout entier, le *jus utendi*, *fruendi*, *abutendi atque vindicandi,* et s'il lui plaisait de rentrer dans la possession de son objet, malgré les conventions survenues entre lui et l'*accipiens*, et quoiqu'il en eût payé le prix, il n'avait qu'à exercer la revendication, et le magistrat était obligé de condamner le malheureux *accipiens* à restituer le bien du *tradens*, comme s'il s'en était emparé sans la permission de ce dernier. Cette conséquence de la rigueur du droit était contraire à toute morale, à toute justice, à toute bonne foi. Elle n'avait cependant rien d'extraordinaire sous une loi qui offrait tant d'exemples de la plus criante iniquité, et qui n'était qu'un ensemble de créations artificielles et arbitraires, empreintes du plus grand mépris pour tous les véritables droits donnés à l'homme par la nature.

Malgré cela, il arrivait souvent que, pour se soustraire aux rigueurs d'un droit formaliste et gênant, deux citoyens s'entendaient l'un pour vendre, l'autre pour acheter par la simple tradition une des choses privilégiées du droit ; l'acheteur suivait la foi du vendeur et se mettait entièrement à sa merci. Les nécessités journalières ne s'accommodaient guère en effet des obstacles occasionnés par les formes et les restrictions de la mancipation et de la *cessio in jure;* les solennités qu'elles exigeaient devaient nuire à la rapidité des rapports soit des citoyens entr'eux, soit des citoyens avec les étrangers ; or, ces rapports devenaient de jour en jour plus fréquents par suite de l'accroissement de la fortune publique et de la domination de Rome ; le commerce prenait des développements considérables, et le commerce, tout en cherchant la sécurité, n'aime guère les formes gênantes. Le moment vint où il fut de toute nécessité de changer l'état de choses résultant des exigences de la loi. Une grande difficulté retarda longtemps les tentatives faites dans ce but ; il fallait toucher à la loi, il fallait s'en prendre au vieux droit des Quirites, et détruire une de ses grandes créations. Or, toute atteinte à ce droit était considérée comme un crime de lèse majesté contre lui. Il était inutile de songer à une réforme directe. On ne pouvait faire autrement que de recourir à des détours ingénieux, qui, laissant subsister en apparence l'ancien droit, en neutralisaient les effets et détruisaient autant que possible ses inconvénients. C'est ainsi que le Préteur, nouvellement établi, arriva à créer à côté du *dominium*, la propriété de fait *in bonis habere*, cette espèce de propriété dont nous avons indiqué la nature et les principaux caractères qui a été un grand pas vers le droit naturel, mais qui est vraiment incompréhensible, excepté sous une pareille législation, et qu'il a été seulement possible de bien connaître à notre époque à la suite de la découverte du manuscrit de Gaius à Vérone. A partir de ce moment, la tradition des *res mancipi* put produire des effets immédiats légaux ; celui à qui la chose avait été livrée ne fut plus exposé aux caprices d'un homme sans foi et sans pudeur (Gaius II. § 40. 41.)

Nous allons dire comment le Préteur s'y prit pour arriver à un pareil résultat.

Il accorda d'abord à l'*accipiens* le droit d'usucaper la chose. C'était là un moyen bien insuffisant ; car le *tradens* pouvait revendiquer avant que le délai de la prescription de son action ne fut atteint, et rentrer dans la possession de son bien.

Il fallait avant tout que le possesseur pût repousser ce droit de l'ancien propriétaire ; le Préteur songea alors à lui permettre d'opposer l'exception de dol. Mais c'était encore insuffisant. Cette exception ne pouvait être opposée qu'à l'auteur du dol lui même et à ses successeurs *in universum jus*, mais non à ses ayant cause particuliers, par ex. : à un donateur ou à son vendeur postérieur, ou bien à son légataire particulier *per vindicationem* ; et encore n'était-elle pas toujours opposable à l'auteur du dol lui-même quand il avait la qualité de patron ou d'ascendant du possesseur, ou qu'il était par sa position sociale, ou par l'excellence de ses mœurs très-au-dessus de la personne qui l'inculpait de fraude (*D*. 48. 4. *De doli mal. et met. excep.* L. 4. § 16 (3. 4.); *de dolo malo* l. 11. § 1. (37. 15); *de obseq. par. et pet. præst.* l. 5. § 1. *Ulpianus*).

Poursuivant toujours son but, pressé qu'il était par les besoins sociaux, le Préteur chercha à éviter au possesseur cet autre inconvénient, en lui accordant l'*exceptio rei venditæ et traditæ* rédigée *in factum*, cette exception était opposable au *tradens* dans tous les cas et à tous ses ayant causes généraux ou particuliers.

Il avait ainsi fait beaucoup, mais ce n'était pas tout encore ; le possesseur pouvait perdre la possession de la chose qui lui avait été livrée. Comment allait il la recouvrer puisqu'il n'avait pas le *jus vindicandi*, que le *nudus dominus* avait conservé? L'exception de dol, et l'*exceptio rei venditæ*

et *traditæ* ne pouvaient lui être d'aucune utilité, puisque
c'était à lui à attaquer son adversaire, à réclamer, à intenter une action. Mais laquelle? Il n'en avait aucune. Le Préteur ne recula pas devant cette dernière difficulté pour compléter son œuvre. Il créa une action réelle, image de l'action
en revendication civile, véritable revendication prétorienne,
qui produisait l'effet le plus complet; elle fut désignée sous
le nom d'action *Publicienne*, du nom de son auteur. Elle
était une action fictive, c'est-à-dire que le juge n'avait pas
à examiner si le revendiquant était réellement propriétaire,
mais s'il le serait, en supposant l'usucaption accomplie
(V. Gaius 4, § 36 [1]).

Par ces moyens, le possesseur *in bonis* a son droit à l'abri
de toute attaque; alors même qu'il vient à perdre la possession de son objet, il a le moyen de la recouvrer contre tout
possesseur, serait-il le *tradens* lui-même. Si ce dernier oppose l'*exceptio justi dominii*, le *bonitarius* peut encore avoir

---

[1] D'après divers auteurs allemands, le Préteur aurait mis à la disposition de l'acquéreur par simple tradition d'une *res mancipi*, non la publicienne, mais la *rei vindicatio per formulam petitoriam*, ou bien, d'a-
près d'autres, des actions fictives correspondant aux différentes causes
d'*in bonis*, par exemple, une *rei vindicatio, fictâ mancipatione*. Ces derniers ne peuvent s'appuyer sur aucun texte, et ils ont contre eux celui
de Gaius, § 36, c. 4. Les premiers se heurtent à un autre texte de Gaius,
§ 34, c. 4, d'après lequel *rem suam esse* se serait toujours entendu
du *dominium ex jure Quiritium*. Or, la *formula petitoria* ne serait qu'une
forme spéciale de la *vindicatio*.

Une controverse sans intérêt pour nous existe sur la question de savoir auquel des deux cas cités par Gaius la publicienne a été d'abord
appliquée. D'après Du Caurroy (3, 1189) et Demangeat (2, p. 501), ce
serait à l'acheteur qui a acquis par tradition une *res mancipi* du véritable propriétaire. D'après Pellat, au contraire (*Propriété et Usufruit*,
p. ....), ce serait à l'acquéreur de bonne foi a *non domino*.

recours à la *replicatio rei venditæ et traditæ*, et en prévision du cas où le *tradens*, après avoir repris la possession de la chose l'aurait livrée à une autre personne, il ajoute à la formule « *Si non eam rem possessor vendiderit et tradiderit.* » On peut donc dire que le Préteur avait constitué à côté du *dominium*, un autre droit de propriété qu'il a tiré du premier, mais auquel il a donné une constitution complète particulière, qui empêche de le confondre avec lui, et qui lui a permis plus tard d'exister seul.

Cette distinction de la propriété n'avait pas lieu seulement dans le cas de la simple tradition d'une *res mancipi*. Le manuscrit de Gaïus en a fait connaître plusieurs autres, la *bonorum possessio* (4, 35), la *bonorum venditio* (3, 80); l'*immissio ex secundo decreto damni infecti causâ* (L. 5, D. 39, 2); l'*abductio servi ex noxali causâ* (L. 26, §6, D. 9, 4).

Nous venons de voir que la tradition simple appliquée à une *res mancipi* ne donnait pas le domaine plein et entier, mais seulement une propriété moins énergique, quoique certaine. Il pouvait cependant arriver que même en ce cas, elle transférait un droit de propriété complet quand elle intervenait entre un citoyen romain et un pérégrin qui n'avait pas le *jus commercii*. Ce dernier, en effet, n'avait pas plus les qualités nécessaires pour acquérir le *dominium* que pour acquérir l'*in bonis*; car l'*in bonis* exigeait comme le *dominium*, la qualité de citoyen romain chez l'aliénateur, ainsi que cela résulte de plusieurs textes et notamment du tit. 1, § 16, Reg. d'Ulpien, et du § 47 des *frag. vatic*[1]. Le pérégrin ne pouvait donc en ce cas acquérir que la propriété du droit des gens, propriété pleine et entière et indi-

---

[1] R'béreau, **Théorie de l'*in bonis*,** p. 16.

vise. Pour lui, la distinction des *res mancipi* et des *res nec mancipi* n'existe pas.

On a mis en doute ce pouvoir du pérégrin de devenir pro-priétaire à Rome. Cependant de nombreuses raisons exis-tent pour croire qu'il était reconnu, et la principale de toutes est qu'on ne trouve pas de textes contraires. Il est encore plus difficile de savoir comment cette propriété était régie. D'après un passage de Frontin, un des *rei agrariæ scripto-res*, elle aurait été protégée par une action que cet auteur appelle *rei vindicatio ex æquo* (Frontin, p. 28. Collection des *rei ag. scrip.*, édit. Lachman, Berlin. — Ribéreau, Théorie de l'*in bonis habere*, p. 24.

Fonds provinciaux

Nous avons constaté la distinction importante que les Romains faisaient entre les fonds italiques ou jouissant du *jus italicum* et les fonds provinciaux. Seuls, les premiers étaient susceptibles de propriété privée, seuls ils jouissaient de tous les avantages du droit civil, et ils étaient compris dans les *res mancipi;* on pouvait donc leur appliquer les trois modes de transmissions, la mancipation, la cession *in jure* et la tradition, ils étaient en outre dispensés de payer l'impôt. Les fonds provinciaux, au contraire, ne pouvaient donner lieu à la propriété privée. Ils se divisaient en deux classes ; les uns appartenaient au peuple romain, au Sénat, et les autres à César. Les premiers se nommaient stipendiaires parce que les impôts qu'ils payaient étaient versés dans l'*æ-rarium*, caisse de l'Etat, et les autres tributaires, parce que leurs impôts fournissaient le *fiscus*, trésor particulier du prince. Par suite, ces fonds ne pouvaient donner lieu qu'à un droit

d'usage, de jouissance et de possession « *In eo solo*, dit
Gaius. 2 § 7, *dominium populi romani est vel Cæsaris,
nos autem possessionem et usumfructum habere videmur.* »
Ceux qui en avaient la possession en étaient cependant assez
maîtres pour pouvoir les transmettre à d'autres ou les laisser
à leurs héritiers (Théophile § 40; *de rerum divisione*).
Mais n'ayant pas le *dominium*, ils ne pouvaient évidemment
les transmettre par les modes du droit civil, la *mancipatio*
ou l'*in jure cessio;* il ne leur restait qu'un seul mode, celui
du droit des gens, la tradition; et il résulte en effet du
§ 315 des *frag. vat.* que c'était le seul qui leur était applicable. Pellat explique très-bien ce fait en disant que la
tradition avait pour effet immédiat de transférer la possession
et pour effet médiat de transférer la propriété. (Pro. u. p. 42).

Il résultait encore de cet état de choses que les garanties
qui sauvegardaient d'ordinaire la propriété du droit civil, ne
pouvaient être invoquées ici; et comme on ne pouvait d'un
autre côté laisser le détenteur sans aucun moyen de faire
respecter ses droits, il fallut lui procurer des moyens de
défense. On lui donna donc d'abord les interdits et plus
tard une action réelle, une véritable action publicienne, à
moins que ce ne fût la publicienne elle-même, qui le mettait
à même de pouvoir réclamer sa possession dans le cas où
il venait à la perdre, après l'avoir eue *ex justa causâ* et
bonâ fide pendant 10 ou 20 ans.

Il se trouva à la fin que les possesseurs des fonds provinciaux, au lieu d'avoir une simple possession, comme le
voulait la loi, en avaient de fait la pleine et entière propriété
avec un véritable droit de revendication (*frag. vat.* § 283,
315, 316. — Accarias, nouv. édit. 1. vol., n. 207, p. 159
et suiv.).

Ne s'arrêtant pas à la scrupule interprétation du texte, ce dernier auteur (*loc. cit*) se demande quels ont pu être les motifs pour lesquels l'état se réserva si longtemps le *dominium* du sol italique et toujours celui des Provinces, et il en trouve deux, qui ne sont peut-être pas les seuls, mais que l'on peut considérer comme les plus importants : 1ent « Le premier, dit-il, et le principal, tient à une conception fausse de la nature de l'impôt. 1 » 2ent Il attribue le second à l'intérêt qu'il y avait pour l'état de pratiquer à son aise des confiscations générales qui n'avaient pas toujours pour but l'utilité de tous (Virgile, 1er églogue.)

TROISIÈME ÉPOQUE

JUSTINIEN.

I. — Propriété

Pour se rendre un compte bien exact de l'état auquel le droit est parvenu à cette époque, il est nécessaire de jeter un regard rapide en arrière et d'embrasser d'un coup d'œil la marche qu'il a suivi.

Nous avons vu au commencement qu'il n'y avait qu'une seule propriété le *dominium*, et deux modes de transmissions du droit civil, la *mancipatio* et l'*in jure cessio*, auxquels il faut ajouter la tradition, mode du droit des gens. Les choses sont divisées en deux grandes classes : les *res mancipi* et les *res nec mancipi*, suivant que le droit civil a jugé

1 Pellat, *Propriété et Usufruit*, p. 41.

bon de les marquer de son caractère spécial ou de les en priver ; mais comme il n'y a qu'une seule propriété, les unes et les autres en sont susceptibles. — Les fonds sont ainsi divisés en deux grandes catégories : les fonds civiques et les fonds provinciaux, les premiers susceptibles de propriété privée, les seconds appartenant au peuple romain ou à César, susceptibles seulement de jouissance et de possession. — Ainsi on voit d'abord régner partout un système simple, unique, résultat de l'empire exclusif, étroit, tyrannique du droit civil.

Mais peu à peu le droit des gens s'introduit on ne sait comment ; il grandit, s'étend et le jour vient ou énergiquement protégé par les Préteurs, il engage une lutte de ruse et d'adresse avec le vieux droit quiritaire. Il ne cherche pas à se mettre brutalement à sa place, mais tout doucement à côté de lui, lui arrachant chaque jour un peu de pouvoir, le restreignant sans cesse par des moyens détournés. C'est ainsi que se trouve créée une nouvelle propriété, qui ne porte pas de nom, qu'on désigne seulement par le fait, mais qui n'en est pas moins défendue par des moyens puissants, et qui réduit le *dominium* à n'être plus qu'un vain titre. C'est par la tradition seule que se transmet cette nouvelle propriété, et ainsi ce mode prend chaque jour de l'extension. Lentement la mancipation, embarrassée dans ses symboles et ses formules, se perd dans l'usage ; la cession *in jure*, avec ses formes plus gênantes encore, se perd bien plus vite. D'ailleurs elle n'a plus sa raison d'être, puisque les servitudes, susceptibles d'une quasi possession, peuvent être transmises par une *quasi traditio*. — La distinction des *res mancipi* et *res nec mancipi* ne se comprend plus par suite de l'immense accroissement de la fortune des Romains, et du changement radical de leurs mœurs.. Les fonds provinciaux sont encore en théorie, suppose la propriété de l'état ; mais en fait, on n'en a pas moins la propriété véritable.

Toutes ces distinctions de l'ancien droit n'ont donc plus leur raison d'être, et Justinien, frappé de cet état de choses, consacrant par ses lois ce qui existe depuis longtemps de fait, déclare qu'il n'y a plus qu'une seule propriété ; celle du droit des gens, et qu'un seul mode de transmission : la tradition. (*De nudo jure tol.* C. 7. 25. Const. Just.)

<hr />

THÉORIE DE LA TRADITION

D'APRÈS LE *CORPUS JURIS*

On pourrait conclure de la loi 9. § 3. D. *de acq. rer. dom.* « *Nihil enim tam conveniens est naturali æquitati quam voluntatem domini, volentis rem suam ni alium transferre, ratam haberi* » que la simple volonté, le simple accord de consentements suffit au temps de Justinien pour transférer la propriété.

Ce serait cependant là une grande erreur. Ce texte ne peut avoir une importance aussi capitale ; il se trouverait, ainsi interprété, en complète contradiction avec cet autre L. 20. C. *De pactis* (2. 3.) « *Traditionibus et usucapionibus dominia rerum, non nudis pactis transferuntur,* » qui est la véritable base de la théorie de la transmission en droit romain et qui prouve que le consentement seul ne suffisait pas pour transférer la propriété, qu'il fallait un acte apparent, qui établit

4

un lien réel et palpable entre le nouveau propriétaire et la chose, la tradition, prise de possession, ou l'usucapion, exercice de cette possession. Aussi le premier texte doit s'expliquer de cette manière que celui qui livre une chose avec l'intention d'en transférer la propriété, la transfère effectivement. De cette façon les deux textes se complètent l'un l'autre : le premier dit que pour aliéner une chose il faut en avoir la volonté, et le second que cette volonté ne suffit pas, qu'il faut autre chose pour opérer le transfert de la propriété.

C'est donc là une des premières conditions de la tradition pour produire un pareil résultat ; car par elle-même la tradition n'a pour effet immédiat que de donner la possession (*possessionis translatio*), il peut très-bien se faire qu'il y ait tradition sans que pour cela y ait transport de propriété au profit de l'*accipiens*. — La volonté d'aliéner doit résulter de quelque fait ou de quelque contrat qui explique la tradition et qui constate que le *tradens* a bien l'intention de se dépouiller de son droit sur la chose qu'il livre, et d'en investir l'*accipiens* « *Nunquam nuda traditio transfert dominium sed ita si venditio, aut aliqua justà causa præcesserit propter quam traditio sequeretur.* » (D. 41. 1. 31. f. Paul.) — A cette intention qui doit exister chez le *tradens*, doit correspondre chez l'*accipiens* l'intention corrélative d'acquérir, l'*animus domini*, l'intention de traiter la chose comme sienne. Il est à peine besoin de dire que les parties contractantes doivent être l'une propriétaire, ou au moins capable d'aliéner, et l'autre capable d'acquérir. — Toutes ces conditions constituent le premier élément de la tradition, l'*animus* avec la *justa causa*.

Un second élément est nécessaire, l'élément matériel, désigné sous le nom de *corpus*, le fait pour l'*accipiens* d'avoir la chose livrée, à sa disposition.

Nous allons étudier successivement ces deux éléments indispensables de la tradition, pour qu'elle soit translative de propriété, en commençant par le dernier, le *corpus*, l'élément matériel qui se présente le premier à l'idée, quand on parle de tradition, la pensée d'interpréter la volonté du *tradens* ne venant qu'après.

§ 1er. — DU CORPUS.

Et d'abord il faut que la chose soit mise à la disposition de l'*accipiens*. Rien de plus simple en apparence. Cependant nos anciens commentateurs ont sur ce point commis la plus grande des erreurs. Se laissant entraîner à une interprétation trop judaïque des nombreux textes qui nous ont été transmis sur ce point, ils s'étaient persuadés que cette remise de la chose entre les mains de l'*accipiens* devait en principe avoir lieu par un contact réel et matériel. Mais comme ce contact est impossible dans le plus grand nombre des cas, soit pour les immeubles, soit même pour les meubles, il leur était indispensable de recourir à la fiction et de rentrer ainsi dans une infinité de distinctions.

Il faut avouer que leur erreur était favorisée par la plus grande partie des textes dans lesquels les jurisconsultes romains, pour prouver que la chose devait être mise à la disposition de l'*accipiens*, examinaient une infinité de cas, où le contact matériel était impossible, et cherchaient à expliquer comment on y trouvait l'élément du *corpus*, en les rapprochant autant que possible du contact matériel, qui en définitive, est la preuve la plus certaine, la plus positive de la prise de possession. — C'est à M. Savigny, le prince des grands jurisconsultes allemands, que l'on doit d'avoir relevé cette grande erreur de nos anciens commentateurs, et d'avoir découvert l'idée générale qui domine tout le droit romain sur cet élément fondamental de la tradition. Il le définit ainsi (*Possession* p. 187, § 15) : « Le fait, (ou *corpus*) doit avoir pour effet de mettre celui qui veut acquérir la possession à même de pouvoir, à l'exclusion de tout autre, traiter la chose comme bon lui semble, c'est-à-dire de pouvoir exercer sur elle le droit de propriété. » Il est aujourd'hui en effet considéré comme certain que le contact matériel n'était pas nécessaire en principe, qu'il ne fallait pas une saisie réelle et physique de la chose, mais un fait quelconque qui avait pour résultat de permettre à l'*accipiens* d'exercer le droit de propriété. Il n'est pas difficile de prouver que ce principe est très-nettement posé par les jurisconsultes romains, quoiqu'il ne soit pas formulé en termes précis. Il s'agissait seulement de l'extraire de la combinaison du grand nombre de textes qui existent sur la tradition. Ainsi Paul dit (L. 1, § 21, D. *de adq. post.*) « *Non est corpore et actu necesse apprehendere possessionem, sed oculis et affectu,* » et ailleurs (L. 3, § 1, *eod. tit.*) « *Quod autem diximus et corpore et animo adquirere nos debere possessionem, non utique ita accipiendum est, ut qui fundum possidere velit, omnes glebas circumbulet; sed sufficit, quamlibet partem ejus fundi introire dum mente et cogitatione hâc sit, uti totum fundum usque ad terminum velit possidere.* » Il en est de même de la loi 18, § 2 du même titre dans laquelle il est dit au sujet des meubles, que si le vendeur, sur mon ordre, a déposé la chose vendue à mon domicile, j'en ai désormais la possession quoique personne ne l'ait touchée, et au sujet des immeubles, qu'il y a également prise de possession quand le vendeur me montre du haut de ma tour le fonds qu'il vient de me vendre, et qu'il me déclare que je puis désormais en jouir librement, *vacuam se possessionem tradere dicat* (Celse), et ce jurisconsulte ajoute que la possession m'a été transmise tout aussi bien que si j'avais mis les pieds sur le terrain.

Il n'est pas difficile d'appliquer cette nouvelle doctrine à tous les textes invoqués par l'ancienne, et d'en donner une explication toute simple et toute naturelle sans rentrer dans toutes ses distinctions, qui n'avaient rien de précis et qui ne s'appuyaient sur aucun texte. Nous trouvons l'ancienne doctrine exposée tout au long dans le traité de la propriété de Pothier. En voici le résumé succinct :

Il distingue d'abord deux espèces de traditions; les traditions réelles, et les traditions feintes, et il subdivise ces dernières en tradition symbolique, tradition *longæ manus* et *brevis manus*, et tradition feinte proprement dite, ou résultant directement de certaines clauses attachées aux contrats.

1. Tradition réelle. « Elle a lieu, dit-il, par une préhension corporelle de la chose faite par celui à qui on entend en faire la tradition, ou par quelqu'un de sa part. » Sur ce point pas de difficultés.

2. Tradition symbolique. Elle a lieu, quand on ne remet pas la chose elle-même, mais quelque chose qui la représente, par ex. : les clefs du magasin dans lequel les marchandises vendues sont enfermées ; les clefs de la maison vendue ; ou bien (L. 1. *De don.* C. 8. 54), quand on livre à l'*accipiens* quelque chose qui lui donne pouvoir sur l'objet de la vente, ainsi la remise des titres d'un immeuble. — Au sujet des clefs de magasin, Pothier se trouve en face d'une difficulté qui aurait dû lui faire découvrir son erreur.

Papinien qui parle de ce cas (L. 74. D. *De cont. emp.*) impose cette condition « *si claves apud horrea traditæ sint* » Pothier a mieux aimé dire que cette restriction n'avait pas sa raison d'être.

3. Tradition *longæ manus.* — Il la voit dans la loi 18, § 2. *De acq. poss,* citée ci-dessus, qui parle du cas où le vendeur montre du haut d'une tour le terrain vendu.

4. Il y a tradition *brevis manus,* quand vous ayant livré une chose à titre de prêt, de dépôt ou de louage, je vous la vends ensuite, ou je vous en fais donation (L. 77. De *rei vend.*); ou bien, voulant vous prêter une somme, je vous la fais livrer directement par mon débiteur.

5. Enfin il y a tradition feinte proprement dite dans le cas de constitut possessoire, et dans tous les cas semblables où le vendeur ou donateur, après le contrat, conserve la chose par devers lui et ne la tient plus que pour et au nom de l'acheteur ou du donataire, soit à titre de fermier ou locataire, soit à titre d'usufruiter ou usager.

Tel est en quelques mots le système des anciens commentateurs basé sur la nécessité en principe du contact matériel — Voici comment on peut le détruire et montrer que dans tous ces cas les jurisconsultes romains ont simplement cherché à prouver que, pour que la tradition fût parfaite, l'appréhension de la chose devait consister dans un fait matériel quelconque qui donnât à l'acquéreur la faculté physique de disposer de la chose en tout temps et selon son gré.

Suivons pas à pas les divisions de Pothier :

1. Il n'y a pas lieu de parler de la tradition réelle.

2. Pour prouver la tradition symbolique, il s'appuie sur le texte de Papinien qui parle de la remise des clefs du magasin contenant les marchandises vendues. Cette remise des

clefs vaut tradition des marchandises. On a vu là un symbole, une représentation, d'où le nom de tradition symbolique
donné à ce cas et aux cas semblables. Il serait difficile d'indiquer les textes qui portent la moindre trace de cette fiction. D'ailleurs, *Papinien* ajoute ces mots « *si claves apud
horrea traditœ sint.* » Pothier ne trouve rien de mieux à faire
que de les retrancher sans se demander la raison de cette
restriction et pourquoi cette remise des clefs doit avoir lieu
auprès du magasin lui-même. Cependant, si cette remise
seule est en elle-même le symbole de la tradition, elle l'est
aussi bien à cent lieues de distance que tout à côté du magasin.

Pour nous, au contraire, cette restriction est indispensable, car ce n'est que tant que la remise des clefs est
faite dans le voisinage du magasin que les marchandises
qu'il contient sont réellement à la disposition de l'*accipiens*.
On peut voir, d'après l'art. 1606 du code civil, que le législateur a aveuglément suivi Pothier sur ce point, sans
s'en rendre compte. De nos jours, en effet, le consentement
lui-même en transfère la propriété; il n'est pas besoin de
tradition; et si la délivrance est nécessaire, elle peut rare-
ment s'opérer par une simple remise des clefs.

On peut appliquer le même raisonnement au second cas
cité par Pothier, celui de la loi 1. C. *de don.* D. 8 54), où
quelqu'un, voulant faire donation des esclaves qu'il possède
à un tiers, lui livre ses titres de possession, et lui en fait
ainsi tradition. On a vu là un symbole, alors qu'il n'y a
qu'une simple application de notre principe, si on suppose,
comme cela doit se faire, que la livraison des titres a eu
lieu en la présence des esclaves.

2° L'espèce de tradition, dite *longœ manus* aurait une des

plus grandes raison d'être. Javolénus emploie en effet cette
expression dans une hypothèse particulière (l. 79 *de sol.*
46. 3.) « *Pecuniam quam mihi debes aut, etc,... et quodammodo longâ manu tradita æstimanda est.* » — A ce texte,
on ajoute celui de la loi 18 § 2 *de acq. vel am. pos.*, que
nous avons déjà énoncé. « Il en est de même, ajoute Pothier,
(vente) dans l'aliénation des choses de grand poids quand le
vendeur donne à l'acheteur la permission de les emporter.
Cette permission tient lieu de tradition. » Pourquoi Pothier
parle-t-il seulement des choses de grand poids, alors que
Javolénus parle d'une somme d'argent? Pourquoi restreint-
il ainsi sa fiction? Sans doute parce qu'il est plus facile
d'emporter un objet très-léger, comme un livre ou un
bijou, qu'une énorme pièce de bois. Mais il n'explique
pas ainsi le cas de Javolénus. — Il n'est pas utile de
recourir à des fictions, si on examine que dans un cas
comme dans l'autre, la chose a été mise à la disposition de
l'accipiens.

3° Gaius dit, à la loi 9 § 5. *De acq. rer. dom.* « *Interdum
etiam sine traditione nuda voluntas domini sufficit ad rem
transferendam veluti si rem quam commodavi aut locavi tibi
aut apud te deposui, vendidero tibi* » C'est là une espèce de
tradition *brevis manûs.* Pothier n'y voit aucune tradition ;
il reconnaît avec Gaius que le transfert de la propriété a lieu
par le seul effet du consentement, et il déclare que l'inven-
tion de la fiction est inutile en ce cas. Pothier a raison en
reconnaissant que la fiction est inutile ; mais il se trompe
en disant qu'il n'y a pas de tradition. En effet, les
deux éléments qui la constituent, le *corpus* et l'*animus*,
s'y retrouvent très-bien. Il n'y a pas de changement
apparent dans l'état des choses, il est vrai. Le locateur

possède par l'intermédiaire du locataire qui est *in possessione*, le premier a l'*animus*, et le second, le *corpus*.

Un seul acte de volonté, sans aucune manifestation, suffit pour joindre ces deux éléments séparés et rendre la tradition complète. Il n'y a là aucune dérogation au droit commun.

Les anciens interprètes voyaient encore la tradition *brevis manûs* dans le cas de la loi 3. § 12. D. *de don. inter. vir. et ux.* Créancier de Titius, d'une certaine somme, je veux faire donation de cette somme à Secundus et je dis à Titius de payer directement la somme à Secundus. De même dans ceux de la loi 15 *de reb. cred.*; de la 3. *mandati*, et l. 43. § 1 *de jure dol.* Il y avait dans tous ces cas simplement une tradition unique apparente qui en renfermait deux ou plusieurs La loi 3 § 12. *de don. int. vir. et ux.* en donne elle-même l'application. « *Celeritate conjungendarum inter se actionum unam occultari* ». On voulait éviter des détours inutiles.

5° Enfin le constitut provisoire donne lieu à la tradition feinte proprement dite, parce que là encore moins que partout ailleurs, il n'y a pas de contact matériel. — Cependant on peut y retrouver les deux éléments de la tradition, le *corpus* et l'*animus*. Il n'est pas besoin de supposer que le vendeur ou donateur a livré la chose à l'acheteur ou donataire, et que celui-ci à son tour la lui a remise, afin qu'il la détienne pour son compte. L'acheteur, en effet, a désormais la chose à sa libre disposition; voilà le *corpus*; et il y a concordance de sa volonté d'acquérir avec celle du vendeur de transmettre un acte de vente l'a constaté ; voilà l'*animus* avec la *justa causa*.

Comment peut-on dire après cela que même dans ce cas

il n'y a pas une tradition faite, dans le sens exact du mot, et sans fiction aucune? [1]

§ II. — DE L'ANIMUS.

Nous venons de voir le premier élément de la tradition, l'élément nécessaire et indispensable, celui qui est véritablement l'essence de sa nature, et qui ne varie jamais. Le second, l'*animus*, présente différents caractères suivant que la tradition a pour effet de faire acquérir la possession seulement, on l'appelle alors *animus possederdi*, ou de faire acquérir la propriété, et en ce cas on l'appelle *animus domini*.

On ne considère en principe cet *animus* que dans l'*accipiens*; on veut indiquer par là l'intention qu'il a d'acquérir. Mais pour que cette intention soit valable, pour qu'elle produise tout son effet, il faut qu'elle corresponde à l'intention du *tradens*, il faut que celle de celui-ci soit bien de faire acquérir la propriété à l'*accipiens*, il faut en un mot que ces deux volontés concourent au même but, pour que la tradition, qui n'est que l'exécution d'un contrat, produise l'effet demandé. (*De oblig. et act.* l. 55; 44. 7.)

C'est ce que le jurisconsulte romain, Paul, exprime en disant : (D. 41. 1. 31. F.) « *Numquam nuda traditio transfert dominium, sed ita si venditio aut aliqua justa causa præcesserit propter quam traditio sequeretur.* » (Voir aussi Ulpien, XIX, § 7.) On dit par suite qu'il faut que la tradition ait une juste cause, et on entend par là un contrat

[1] Dans la société *totorum bonorum* était simplement la reconnaissance d'un constitut possessoire tacite ainsi que le dit Gaius (L. 2, D. *Pro socio*). — « *Licet specialiter tradita non interveniat, tacita tamen creditur intervenire.* »

ou un fait entraînant comme conséquence la volonté de
transférer la propriété. (Ortolan, t. 2, p. 300, n° 418.) [1]
D'après M. Warnkœnig, elle serait la volonté de transférer
la propriété, manifestée par un fait quelconque; et d'après une
nouvelle doctrine qui se rapproche beaucoup de celle-là,
(V. Accarias, nouv. éd., page 507, n° 226, et Demangeat,
t. 1, page 406,) elle ne serait simplement que le concours des deux volontés de céder la propriété chez celui qui
livre, d'acquérir chez celui qui reçoit [2]. Ces deux dernières définitions de la *justa causa* se rattachent à une
idée trop générale ; il est bien certain que la volonté est
indispensable à la tradition ; mais ce n'est pas là ce que les
jurisconsultes romains ont voulu désigner dans la *justa causa*;
en général, ils ne se contentaient pas d'une abstraction telle
qu'une volonté ; ils recherchaient toujours quelque chose de
matériel, un fait apparent ; et tous les textes prouvent qu'ils
ont voulu désigner par la *justa causa*, le moyen de déterminer la signification de la tradition, moyen consistant dans
un fait juridique, un contrat, par exemple, susceptible par lui-
même de mettre au jour et bien faire connaître la volonté des
parties contractantes. On s'explique ainsi pourquoi l'on n'a

---

[1] Pellat dit, dans ses Textes sur les *Pandectes*, p. 118 : " Le sens de
la maxime de la *justa causa* est que, dans la réalité, nul ne veut transporter ou acquérir la propriété d'une chose seulement pour opérer ce
transport, cette acquisition, mais pour atteindre par là un autre but juridique, à savoir, l'accomplissement d'une vente, d'une donation, etc.
La *causa traditionis* ne se présente donc pas comme une volonté une
et abstraite de conférer et de recevoir la propriété, mais sous la forme
concrète de tel ou tel contrat, de telle ou telle affaire. „

[2] " Ainsi entendue, ajoute-t-il, elle est également requise en matière
de mancipation et d'*in jure cessio*. C'est ce que l'on exprime sous une
autre forme en rangeant ces deux modes d'aliéner parmi les modes volontaires. „

jamais exigé de *justa causa* pour la mancipation et la cession *in jure*, où le concours de volonté était manifesté par les paroles mêmes de la formule. Les formules n'étaient pas nécessaires à la tradition ; il n'y avait pas de paroles solennelles. Il fallait bien alors rechercher l'intention des parties dans quelques circonstances de l'affaire ; ce fut cette circonstance même qu'on désigna par l'expression de *justa causa*.

Ainsi il y aura transfert de propriété dans le cas d'une tradition faite par suite d'une vente, d'un échange, d'un legs, d'une donation, parce que la volonté de l'opérer résulte manifestement de tous ces actes. Il faut cependant que ces actes aient été faits par des personnes capables ; car une tradition faite par un mineur, par un fou, est nulle et sans effet, quel que soit l'acte intervenu, parce qu'on ne peut pas dire que la volonté de transférer la propriété se trouve chez le *tradens*, attendu qu'il est considéré comme ne pouvant avoir de volonté quelconque ; ce qui rend nul l'acte lui-même et par suite la tradition. Il faut aussi que ces actes juridiques qui servent de *justa causa* ne soient pas réprouvés par le droit civil, c'est-à-dire incapables de produire aucun effet, par ex : une donation entre époux : (Ulp. l. 3. § 10. D. De *don. int. vir. et ux*).

Il faut en outre qu'il y ait entente entre les parties soit sur la nature du contrat, soit sur l'objet, soit encore sur le droit lui-même, et à ce sujet, nous avons à rechercher l'influence de l'erreur sur la *justa causa*.

Et d'abord il n'est pas besoin de dire que quand il s'agit de tradition, il s'agit toujours d'une chose particulière et précise, d'un individu proprement dit, bien déterminé par les parties, qui s'en sont faite une idée exacte ; c'est tel cheval, telle maison, tel esclave, telle somme qui fait l'objet de la

tradition. On ne peut faire la tradition d'une chose *in genere*.
Car, pour qu'il y ait véritablement *animus possessionem et
dominium transferendi et acquirendi*, il faut bien qu'il s'agisse
de tel objet et non de tel autre. Cependant ne peut-il pas
m'arriver de livrer une chose autre que celle que l'*accipiens*
voulait recevoir, ou de recevoir celle que je ne voulais pas?
En ce cas, il y a erreur sur l'identité de l'objet; il ne peut
y avoir d'*animus*, et la tradition reste sans effet, ainsi que le
dit Ulpien « *Non puto errantem acquirere; ergo nec amittet,
possessionem qui quodammodo sub conditione recessit de
possessione* (L. 34. *pr.* D. De acq. vel am. pos*, Il ne peut
y avoir de doute à ce sujet [1].

Le doute n'est pas possible non plus, dans le cas où le
tradens en livrant l'objet, a pour but de compléter un acte
juridique, qui pour lui n'emporte pas transfert de propriété tel qu'un dépôt, quoique l'*accipiens* ait de son côté
pour but de compléter un autre acte juridique qui emporte
transfert de propriété, tel qu'un *commodat*. Il est évident
qu'il n'y a pas là concours de volonté, et malgré l'*animus domini* de l'*accipiens*, il n'y pas de *justa causa*, parce
que le fait juridique du *tradens* ne révèle pas son intention
d'aliéner. Le peut *tradens* donc revendiquer son objet,
tant qu'il existe; et s'il vient à disparaître, il peut recourir
à la *condictio* sans exception de dol. Ulpien seul examine
ce cas (Ulp. L. 18. § 1. 12. 1) et donne cette solution.
Mais il va sans dire que les autres jurisconsultes, s'ils s'en

---

[1] En ce cas, d'après Celso (L. 18 § 1) *De acq. vel amit. pos.*, le *tradens*
perd la possession par suite de son abandon et quoique l'*accipiens* ne
l'acquière pas. D'après Ulpien (L. 24 pr. *eod. tit.*), n'ayant rien transféré
il n'a rien perdu parce qu'il n'a abandonné sa possession que pour la
faire acquérir à un autre.

étaient occupés, n'auraient pu donner une autre solution sans se mettre en contradiction avec tous les principes du droit sur ce point.

L'influence de l'erreur est plus difficile à préciser, quand elle porte sur la nature du contrat, c'est-à-dire, quand étant d'accord sur l'objet de la tradition, sur son identité, et aussi sur le transfert de la propriété de cet objet de l'un à l'autre, le *tradens* et l'*accipiens* ont en vue deux causes différentes, par ex. : Titius veut se libérer envers Secundus d'un legs de 10,000 sesterces qu'il lui doit en vertu d'un testament de son père, et Secundus croit recevoir une pareille somme qui lui est due personnellement par Titius; il s'agit dans les deux cas de l'extinction d'une obligation ; ou bien quand l'une des parties à voulu faire une donation, et que l'autre entend recevoir à titre de prêt, de *mutuum*. — Suffit-il que les parties aient d'une manière ou d'une autre indifféremment, l'intention de transmettre la propriété, fut-ce pour des causes différentes, ou bien faut-il qu'elles aient en vue la même cause? Nous avons ici à nous décider entre deux opinions, celle de Julien (L. 36. 41. 1. D) qui reconnaît qu'il y a là une *justa causa* valable, capable de donner à la tradition tout son effet, et celle d'Ulpien (L. 18 pr. 12. 1. D.) qui ne la reconnaît pas suffisante, parce qu'elle est viciée par la différence des buts que les parties ont poursuivis. Julien, s'en tenant à ce fait qu'il y a accord entre les parties pour faire produire à la tradition un effet déterminé, qui est ici la transmission de propriété, ne recherche pas la cause particulière qui a donné naissance à la volonté de chacune des parties; il trouve l'élément assez complet et ne va pas plus loin. L'esprit investigateur d'Ulpien l'empêche d'être aussi facilement satisfait que Julien, il pousse toujours son analyse au delà de ce que lui apparaît à première vue; il aime à remonter au principe des choses et ici il rencontre bien vite un vice qu'il déclare capital; chacune des parties poursuit un but qu'elle ne peut atteindre, attendu qu'il n'est pas le même, et que l'un est combattu par l'autre; le concours n'est donc pas parfait; on ne peut pas dire qu'il a réellement une *justa causa*; l'effet direct et immédiat, le transfert de la propriété, sur lequel il y a accord, se produit sans doute, mais il n'est que secondaire, et l'effet principal, l'extinction ou la création de l'obligation, que chacune des parties a eue surtout en vue, ne peut se produire, parce que l'accord manque et que les volontés ne concordent plus. Ce raisonnement est évidemment le plus logique au point de vue du droit pur. Mais, au point de vue du droit positif, l'opinion de Julien doit l'emporter. Ulpien ne nous dit-il pas lui-même (LL. 3 et 5. D. 6. 2.) « *Et non solum emptori bonæ fidei competit Publiciana..... vel ex causa noxæ deditionis, sive vera causa sit, sive falsa.* » Une cause imaginaire, sans aucune existence réelle suffit pour valider la tradition. Il n'y a donc pas lieu d'examiner cette cause en elle-même. D'ailleurs, l'opinion d'Ulpien est trop spiritualiste pour être conforme au principe de matérialisme qui pénétrait encore tout le droit romain à cette époque.

On voit que la contradiction est manifeste et catégorique, du moins en théorie, entre les deux jurisconsultes, puisque l'un soutient qu'un fait a lieu, et que l'autre soutient qu'il n'a pas lieu. Cependant, elle disparaît presque, si on la recherche dans un cas déterminé. Supposons, en effet, l'hypothèse suivante, Titius voulant faire une donation à Secundus lui livre de l'argent comptant; Secundus reçoit cet argent; mais il croit que c'est à titre de prêt. Qu'arrivera-t-il si Titius vient à reconnaître l'erreur de Secundus, et s'il en profite pour révoquer son intention bienveillante et vouloir se faire restituer son argent ? Il le peut sans avoir à craindre l'exception de dol. Julien et Ulpien admettent d'un commun accord qu'il n'y a ni donation, ni *mutuum*. Quelle action intentera-t-il alors ? Il faut d'abord se demander si l'argent existe encore, ou non ; les actions sont différentes pour les deux jurisconsultes dans les deux cas.

Si l'argent existe encore, Ulpien qui n'admet pas qu'il y ait eu transmission de propriété, donne au *tradens* l'action en revendication qu'il a conservée. Julien au contraire ne peut la lui accorder ; car pour lui, c'est l'*accipiens* qui est devenu propriétaire, et qui a acquis par suite le droit de revendication. Il lui accorde donc une action personnelle, la *condictio sine causâ*, qui ne peut ici être repoussée par l'exception de dol, parce que le défaut de concordance des volontés a empêché la donation d'avoir lieu.

Si l'argent n'existe plus, mais si l'*accipiens* l'a employé de manière que sa valeur soit encore représentée, il n'y a plus lieu à revendication, attendu que cette action ne peut s'appliquer qu'aux choses qui existent encore en nature. Ulpien est donc ici obligé d'en arriver au même système que Julien, et de n'accorder comme ce dernier, qu'une action personnelle, la *condictio sinè causâ*.

D'un autre côté, si l'argent n'existe plus même en valeur représentative, le donateur peut encore intenter la *condictio sinè causâ*, s'il le veut ; mais le donataire pourra le repousser par l'exception de dol. En effet les condictions en général ne peuvent être intentées que quand la chose qu'elles poursuivent existe encore en nature, ou quelle a été remplacée par une autre faisant partie des biens de celui contre qui on l'intente, ou bien qu'elle a été dissipée frauduleusement. Or, aucun de ces cas n'a lieu dans notre hypothèse. Le donataire était propriétaire de la chose, il pouvait en disposer à son gré; comment l'accuser de dol, alors qu'il a simplement usé de son droit? Julien et Ulpien arrivent encore au même résultat [1].

L'erreur pouvait encore se produire d'une autre manière qui est traitée par Ulpien dans la loi 35 D. *de acq. rer. dom.* 41. 1), quand le propriétaire sur le mandat d'une autre personne, fait tradition d'une chose qu'il ne croit pas lui appartenir. Il ne peut pas y avoir transfert de propriété; car le véritable *animus domini transferendi* ne peut exister nulle part, ni chez le mandant qui n'est pas capable de l'avoir, n'étant pas propriétaire, ni chez le *tradens*, qui agit au nom du mandant, et dont la qualité de propriétaire n'est ici pour rien. A ce texte, on oppose la loi 49 D. *mandati* (17, 1) dans laquelle Marcellus paraît être d'une opinion contraire. Supposant que Titius possède de bonne foi l'esclave de Secundus, qui est propriétaire mais qui l'ignore, et qu'il donne à Titius lui-même le mandat de vendre l'esclave, « *puto*, dit-t-il, *Titium quamvis procurator vendidisset, obstrictum emptori; neque si rem tradidisset, vindicationem concedendam* ». On a tort de conclure de là que Marcellus est d'une autre opinion qu'Ulpien. Car Marcellus ne dit pas que la tradition faite par Titius a emporté aliénation, il dit seulement que Titius, en sa qualité de vendeur, est garant envers l'acheteur, de la libre possession de son esclave, et que s'il veut intenter l'action en revendication, l'*accipiens*

[1] Comp. Accarias, nouv. éd. 1er vol., p. 509, n° 226, texte et note 2. — Molitor, *Obligat.*, 1er vol., p 185 et suiv.—Savigny, *Droit Romain,* t. IV, p. 164. — Pothier, *Pandect. De a:q. rer. dom,* n° 58.

pourra lui opposer la maxime : *quem de evictione tenet actio, eumdem agentem repellit exceptio.* Rien ne prouve que Marcellus ne considère pas encore Titius comme propriétaire [1].

Nous venons d'indiquer les conditions qu'un acte doit remplir pour servir de *justa causa* à la tradition. — En dehors de ces conditions, peu importe qu'il ait lui-même une cause licite et réelle, qu'il ait été ou non déterminé par le dol de l'une des parties (c. 4; 44. 10), que même le fait qui sert de base à la tradition n'existe qu'en apparence, il y a toujours un acte qui détermine bien exactement la volonté de transférer la propriété. La tradition est donc valable. Ainsi Titius se croyant à tort débiteur envers Secundus d'une certaine somme, lui paie cette somme. Il y a là transfert de propriété; et si Titius s'aperçoit qu'il a payé à tort, il ne pourra pas exercer la revendication pour rentrer dans son bien; il sera obligé de recourir à la *condictio indebiti.* La loi 2 § 1. et 54, (*de cond. indeb.* D.) nous l'apprend au sujet de l'héritier qui a exécuté un legs inexistant, parce que le testament qui le contenait était faux, ou inofficieux,

---

[1] Sic : Molitor, *De la Pos.*, p. 112. Il dit : " En vendant comme mandataire, le propriétaire s'est obligé personnellement. „

Pellat (*Textes choisis des Pandectes*, p. 131, dit : " Marcellus ne parle que de la garantie qui incombe au véritable propriétaire. Cette garantie n'existe pas dans la loi 35, parce qu'Ulpien ne dit pas que le véritable propriétaire a *vendu*, mais qu'il a *livré*, par le mandat du propriétaire putatif. „

Accarias (*loc. cit*), reconnaît que la contradiction n'existe pas réellement entre les deux textes d'Ulpien et de Marcellus, mais il tient l'opinion d'Ulpien comme contraire aux vrais principes romains, quoiqu'aucun texte ne la contredise, parce que d'après lui la *justa causa* consiste " dans une volonté spéciale et réciproque d'aliéner et d'acquérir. „ Nous croyons que M. Accarias est dans l'erreur.

ou révoqué. Il résulte même des lois 2 et 3 *De cond. ob turp. caus.* qu'un acte illicite peut servir de juste cause à la tradition, par ex. : une donation faite sous une condition immorale. Il est vrai que si la *turpis causa* est du côté de l'*accipiens*, le *tradens* pourra exercer contre lui la *condictio ob turpem causam.*

Au contraire, tout fait qui n'entraîne pas comme conséquence directe la volonté de transférer la propriété, ne peut servir de juste cause à la tradition. Ainsi une tradition faite pour cause de prêt, de loyer, de dépôt. Les prêteurs, locateurs et déposants n'ont pas l'intention de transférer la propriété. Le seul effet de la tradition est ici de transférer soit la possession, soit la détention seulement : elle reste donc *nuda*, et manque de l'élément indispensable pour arriver à produire cet effet, tout autrement important, le transfert de la propriété.

Parmi les justes causes, il en est deux, la vente et l'échange qui à cause de leur importance et des particularités qui les distinguent, doivent être ici spécialement examinées.

1° — *Vente.*

Le contrat de vente, de même que tout acte translatif de propriété, ne produisait à Rome que des obligations civiles, auxquelles devait venir s'ajouter la tradition, pour que le transfert de propriété eut réellement lieu. Pour la vente cependant la tradition ne suffisait pas toujours pour qu'elle fût parfaite, d'après le § 41, liv. 2, tit. 1, des Inst. de Just. : « *Venditæ verô res et traditæ non aliter emptori adquiruntur, quam si is venditori pretium solverit, vel alio modo et satisfecerit, veluti expromissore aut pignore dato* » Il fallait en outre

que le prix fût payé, ou que l'acquéreur eût donné des garanties suffisantes au vendeur, afin que ce dernier, une fois
dépouillé de sa propriété ne fût pas exposé à perdre son
prix. Cette exception à la règle ordinaire des contrats translatifs de propriété, s'explique par ce fait, que le législateur
a cherché à interpréter simplement la volonté des parties ;
et ici celle du vendeur est évidemment de ne se dépouiller
de sa propriété que sous la condition d'en recevoir la valeur
équivalente en argent, ou du moins d'avoir la certitude qu'il
la recevra plus tard. On ne peut mettre en doute que le
législateur romain ne se soit basé sur cette présomption pour
retarder le moment de la mutation de propriété jusqu'après
le paiement du prix, puisqu'il fait tomber cette présomption
dans les cas où le vendeur a accepté de la part de l'acheteur
une satisfaction équivalente au paiement du prix, consistant
soit en une sûreté réelle, un gage, soit en une sûreté personnelle, un *expromissor*, c'est-à-dire un tiers plus solvable
qui s'oblige à payer le prix à la place de l'acquéreur, ou un
fidéjusseur qui s'engage à le payer, si l'acquéreur vient
à manquer à son obligation. Dans tous ces cas, en effet, il
n'y a aucun motif pour supposer que le vendeur a voulu
retarder le transfert de la propriété. Pourquoi l'aurait-il fait ?
Ses droits sont suffisamment garantis. Le texte va encore
plus loin, il admet que le transfert de la propriété peut avoir
lieu au moment même de la tradition, sans que le prix
soit payé, sans que l'acquéreur ait fourni aucune garantie.
« *Sed si is qui vendidit, fidem emptoris secutus est, dicendum
est statim rem emptoris fieri* » En ce cas, en effet, le vendeur
a bénévolement consenti à ce que la propriété fût transférée
instantanément, sa volonté d'aliéner existe au moment de la
tradition qui se trouve ainsi parfaite par la réunion de tous

ses éléments, le *corpus* et *l'animus* avec une *justa causa*. Il est vrai que ce cas est considéré comme exceptionnel et que c'est par suite à l'acheteur à le prouver.

Mais quelle était la situation de l'acheteur dans le cas où la chose lui avait été livrée, sans que cependant il eût acquis le droit de propriété? Etait-il possesseur ou simplement *in possessione?* On ne trouve aucun texte en droit romain, qui réponde à cette question; ce qui a été cause de nombreuses controverses; mais tout porte à croire qu'il y a là une véritable possession protégée par les interdits, on ne peut pas dire en effet que l'acquéreur possède à titre de bail ou de dépôt; il a l'*animus domini*; il ne possède pas à d'autres titres qu'à celui de propriétaire; une seule chose l'empêche d'avoir immédiatement la propriété, c'est la volonté du *tradens*; il se trouve, peut-on dire, dans la même situation que le voleur; or, on accorde à ce dernier la possession *ad interdicta*. Il mérite au moins autant de faveur.

Cette théorie de la vente en droit romain offre un contraste frappant avec celle de notre droit. Le § 41 des Inst. précité, est en contradiction complète avec l'art. 1583 du Code Civil, dans lequel il est dit : « La vente est parfaite entre les parties, et la propriété est acquise de droit à l'acheteur, à l'égard du vendeur, dès qu'on est convenu de la chose et du prix, quoique la chose n'ait pas été livrée ni le prix payé » Il résulte de là que le contrat ne produit plus simplement une obligation civile, mais qu'il emporte tradition de la chose par lui-même, c'est-à-dire que le transfert de la propriété a lieu par le seul effet du consentement. Le législateur n'a pas pour cela négligé les droits du vendeur. Il les a au contraire bien autrement sauvegardés que le droit romain, puisqu'il lui a accordé l'action résolutoire, c'est-à-dire le droit de reprendre son immeuble, comme si la vente n'avait pas eu lieu, et en outre un privilége sur le prix de l'immeuble s'il vient à être saisi et vendu, avec le pouvoir d'exercer l'un ou l'autre de ces droits à son gré et suivant son avantage; et de plus, si la vente est pure et simple, il a comme le vendeur romain le droit de rétention sur la chose jusqu'au paiement du prix.

2° — Échange.

L'échange en droit romain n'est pas comme la vente un contrat consensuel, il ne forme pas seulement une obligation civile; tant que la convention d'échange n'est pas exécutée par l'une des parties, elle n'est qu'un simple pacte, *nudum pactum*, incapable de produire une obligation civile; elle ne devient un véritable contrat que quand l'une des parties a livré la chose promise, et elle se transforme alors en un contrat innomé, pourvu de l'action civile *præscriptis verbis* : elle devient un contrat réel, comme le dit la loi 1. §. 2, 19, 4. D.

De là résulte entre la vente et l'échange des différences essentielles et caractéristiques qui sont les suivantes :

1° La vente engendre, dès qu'il y a accord sur la chose et sur le prix, deux obligations *ex utrâque parte;* d'un côté obligation de livrer la chose, de l'autre de payer le prix ; ces deux obligations deviennent aussitôt actives en prenant l'un et l'autre une existence indépendante, et chacune des parties a des actions particulières pour faire exécuter celle qui l'intéresse.—L'échange, au contraire, ne donne naissance qu'à une seule obligation, qui est la même de part et d'autre, celle de transférer la propriété.— Paul, établit très-bien cette

différence fondamentale (l. 1. pr. D. 19. 4. *De res permut,*
« *Sicut aliud est vendere, aliud emere, alius emptor, alius*
venditor : ita pretium aliud, aliud merx; at in permutatione
discerni non potest, uter emptor, vel uter venditor sit, multum-
que differunt præstationes, emptor enim, nisi nummos accipien-
tis fecerit tenetur ex vendito, venditori sufficit ob evictionem
se obligare, possessionem tradere et purgari dolo malo, itaque
si evicta res non sit, nihil debet. In permutatione vero si utrum-
que pretium est, utriusque rem fieri oportet : si merx neu-
trius sed cum debeat et res, et pretium esse, non potest inveniri
quid eorum merx, et quid pretium sit, nec ratio patitur ut una
eademque res et veneat et pretium sit emptionis» Voir également la loi 3. 4, 61. C.)

2° De cette première différence en découle une deuxième bien remarquable.

Et d'abord de ce que dans la vente, il y a deux obligations distinctes et indépendantes, il résulte que l'inaccomplissement de l'une ne rend pas l'autre, qui a été déjà accomplie, nulle ou résolutoire. Lors donc que le vendeur a
livré sa chose avant que l'acheteur lui ait payé le prix, si
du moins, il s'en est rapporté à la foi de ce dernier, il n'a
plus de revendication à exercer, mais seulement l'action
venditi pour se faire payer; en livrant la chose, il a éteint
simplement son obligation de vendeur. — Il en est tout différemment pour l'échange; on ne considère pas les obligations de livrer de chacun des coéchangistes comme distinctes
et inséparables, comme ayant une existence à part et tout-à-
fait indépendante; *do ut des,* je vous donne une chose pour
que vous m'en donniez une autre en retour; si je vous ai livré la mienne et que vous ne m'ayez pas livré la vôtre, je
n'ai pas atteint mon but; il y a là une condition résolutoire.

— Par suite de cette distinction assez subtile entre la vente
et l'échange, le droit romain avait accordé au coéchangiste
la *condictio ob rem dati re non secutâ*, c'est-à-dire le droit
de reprendre sa chose, de rentrer dans la possession de son
bien. Il l'avait d'un autre côté exceptionnellement favorisé
en lui permettant en outre, s'il y voyait son avantage d'agir
par l'action *præscriptis verbis*, action spéciale des contrats
innomés pour arriver à obtenir l'exécution de son pacte.

3. Une troisième différence existait encore dans la nature
même des obligations du vendeur et du coéchangiste. Celle
du vendeur consistait non pas à rendre l'acheteur propriétaire
de l'immeuble, mais à lui en procurer la jouissance, la libre
possession, la possession *ad usucapionem*. — Aussi il pouvait vendre la chose d'autrui pourvu qu'il empêchât le véritable propriétaire de troubler la possession de son acheteur.
L'acheteur de son côté devait transférer la propriété des espèces formant le prix. — Celle du coéchangiste, au contraire, consistait à transférer la propriété, et non pas seulement la possession. On ne pouvait donc donner en échange
la chose d'autrui (L. 1. § 3. 19. D.) — (L. 3. 4. 64. C.)

Nous venons de voir comme s'opérait le transfert de propriété dans les contrats qui se faisaient suivant les règles et
les conditions ordinaires, mais ces contrats étaient très-souvent affectés de modalités particulières qui en modifiaient
beaucoup les effets, qui par ex. : avançaient ou retardaient le
moment où la propriété passait de la tête de l'aliénateur sur
celle de l'acquéreur, et pouvaient même arriver à ce résultat
d'opérer momentanément la mutation de la propriété, non
pas d'une manière définitive, mais avec une clause de retour, c'est-à-dire que l'aliénateur, en livrant l'objet, se réser-
vait le droit de le reprendre, si telle circonstance déterminée

au contrat venait à se produire dans un délai limité. (*in diem addictio; lex commissaria.*)

L'*in diem addictio* très-usitée dans le contrat de vente était celle par laquelle le vendeur consentait à livrer l'objet, avec le droit de le reprendre, si dans tel temps donné, il venait à trouver à vendre son bien sous de meilleures conditions. Parfois le vendeur faisait une simple promesse de vente, sans effet immédiat et conservait le droit de propriété jusqu'à l'expiration du délai. Alors pas de difficulté, le transport de la propriété n'avait réellement lieu qu'à l'accomplissement de la condition. Mais, le plus souvent le vendeur consentait à se démettre immédiatement de son droit de propriété sous réserve bien entendu du droit de retour. Il y avait alors condition résolutoire.

Supposons maintenant que cette condition résolutoire s'est accomplie, que le vendeur a trouvé une offre plus avantageuse, et que son acheteur refuse de lui rendre son bien. Quelle action pourra-t-il exercer pour l'y obliger? Suivant les principes rigoureux du droit, attendu qu'il n'a plus la propriété de l'objet, il ne peut exercer l'action réelle de revendication; il est obligé de recourir à une action personnelle, qui est, suivant les uns, l'action *venditi* et suivant les autres, l'action *præscriptis verbis*.

Telle était l'opinion commune des jurisconsultes romains, opinion tout-à-fait conforme aux règles du droit, à la nature et aux conditions des diverses actions par lesquelles on pouvait rentrer dans la possession d'un objet perdu. — Cette opinion n'était point cependant celle d'un jurisconsulte des plus autorisés, d'Ulpien, qui, de même que Grotius et Puffendorf au seizième siècle, pénétré de l'étude du droit naturel, oubliait parfois les règles du droit positif; et admettait des solutions que ce dernier condamnait mais qui se rapprochaient du premier. — C'est ainsi que dans ce cas il ne se contentait pas d'accorder une action personnelle au vendeur sous condition résolutoire ; il lui accordait l'action réelle, la revendication. « Aussitôt, dit-il, (l. 4. 6. 1.) l'offre meilleure et acceptée, l'accepteur ne peut plus user de l'action réelle. » Si l'acheteur ne l'avait plus, c'est qu'elle était revenue au vendeur et que ce dernier avait le droit de l'exercer. La propriété était donc repassée sur sa tête *ipso jure*, sans aucune manifestation, sans nouvelle tradition, par le seul effet de l'accomplissement de l'action résolutoire.

Pour bien nous rendre compte de la différence d'opinion qui existait entre Ulpien et les autres jurisconsultes sur les effets de l'arrivée de la condition résolutoire dans les contrats translatifs de propriété, nous sommes obligé pour un instant de laisser de côté les contrats à titre onéreux, et de parler des donations au sujet desquelles ils se sont le plus clairement expliqués.

Sous Justinien, d'ailleurs, c'était la tradition qui dans tous les cas opérait les transferts soit dans les contrats à titre onéreux, soit dans les contrats à titre gratuit.

Voici le cas dont il s'agit. — La donation à cause de mort peut-être faite sous diverses conditions, sous celle du prédécès du donataire, sous celle de la survivance du donateur à un événement déterminé, sous celle de la simple révocation au gré du donateur. La condition venant à s'accomplir, elle est caduque, elle est nulle. Si le donateur s'est réservé la propriété jusqu'au moment de la condition, l'accomplissement de cette condition l'empêche simplement de passer sur la tête du donataire. Mais qu'arrivera-t-il si le donateur s'est dessaisi de son droit au moment de la donation? D'après l'opinion commune, il n'aura qu'une action personnelle la condiction, comme nous le dit Paul (L. 35, § 3. 39. 6. D.). Ulpien, au contraire, s'en tenant à son opinion, lui accorde la revendication. « *Potest defendi*, dit-il, (L. 20. 39, 6. D.) *De mort. causâ don.* » — Ces expressions prouvent que son opinion n'était pas généralement acceptée, et même il ne désigne que sous le nom d'*actio utilis*, l'action réelle qu'il accorde au donateur ; on voit bien par là qu'il reconnaissait lui-même qu'il faisait une dérogation aux principes du droit.

Les deux systèmes différaient non-seulement au point de vue théorique, mais aussi au point de vue pratique. Ainsi celui d'Ulpien avait cette conséquence très-importante que tous les droits réels consentis par le donataire sur la chose disparaissaient par suite de l'avènement de la condition, tandis que celui des autres jurisconsultes le laissait subsister [1].

La doctrine d'Ulpien est plus conforme aux principes philosophiques du droit naturel ; elle tient à admettre la

---

[1] Cette question de la translation de la propriété *ipso jure* a donné lieu à la plus vive controverse. — Voir : 1° Maynz (*Éléments de Droit romain*, t. 1, § 164 et 180; t. 2, § 331, observ. spécialement la note 61), qui nie d'une manière absolue et pour toutes les époques du Droit romain la possibilité de transférer la propriété sous condition résolutoire; 2° Wangerow (Lehrbuch, § 96, t. 1, p. 149), qui affirme qu'elle a toujours eu lieu, du moins quand le transport de la propriété était effectué au moyen d'une tradition. (C'est là l'opinion générale en Allemagne.) — 3° Pellat, *De rei vindicatione*, p. 271 et suiv. — Ortolan, *Instit.*, t. 1, 3, p. 376, n° 516. — Demangeat, t. 1, p. 565 et 566, et t. 2, p. 312 et 313. Vernet, *Textes choisis*, p. 136. — Dufnoir, *De la Condition*, p. 137. — Accarias, 1. vol, édit. 1871, n° 202, p. 451, et n° 226, p. 510 et n° 308, p. 725. — Ces derniers auteurs représentant l'École française, soutiennent que cette possibilité n'a pas eu lieu dans l'ancien droit, mais qu'elle a été admise à l'époque de Justinien.

transmission de la propriété par le seul effet du consentement.

Bientôt soutenue par d'autres jurisconsultes, elle paraît avoir été définitivement adoptée par Justinien (L. 2. C. *De donat. quæ sub modo* (8. 55.)

APPENDICE

ACQUISITION *PER EXTRANEAM PERSONAM*

Tout ce que nous avons dit jusqu'à présent est relatif aux contrats qui intervenaient directement entre les parties, et à la tradition que faisait le prom   ui-même à l'acqué-reur en personne. Cependant il n.   as toujours ainsi, par ex : pour les personnes incapables qui devaient être représentées par leurs tuteurs, et de même, quand une personne donnait mandat à une autre d'agir pour elle.

Autrefois, à l'époque où le droit des Quirites était appli-qué dans toute sa rigueur, on ne pouvait pas se faire repré-senter, et cette défense a toujours été appliquée aux actes du pur droit civil, à la *mancipatio* et à l'*in jure cessio* ; elle a été d'abord appliquée aussi à l'acquisition de la possession par la tradition. Mais peu à peu, obligés de faciliter leurs rap-ports qui s'étendaient de plus en plus et devenaient de jour en jour plus fréquents et demandaient par suite à se faire plus rapidement, les Romains ne tardèrent pas à admettre que la tradition, création du droit des gens, ne pouvait être soumise à toutes les formalités restrictives d'un droit dont elle ne dépendait qu'indirectement. C'est ce qui est établi par la loi 53 (41. 1). Justinien prétend dans le § 5 L. 2. Tit. 19 de ses Instituts que l'acquisition de la possession *per*

extraneam personam avait lieu *secundum divi Severi consti-
tutionem.* Il donne par là à croire que cette dérogation aux
règles de l'ancien droit est due à cet empereur. Mais bien
certainement on se tromperait en interprétant ainsi son
texte. Car bien longtemps avant Sévère, cette dérogation
était admise, puisque Labéon, qui vivait sous Auguste en a
parlé (l. 15, D. *de acq. rer. dom.*) de même que Nératius
qui vivait sous Trajan et Adrien, l. 13 p. *eod tit.* — Il
est plus simple et plus naturel de supposer que l'empereur
Sévère a voulu par sa constitution consacrer d'une manière
définitive une doctrine généralement admise.

Nous savons que les deux éléments indispensables de la
tradition sont le *corpus* et l'*animus.* Comment les retrouve-
rons-nous dans une tradition faite à un étranger pour faire
acquérir la propriété à un autre? Par ex. : un tiers achète pour
moi un fonds sans que je lui en ai donné mandat, on lui en fait
tradition; il y a bien là le *corpus*, mais l'*animus* n'y est pas; ce
n'est que par ma ratification qu'il peut s'y trouver; et à partir
de ce moment-là seulement, je deviens propriétaire. — Il en
est tout différemment dans le cas suivant : j'ai donné mandat à Titius d'acquérir tel fonds en mon nom; ici nous trouvons en premier lieu l'*animus*, alors que le *corpus* n'existe
pas encore, mon intention se manifeste avant que je n'aie l'appréhension de la chose. Il suffit donc que cette appréhension
ait lieu, et rien n'empêche qu'elle ne se produise par la tradition faite à mon mandataire, et à l'instant même de cette
tradition je deviens propriétaire. Peu importe le moment
auquel elle a lieu; que je le connaisse ou que je ne le connaisse pas; elle n'en est pas moins parfaite, et nous arrivons
ainsi à donner facilement la véritable signification de la loi **2.**
§ 1. *de acq. pos.* : « *Placet non solum scientibus sed et igno-*

rantibus adquiri possessionem. » On a voulu opposer à ce texte celui de la loi 59. De acq. rer. dom. « *Res ex mandato meo empta non prius mea fiet quam si mihi tradiderit qui emit.* » Mais ce texte ne s'applique pas au cas où le mandataire a agi au nom du mandant; il suppose qu'il a agi en son nom propre pour transférer à son tour par un autre contrat la propriété à son mandant. Il faut noter d'ailleurs que la possession ne peut être transmise directement au mandant, et que ce dernier n'acquiert par suite la propriété de la chose que si le *tradens* est le *verus dominus* de la chose. S'il ne l'est pas et si le mandant est de bonne foi, il n'acquerra pas les propriétés immédiatement par l'effet direct de la tradition mais il pourra usucaper l'immeuble qui a fait l'objet du contrat.

Qu'arrivait-il dans l'hypothèse où Secundus ayant reçu mandat de Titius d'acquérir pour lui un fonds que veut lui vendre Tertius, achète en effet ce fonds, mais en son propre nom et pour lui-même? « *Nihil agitur*, dit Julien. » (L. 37. § 6. 41. 1.) « *Nihil agit in sua persona, sed mihi acquirit* » (L. 13 *De don.*) répond de son côté Ulpien. Il y a là évidemment une différence d'opinions.

Cette différence entre les deux jurisconsultes se manifeste encore dans l'hypothèse suivante : Titius et Secundus sont propriétaires communs d'un esclave; une personne voulant transférer la propriété d'un de ses immeubles à Titius, ce dernier l'invite à le livrer à l'esclave commun entre Secundus et lui. Cette personne fait la tradition conformément à ses prescriptions. Mais l'esclave reçoit l'immeuble avec l'intention de le faire acquérir tout entier à Secundus seulement, ou bien conjointement à Titius et à Secundus. *Quid juris?* Julien distingue entre les deux cas, «*Nihil agitur,* »dit-il encore pour le premier; il reconnaît que dans le second Titius a pu en acquérir la moitié. Ulpien, de son côté, ne tenant aucun compte de l'intention du tiers interposé et ne considérant que l'intention du *tradens* et celle du mandant, déclare que la propriété toute entière a été dans les deux cas directement transmise à ce dernier. Cette opinion d'Ulpien est préférable au point de vue du droit des gens; on reconnaît dans celle de Julien le souvenir du principe de l'ancien droit : *Per extraneam personam mihil adquiri posse.*

On a vainement cherché à concilier ces deux opinions. Cujas le premier, [1] puis Pothier, [2] et enfin de Savigny, [3] ont tenté, en torturant les textes, en les complétant, en y ajoutant des mots, en y supposant des restrictions, de les faire concorder entreux. M. Pellat, [4] reconnaît l'inutilité de ces efforts, et aime mieux admettre une diversité de vues entre les deux juriconsultes. M. Machelard, (*Textes de Droit romain*, p. 20) l'admet également et se rallie à l'opinion de Julien qu'il corrobore d'un texte de Paul, (L. 1 § 10. D. *De acq. vel amit pos.*)

[1] In libro XLIV, *D. Julian.*, t. VI, p. 510.
[2] *Pandect. De acq. rer. dom.*, nᵒ 56.
[3] *Traité de la Possession*, édit. 1870, p. 290.
[4] *Textes sur les Pandectes*, p. 111.

RÉSUMÉ DU DROIT ROMAIN

En commençant ce travail, nous avons vu qu'il fallait considérer dans la théorie de la transmission de la propriété deux
points de vue tout-à-fait distincts ; celui des parties contractantes et celui des tiers qui restaient étrangers au contrat, quoique soumis à l'obligation de le respecter. Entre les
parties, la volonté seule doit suffire pour opérer le transfert. Cette conséquence résulte du principe de liberté qui se
trouve dans le droit de propriété. La propriété étant un droit
absolu, devrait également se transmettre à l'égard des tiers
par le seul effet ou consentement des parties contractantes.
Mais ici intervient un nouvel élément, la société, dont l'intérêt tout autrement important que celui des parties elles-
mêmes, exige la manifestation de la volonté, et nécessite la
publicité des actes qui imposent des obligations à tout le
monde sans exception, et dont le crédit public a besoin d'être
informé pour savoir à qui appartiennent les choses qui sont
la base des rapports commerciaux entre les individus et
même entre les peuples. — Par suite, considéré d'un côté
dans le sujet actif, dans l'homme, dans chacun de nous, le
droit de propriété est absolu ; de l'autre, considéré dans le
sujet passif, l'objet extérieur, ce qui est en dehors de
l'homme, il devient relatif : il reste absolu en ce sens que le
nouveau propriétaire, malgré le contrat qui le lui a trans-

féré, et qui lui permet de l'invoquer contre son aliénateur, ne peut l'invoquer contre tout autre personne, qu'autant qu'il a fait connaître à tous que c'était désormais dans sa personne que ce droit devait être respecté.

Les Romains se sont-ils conformés à ces principes?

I. — Nous venons de voir qu'à l'égard des parties contractantes, ils n'ont jamais admis que le consentement pût suffire pour transférer la propriété. — A l'origine, ils étaient obligés de recourir à des formalités gênantes, la *mancipatio* et la *cessio in jure* pour certaines classes de choses, qui, malgré la marque particulière du droit civil qu'elles portaient ne donnaient pas un droit de propriété plus fort ; et pour les autres ils exigeaient le fait matériel de la tradition bien évident, bien constaté soit par la livraison même de *manu in manum*, soit par un acte quelconque qui mit l'acquéreur à même de disposer de la chose. — Peu à peu les solennités, les symboles, les figures, les formes gênantes disparaissent, la *mancipatio* et la *cessio in jure* sont de plus en plus négligées ; la tradition, au contraire, devient de jour en jour plus usitée plus fréquente ; à l'aide de détours ingénieux, le préteur, arrive à l'appliquer aussi bien aux choses qui portent l'empreinte spéciale du droit civil qu'à celles qu'il n'a pas crues dignes d'y être soumises. — Définitivement, tous les autres modes de transfert disparaissent ; Justinien n'a plus qu'à en abolir les termes pour rendre plus clairs les textes de la loi qu'ils obscurcissent ; seule la tradition subsiste.

Mais les progrès du droit s'arrêtent là : la tradition reste nécessaire et indispensable pour opérer le transfert. Les actes translatifs de propriété, la vente, la donation, ne produisent que des obligations civiles ; on s'engage à faire acquérir une chose, on s'engage à faire tradition d'une chose ; on ne la vend pas, on ne la donne pas, il faut la livrer pour que ces actes produisent leur résultat. — Le formalisme du droit primitif était trop profondément enraciné chez les Romains, pour qu'ils pussent s'en débarrasser aussi facilement. — L'histoire de leur droit se résume cependant dans la lutte continuelle du droit des gens, du droit naturel contre les formules rigoureuses et de pure convention de leur droit originaire; mais cette lutte n'était pas encore terminée, quand le peuple romain a disparu et que sa législation a passé à l'état de législation morte, du moins en tant qu'on la considère dans son dernier développement comme corps de loi et non dans les applications qu'en ont faites les divers peuples de l'Europe.

D'ailleurs, pour les Romains, la propriété n'était pas un droit tel que nous l'entendons aujourd'hui, un droit existant par lui-même, inhérent à la nature des choses, sans besoin de consécration légale ; elle était un fait, une création artificielle de la loi (Bastiat, *soph. écon. Propriété* et *loi* V. 1. p. 270.); et comme tout fait est matériel et palpable, c'est-à-dire qu'il tombe sous les sens, il fallait pour le transfert de la propriété, un acte, un symbole, quelque chose enfin en dehors de l'homme qui manifestât le rapport entre lui et l'objet approprié. — Nous croyons que là se trouve la véritable explication du maintien de la tradition, et que la conséquence fatale en est que jamais à Rome, à moins d'une révolution pareille à celle qui s'est opérée de nos jours seulement dans les idées, la propriété n'aurait pu être transmise par le seul effet du consentement.

II. Ce que nous venons de dire se rapporte aux parties contractantes elles-mêmes, et nulle part nous ne voyons que le législateur romain se soit occupé, au moins d'une ma-

nière directe et spéciale, de l'intérêt des tiers et des moyens
de porter les actes à leur connaissance. — On soutient cependant que cet intérêt n'avait pas été négligé, et qu'on
avait su le distinguer. Ainsi, dans son histoire de la propriété foncière au moyen âge, M. Laboulaye dit :

« La propriété ne peut pas rester dans l'ombre comme l'obligation, engagement tout personnel ; forcément c'est un droit
absolu qui doit être connu de tous pour être respecté de tous.
De là l'usage de ne pas laisser inconnues les transmissions
de propriété et de les rattacher à quelque solennité, ou du
moins à quelque fait assez positif pour qu'on ne puisse pas
douter en quelles mains se trouve le domaine. Aussi chez
les Romains, la mancipation, et plus tard la tradition cons-
tatèrent les mutations de propriété. »

Nous croyons que M. Laboulaye va trop loin. Il est vrai
qu'à Rome le transfert de la propriété avait lieu par des modes entourés de formalités publiques, tels que la *mancipatio*
et la *cessio in jure*, ou du moins susceptibles d'être connus
de tous, tels que la tradition. — Mais cela s'explique par
la nature de la propriété dans le droit romain ; elle était un
fait, non un droit ; le lien intellectuel entre l'homme et la
chose ne suffisait pas, il fallait un lien physique, quelque
chose de matériel pour bien constituer ce droit au profit de
telle personne sur une chose déterminée, et cela pour les parties contractantes elles-mêmes, pour commander leur attention, pour établir la preuve du fait intervenu entr'elles. — Sans
doute il en résultait une certaine notoriété pour les tiers, et
c'était là un des côtés avantageux des formalités imposées
par la loi. Mais de là à en conclure que le législateur les
avait ordonnées dans un but arrêté et déterminé de sauvegarder l'intérêt des tiers, il y a loin, et on peut dire que ja-

mais il n'y a songé. Cette idée est toute moderne. D'ailleurs, en l'admettant dans le droit romain, il est difficile d'expliquer pourquoi la *mancipatio* et la *cessio in jure* n'ont jamais été appliquées aux étrangers ; pourquoi elles ont disparu ; pourquoi la tradition, de réelle d'abord, est arrivée peu-à-peu à n'être plus qu'une fiction, même à Rome, et surtout pourquoi les hypothèques y étaient occultes.

CHAPITRE IIᵉ

ANCIEN DROIT FRANÇAIS

Nous passons maintenant à l'examen de notre ancien droit, sur lequel nous nous résumerons autant que possible pour ne pas étendre notre sujet au-delà des bornes ordinaires.

Nous le diviserons en trois époques.

1. Époque gallo-franque.
2. Époque féodale.
3. Époque des coutumes.

PREMIÈRE ÉPOQUE

ÉPOQUE GALLO-FRANQUE

I. — *Propriété.*

Les peuples qui habitaient à l'origine des temps les pays désignés aujourd'hui sous le nom de France, Belgique, Hollande, Allemagne, issus de différentes races, n'avaient pas tous les mêmes caractères. Les Germains qui occupaient les contrées d'au-delà du Rhin, peuplades guerrières et nomades, vivant au jour le jour, de chasse et de butin, et du produit des troupeaux qu'ils emmenaient avec eux dans leurs courses vagabondes, n'avaient pas pour ainsi dire de propriété. (Tacite, César.) — Les Gaulois, moins barbares que les Germains, aussi guerriers, mais plus sédentaires, habitant le territoire qui porte aujourd'hui le nom de France et de Belgique, possédaient et cultivaient le sol. On peut croire d'après César, qu'ils attribuaient à la propriété une origine divine, et qu'ils la divisaient suivant sa destination en profane et sacré. — Les Romains, en pénétrant dans la Gaule, y apportèrent leur système de propriété, qui consiste à l'attribuer en principe à l'État, et à en laisser la jouissance et la possession aux individus. — Quand les Barbares de race romaine, sous le nom de Francks l'envahirent à leur tour, ils y transportèrent leurs mœurs, leurs usages, leurs lois, et ils modifièrent encore la propriété ; ils s'approprièrent une grande partie des terres qu'ils désignèrent sous le nom d'alleux ou terres libres ; ils laissèrent l'autre partie aux vaincus sous le nom de terres tributaires ou censives, sur lesquelles portèrent les impôts et les redevances de toute sorte, ainsi que l'indique leur nom.

II. — *Transmission.*

C'est ainsi que nous nous trouvons à ce moment, nous pouvons dire en face d'un nouveau commencement du droit. Voilà pourquoi nous retombons dans un complet matérialisme, semblable à celui des Romains primitifs, et que nous retrouvons encore des symboles, des formules, des simulacres, dont l'objet est toujours la tradition, mais une tradition, compliquée, entourée de procédés pleins de figures et d'images, *legitima ac solemnis traditio* ; le consentement est bien loin de suffire. Il faut que le propriétaire se dépossède de la chose et qu'il en investisse l'acquéreur, et cela par un acte positif de la tradition.

Il était d'usage chez les Germains de faire dans leurs assemblées les actes privés les plus importants dont ils voulaient assurer le souvenir. Cet usage a passé dans la Gaule. Aussi l'autorité publique doit intervenir pour sanctionner la volonté des parties et la prise de possession. — Cette autorité publique consiste dans une assemblée locale (*mallum*), espèce de juridiction d'un ordre inférieur, présidée par le comte (*comes*) et dont les membres se nomment rachimbourgs. C'est devant cette assemblée que se font les aliénations et la tradition des choses, ainsi que nous l'apprennent les formules de Marculfe et les capitulaires de Charlemagne. C'est là que s'accomplissent les formalités de l'investiture.

S'il est impossible de livrer la chose elle-même, on a recours à des symboles pour indiquer que la tradition a lieu et pour manifester l'intention de transférer la propriété. Les symboles varient suivant les choses qui font l'objet de l'aliénation, suivant les usages et les coutumes ; et chaque localité a les siennes ; mais on remarque que toujours ces symboles ont une analogie frappante avec les choses aliénées. Ils sont très-nombreux. Il y en a qui sont généralement admis ; ainsi, quand il s'agit de la vente d'un champs, le vendeur remet à l'acheteur une motte de terre ou de gazon qui symbolise la terre elle-même, et pour indiquer qu'on aliène également les fruits et les revenus de la terre, le vendeur remet à l'acheteur une branche d'arbre (*ramus*) ou tout produit de la terre. Il lui remet en outre le bâton noueux, le couteau, le glaive qui symbolisent les pouvoirs du propriétaire, son droit d'user de la chose, de la défendre contre autrui, d'en disposer à son gré, et même de la détruire.

Il est impossible de ne pas être frappé des ressemblances que ces coutumes présentent avec les premiers modes de transmission du droit romain, la *mancipatio* et la *cessio in jure*, et avec la procédure des actions de la loi, notamment avec le *sacramentum*, l'*in manum consertio* et la *vindicatio*.

La tradition ainsi faite investit l'acquéreur du droit de propriété ; faite en dehors de ces règles et sans les symboles, elle n'enlève pas la propriété du vendeur, et par suite ne peut la transférer à l'acquéreur qui devient simple détenteur de l'objet.

Quand il est impossible de se rendre devant le *mallum*, ou qu'il n'est pas réuni, on fait la tradition devant des témoins choisis parmi les habitants de la localité, ou parmi ceux qui vivent sous la même loi, (Capitulaire de l'an 819).

Le vendeur doit en outre en ce cas, donner caution de pro
céder plus tard à l'investiture de celui à qui il aliène la
chose. D'après la loi ripuaire, il faut 6 ou 12 témoins, et il
est d'usage de leur adjoindre autant d'enfants auxquels l'ac
quéreur doit donner des soufflets ou tirer les oreilles pour
qu'ils conservent mieux le souvenir de cet acte, et qu'ils
puissent en rendre un fidèle témoignage devant l'Assemblée.

Tel était à cette époque le seul mode de transfert de la
propriété dans les pays qui avaient admis les usages des
barbares conquérants. Mais le droit romain n'avait pas
perdu son empire dans toute la Gaule, et notamment dans
le Midi qui en conserve toujours les traces ; les ventes et
les donations s'y faisaient suivant les anciens usages de
Rome ; « Et il arrivait souvent, ajoute M. Laboulaye[1], que
ces contrats étaient insérés aux actes municipaux des communes. »

Par imitation, et comme en définitive le souvenir écrit
avait de grands avantages sur le souvenir fugitif et cor-
rompu des témoins, on prit dans les pays du Nord, l'habitude de rédiger un acte, un procès-verbal pour l'aliénation
faite devant l'assemblée du canton.

DEUXIÈME ÉPOQUE
ÉPOQUE FÉODALE

Quand la conquête des Francs fut bien assise, quand
Clovis eut fondé un royaume qui devait aller grandissant et
jouer bientôt le premier rôle dans le monde, on vit s'établir

[1] *Histoire de la Propriété financière au Moyen-Age.*

un état social, la féodalité, dont l'étude est une des plus intéressantes que puisse offrir l'histoire du droit au sujet des personnes et de la propriété immobilière. A ce dernier point de vue, notamment, on rencontre des particularités tout-à-fait curieuses, sur lesquelles les plus grands esprits ont longuement discuté, et dont on doit à M. Guizot principalement de pouvoir aujourd'hui en donner l'explication exacte. Aussitôt après l'invasion, les terres furent divisées en deux grandes classes ; celles dont les chefs puissants s'étaient emparé pour les posséder directement, et celles dont ils avaient laissé la possession aux vaincus moyennant la reconnaissance à leur profit d'un droit originaire et souverain.—Bientôt les seigneurs, obligés, pour exercer une influence prépondérante, de s'entourer de nombreux vassaux, s'avisèrent pour attirer vers eux les hommes libres et se les attacher, de leur abandonner des parties des vastes domaines qu'ils avaient conservés. Ne pouvant d'un autre côté occuper réellement toute l'étendue de ces vastes domaines, ils en laissèrent usurper d'autres parties et notamment les terres désertes ou incultes, se contentant d'obliger les usurpateurs à les reconnaître comme leur souverain. — En outre, beaucoup de propriétaires de petits alleux, faibles, sans influence, en butte à toutes les attaques incessantes de voisins tracassiers et belliqueux, cherchaient un refuge auprès d'un homme puissant, auquel ils se recommandaient et qu'ils reconnaissaient pour leur chef, comme s'ils avaient reçu de lui les terres qu'ils possédaient. Par suite de cette recommandation, les terres étaient transformées en bénéfices ou fiefs, c'est-à-dire que le franc-alloëtier en devenant vassal abandonnait au seigneur le domaine direct pour ne conserver que le domaine utile. — On appelait alleux les terres restées libres, celles dont les propriétaires ou devaient rien à personne, et bénéfices ou fiefs, celles dont les propriétaires étaient obligés envers quelqu'un ; et ainsi que nous venons de l'expliquer, la condition bénéficiaire devint la condition commune de la propriété territoriale. Tel était le fait.

Au point de vue du droit, le seigneur avait seul la propriété de tous les biens sur lesquels s'étendait sa souveraineté, et quand il abandonnait une terre à titre de bénéfice, il en conservait le domaine direct, et le bénéficiaire en acquérait seulement la jouissance et la possession, le domaine utile. De là, la grande maxime du droit féodal : « Nulle terre sans seigneur » (Loysel). D'après Montesquieu, Robertson et Mably, ces concessions du domaine faites par les seigneurs à leurs vassaux moyennant la prestation de la foi-hommage, et d'autres obligations, furent d'abord amovibles, c'est-à-dire que le donateur pouvait les reprendre à son gré, puis temporaires, en troisième lieu viagères et enfin héréditaires. M. Guizot croit, et avec beaucoup plus de raison, que viagères tout d'abord à l'origine, elles ne tardèrent pas à devenir transmissibles et héréditaires.

On distingue deux espèces de concessions : il y avait le fief, tenure noble, concession faite à une clientèle d'un ordre élevé, qui établissait entre le seigneur et le vassal des rapports personnels de foi et mettait à la charge de ce dernier des services réputés nobles, tels que le service de guerre et de cour ; et il y avait la censive, tenure roturière, concession faite à une clientèle plus humble et qui grevait le vassal de redevances plus serviles.

II. — *Transmission*.

Dans tous les cas, aucune mutation ne pouvait se faire hors du seigneur; le nouveau vassal devait obtenir son ensaisissement. C'était le seigneur d'ailleurs qui avait remplacé le *comes* et qui présidait le *mallum*; il avait le pouvoir judiciaire, et, de plus, il était intéressé tout particulièrement à connaître ses vassaux, attendu qu'ils lui devaient aide et protection, et qu'ils devaient suivre sa bannière de combat.

Les formalités de cet ensaisissement nous ont été données par les anciens auteurs avec une richesse de détails qui ne laisse rien à désirer; elles ne sont au fond que la continuation des formules et des symboles de l'époque précédente, avec plus de précision et plus de simulacre encore, s'il est possible. Il y avait l'investiture par la terre, le bâton, la lance, le couteau, l'encrier, la plume, le beffroi, la corde du beffroi, etc., etc. Ducange cite 98 modes environ.

Ces concessions n'avaient été faites par les anciens seigneurs qu'à la condition pour les vassaux de reconnaître leur droit et de se mettre à leur service d'une manière plus ou moins noble. Aussi, après l'investiture venait la foi et l'hommage; l'hommage était simple ou lige; ce dernier était le plus fréquent. Voici comment il avait lieu : Le vassal se présentait devant le seigneur, la tête nue, sans baudrier, sans épée ni éperons, se mettait à genoux et les mains jointes entre les siennes, il s'exprimait ainsi : « Sire, je viens en vostre hommage et en vostre foy, et deviens vostre homme de bouche et de mains, et vous jure et vous promets foy et loyauté envers et contre tous, et garder vostre droit en mon pouvoir. » L'hommage noble était souvent reçu par un baiser ; les autres ne l'étaient pas (Michelet, *Origines du droit français*, t. 2, p. 44-45). Une exactitude rigoureuse était prescrite pour ces formalités.

Ainsi le précédent propriétaire se dessaisissait de la chose entre les mains du seigneur, qui en investissait l'acquéreur. Le seigneur prit l'habitude de se faire payer un droit : d'où sont venus nos droits de mutation. — Les fiefs comme les censives étaient soumis à ces formalités qui portaient des noms différents ; — dessaisine — saisine ; — vest et devest ; — deshéritance – adhéritance ; — devoirs de loi ; — nantissement, etc.

Les mutations de propriété ainsi opérées devaient être transcrites sur des registres, dont les tiers intéressés pouvaient prendre connaissance. « *Et solebant olim*, dit Dumoulin, *hujusmodi investituræ publicæ fieri vel apud acta*. » C'est en cela qu'on peut dire qu'elles ont été l'origine de notre théorie de la transcription.

Nous avons dit qu'à coté des biens ainsi soumis aux droits seigneuriaux et à la hiérarchie féodale, il y avait par exception des terres, dont la propriété était libre, c'est-à-dire qu'elles ne relevaient d'aucun seigneur, et qu'on désignait sous le nom d'alleux, de francs-alleux. D'après la coutume de Hainaut, la transmission de propriété de ces terres était soumise à la formalité du nantissement qui se faisait devant deux propriétaires d'alleux, deux francs-alloëtiers.

Il n'en était pas de même de toutes les coutumes : ainsi celle de Péronne dit : « En franc-alleu, n'y a dessaisine ni saisine. » (Merlin. *Rep. de juris.* V° Devoirs de loi.)

TROISIÈME ÉPOQUE

DROIT COUTUMIER

Le régime féodal qui pendant huit siècles, du Ve au XIIIe siècle a régné sans conteste sur la France, n'était que le résultat de l'état de guerre qui a dominé toute cette époque. Quand l'esprit général commença à tourner vers la paix, le commerce et l'étude, quand les vassaux furent las de toujours guerroyer et de faire seuls à peu près les frais des exploits chevaleresque de leurs seigneurs, quand les mœurs commencèrent à se policer, on ne tarda pas à se trouver mal de cet état de choses et à le combattre. D'un côté la royauté, méprisée et à peine tolérée par les anciens seigneurs, chercha à reprendre sa place et sa prépondérance, et s'efforça de démolir pièce à pièce la féodalité qui l'empêchait de s'étendre et de jouer son véritable rôle de haute magistrature du pays. De l'autre, le peuple qui travaillait, qui s'occupait d'industrie et de commerce, cherchait à échapper à l'oppression et aux vexations des seigneurs, et à mettre ses droits sous la sauvegarde de la loi. En ce moment l'étude du droit romain renaissait de tous les côtés. Elle fournit des armes puissantes aux deux adversaires de la féodalité qui, attaquée à la fois par la royauté, son sommet, sa clef de voûte, et par le peuple, sa base et le fondement de sa puissance, ne résista pas longtemps, et disparut comme état social, pour se conserver encore assez longtemps dans les mœurs du peuple.

Commencée au XIIe siècle, cette révolution était finie vers la fin du XIIIe.

La propriété surtout gagna à ce changement, en cessant d'être divisée en domaine direct et en domaine utile. Le roi, il est vrai, conserva une espèce de droit souverain sur tous les biens de ses sujets, qui le fit considérer comme le maître absolu.(Code Marillac, art. 383, 1629.—Edit. de Louis XIV, Août 1692.) Mais c'était là un principe purement théorique qui n'avait guère d'application immédiate et dont les conséquences ne se ressentirent jamais. La propriété individuelle pouvait à partir de ce moment être considérée comme définitivement établie et protégée par la loi.

Elle s'accommodait peu des entraves qui la gênaient, elle s'empressa de s'en débarrasser et de rechercher les moyens les plus faciles de circuler librement. L'ensaisissement n'ayant plus sa raison d'être, elle revint au mode que le droit romain pratiquait seul à l'époque de Justinien, la tradition, et elle le reprit tel que ce droit le pratiquait à cette époque.

C'est surtout dans le midi que le droit romain reprit vite son empire; il en fut autrement dans la Bretagne, dans la Normandie et quelques autres coutumes du Nord, qui conservèrent les anciens usages féodaux, mais en les modifiant, en les transformant pour les appliquer à la nouvelle organisation de la propriété. Il résulte de là une distinction entre ces derniers que l'on désigne sous le nom de pays de nantissement, et les premiers, que l'on désigne sous le nom de pays de droit commun.

1.— *Pays de nantissement.*

Ces pays étaient : le Vermandois, la Picardie, l'Artois, la Flandre, le Hainaut et le Cambrésis. Ils ne voulurent pas

se joindre à la réaction contre le régime féodal qui avait lieu
dans tous les autres, ni revenir au système de la tradition
romaine, soit qu'ils fussent plus pénétrés des principes féodaux, soit qu'ils eussent trouvé dans l'investiture féodale un
moyen plus sûr et plus régulier de transmission de propriété.
Ils s'en tinrent aux diverses formalités de cette investiture,
de vest et dévest, devoirs de loi, etc. Quels que fussent leurs
noms, ces formalités consistaient toutes dans un ensaisissement confirmé par l'autorité publique, autrement dit dans
une tradition solennelle. Sans cette tradition la propriété ne
pouvait-être transférée soit entre les parties contractantes,
soit à l'égard des tiers.

Cependant la convention n'en n'existait pas moins, et elle
produisait des obligations, si bien que l'acheteur avait une
action contre le vendeur qui refusait de lui livrer la chose
pour l'y contraindre, ainsi que le dit Bouteiller, dans sa somme
rurale, liv. 1. chap. 67. « Celui qui vend sa tenure, mais
qui en retient encore la saisine par devers lui, ne n'en fait
vest à l'acheteur, sachez qu'il est encore sire de la chose ;
mais toutefois il peut être contraint à faire le werp et adhé-
ritement de la chose. » Il y a là une ressemblance parfaite
avec le droit romain qui considérait de même les conventions
de vente, d'échange et de donation, comme simplement
productives d'obligations, et donnait à l'acheteur et au donataire une action pour se faire livrer la chose.

Ces formalités des pays de nantissement qui se faisaient
autrefois devant les seigneurs, exigeaient, depuis qu'on
leur avait enlevé le droit de justice et de souveraineté, l'intervention des officiers publics qui étaient soit des échevins
(cout. de Vermandois, art. 126; de Rheims, art. 165), soit
des Baillis ou lieutenants des lieux ; Cout. Douai, art. 2.

du chap. 13, art. 264, *De la coutume de Péronne* ; V. Merlin. *Rep. de jurispr.* V. Devoirs de loi.).

On ne s'expliquerait pas l'obstination de ces provinces à conserver ainsi des formes gênantes pour la transmission de la propriété, alors que les autres autour d'elles tenaient tant à s'en débarrasser, si elles n'avaient su y voir un grand avantage qui provenait de ce que ces formalités devaient être constatées sur un registre public, où les tiers pouvaient aller en prendre connaissance et s'assurer des droits de ceux avec qui ils contractaient. Il y avait là un élément de publicité ; c'est cet élément que ces provinces ont aperçu et tenu à garder ; c'est cet élément que le droit intermédiaire prendra plus tard pour l'appliquer à la France entière, et qui deviendra, à l'aide d'une légère transformation, notre régime de la transcription, comme le dit M. Troplong : « La pensée matérialiste d'où était sorti ce système des devoirs de lois se prêta à un aperçu nouveau qui y était en germe, quoique très-obscurément ; de la publicité créée à-peu-près uniquement dans l'intérêt du seigneur, on arriva à une publicité assurant la sécurité des tiers ; on donna à la propriété des registres civils. »

Ce n'est pas là la seule preuve que l'idée de la publicité commençait à paraître et à faire constater sa nécessité. — Nous avons déjà vu que les aliénations de francs-alleux devaient avoir lieu publiquement et être enregistrées. En outre, un placard de l'Archiduc d'Autriche de 1673, applicable à la Flandre prescrivait : « Qu'aucunes clauses et conditions de *fideicommis*, substitutions, prohibitions d'aliéner et semblables charges prescrites et ordonnées par testaments, donations et contrats, comme aussi la vente des biens, constitutions de vente et toute les aliénations de biens im-

meubles n'auront d'effet de réalisation au profit de personnes
tierces.... si les dites ventes et toutes autres aliénations de
biens immeubles ne sont notifiées et enregistrées au premier
livre et registre des juges, où tels biens sont situés et res-
sortissants. »

— La Bretagne et la Normandie ne voulurent pas également revenir à la tradition romaine, et restèrent fidèles à
leurs usages particuliers.

Elles se distinguaient de ceux de tous les autres pays,
et se faisaient remarquer par un certain élément de publicité.

En Bretagne, on suivait un système très-ancien, appelé
système des appropriances. L'acheteur prenait d'abord possession réelle de l'immeuble ; il faisait connaître ensuite son
droit par trois proclamations ou bannies de son contrat
d'acquisition qui avaient lieu par trois dimanches consécutifs
à l'endroit de la situation des biens. Après cela, il devait
rapporter et certifier lesdites bannies aux prochains plaids
généraux devant le juge du lieu (Art. 269, *Cout. de Bretagne*) ; et, après ces bannies. quiconque se prétendait propriétaire, ou prétendait avoir d'autres droits sur l'immeuble,
devait former opposition. Une fois la certification dûment
faite, les droits de ceux qui n'avaient pas fait opposition
étaient éteints, et l'acquéreur était bien et irrévocablement
propriétaire. (Merlin, *Rep. de juris*. V. appropriance.)

Un système analogue était suivi en Normandie ; les mutations devaient aussi y être rendues publiques pour consolider le droit de l'acquéreur. Cette publicité était atteinte par
la lecture du contrat à l'issue de la Messe paroissiale ;
cependant, cette formalité n'avait pas la même portée qu'en
Bretagne ; elle n'avait d'autre but que de faire courir le délai

7

pour exercer le retrait lignager. (*Coutumes de Normandie*, art. 452-455).

II. — *Pays de droit commun.*

En dehors de ces provinces restées fidèles aux principes de la féodalité déchue, toutes les autres s'étaient empressées de les abandonner. L'exemple en avait été donné par le Parlement de Paris. C'était à Paris que se trouvait le siége de la puissance du roi qui luttait avec énergie contre le pouvoir féodal ; c'était à l'Université de Paris que les étudiants, affluant de toutes parts, venaient apprendre le Droit romain, si contraire au droit féodal, si favorable d'un autre côté au droit royal, et de là, se répandaient dans toutes les villes, où ils attaquaient avec les textes de Justinien et les arguments subtils qu'ils en tiraient, les seigneurs, entièrement étrangers à la science du droit et impuissants à défendre juridiquement leur cause. Aussi, battus en brèche de toutes parts, ils ne tardèrent pas à voir les liens de la suzeraineté et du vasselage se relâcher et bientôt se briser.

Le Parlement de Paris leur porta un coup mortel en proclamant une maxime nouvelle, qui attaquait de front la base de tout le système féodal, la clef de toutes ces institutions : *Ne prend saisine qui ne veut.* Par là, disparaissait leur domaine direct, et était méconnu leur droit de propriété originaire ; le vasselage n'avait plus sa raison d'être et l'ensaisissement non plus. Tous les coutumiers s'emparèrent bien vite de cette arme redoutable et la tournèrent contre l'ennemi commun. (*Grand coutumier de Charles VI*, t. II, chap. XXV, Paris, 82 ; Auxerre, 84 ; Meaux, 199 ; Sens, 116 ; Montargis, 49-53.)

De même que la *mancipation* et la *cessio in jure* à Rome, une fois que l'*in bonis* eût été mis sur le même pied que la propriété quiritaire, l'ensaisissement devenu une formalité volontaire, ne tarda pas à tomber en désuétude, non-seulement pour les censives, mais même pour les fiefs, et fut remplacé par la simple tradition, conforme aux principes du Droit romain. Quelques temps encore la formalité de foi et hommage se maintint par un reste d'habitude, par un reste de souvenirs des droits du seigneur. Son défaut d'accomplissement fut même soumis à une sanction, la saisie féodale, mais qui n'empêchait pas la transmission de propriété.

Désormais la simple tradition fut seule nécessaire pour transférer la propriété soit entre les parties, soit à l'égard des tiers. On déclara en principe qu'il fallait une tradition réelle, Mais comme cette tradition était le plus souvent impossible, et que d'ailleurs il était difficile d'expliquer par elle une multitude de textes du droit romain, les auteurs se lancèrent dans les fictions, et inventèrent plusieurs espèces de traditions.

Nous avons déjà exposé sur ce point la théorie de Pothier qui résumait celle de la généralité des auteurs, et nous avons expliqué combien il s'écartait du principe des jurisconsultes romains, qui n'exigeaient pas le contact de la chose, le fait matériel, mais bien la mise de la chose d'une manière quelconque à la disposition de l'*accipiens*. Nous n'y reviendrons pas.

Nous ajouterons seulement que tous les auteurs n'admirent pas cette distinction entre les traditions réelles et les traditions feintes, et ne voulurent pas reconnaître à ces dernières la même valeur qu'aux autres. Ainsi Charondas,

dans le cas de deux ventes successives faites par le propriétaire à deux acquéreurs distincts, une tradition feinte ayant
été faite au premier, et une tradition réelle au second, déci-
dait que c'était ce dernier qui avait acquis le droit de propriété et qui devait l'emporter sur l'autre, parce que sa possession était plus forte et mieux fondée, parce que la tradition réelle comportait plus de publicité et plus de garanties
pour les tiers, et que le droit romain le voulait d'ailleurs
ainsi.

Charondas avait raison de s'appuyer sur l'idée de la publicité ; mais il n'était pas difficile de lui démontrer que la
théorie romaine n'était pas telle qu'il le prétendait. Pothier
et Guy Pape, n'eurent pas de peine à lui prouver que toutes
les traditions à Rome, même celles qu'ils classaient parmi
les fictions, avaient également pour effet de transférer la
propriété, (Guy Pape, *Décision* 112 ; Pothier, *Vente*, n°
322.)—Pothier allait même plus loin. Il disait, en effet, en
parlant des cas de tradition dits *brevis manûs*, que l'inven-
tion de la tradition y est inutile, qu'il vaut mieux dire simplement alors qu'on peut transférer à quelqu'un le domaine
d'une chose par le seul consentement des parties et sans
tradition, et il citait à l'appui la loi 9. § 5.*De acq. rer. dom.*,
tirée de Gaius.

On voit par là qu'on n'était plus loin d'admettre le principe du transfert de la propriété par le seul effet du consentement. Chaque jour la réaction contre le formalisme du
droit féodal s'accentuait davantage. Le principe de la tradition en vint bientôt à n'avoir plus qu'une valeur théorique.
En réalité, dans la pratique journalière, on la supprimait,
Car, tout en la considérant toujours comme indispensable
pour opérer la translation de la propriété, on se contentait

d'une simple clause de dessaisine-saisine, ajoutée à un acte notarié ; dans cette clause on voyait une tradition fictive, et on lui donnait le même effet. Cette clause consistait dans la déclaration faite par le vendeur qu'il se déssaisissait de la chose et qu'il en saisissait l'acheteur. Par là, la propriété était transférée à ce dernier, même à l'égard des tiers. Elle devint de style dans les actes authentiques relatifs aux aliénations. (*Cout. d'Orléans*, 278.)

De bons esprits s'efforçaient de combattre une pareille tendance du droit. Nous avons déjà parlé de l'opposition de Charondas. Dumoulin, disait à son tour au sujet de la clause de dessaisine-saisine. « *Ista non est neque vera, neque ficta traditio.* » Et Ricard, soutenant que la tradition avait eu dans son principe pour but le bien public et la sécurité du commerce, regrettait vivement que de pareilles clauses fussent admises, parce qu'elles laissaient entièrement de côté l'intérêt des tiers, et u'elles étaient par suite, nuisibles à la société. Ricard se trompait en donnant une telle portée à la tradition. Elle résultait plutôt du matérialisme des peuples dans l'enfance ; elle pouvait, il est vrai, servir à une certaine publicité, mais jamais elle n'avait eu pour but direct de la produire. — On doit tenir compte à Ricard d'avoir manifesté ce besoin de la société, et d'avoir cherché à le satisfaire.

D'un autre côté, des esprits plus hardis, Grotius et Puffendorf, quittant enfin le terre-à-terre du droit positif, se débarrassant de ses textes et de ses règles étroites, qui d'après eux n'étaient que le résultat des anciens usages, des anciennes coutumes, transformées peu à peu par le temps, pressentant qu'il existait au-dessus de tout cela un droit fixe et immuable tiré de la nature de l'homme et de l'exa-

men de la société, en arrivèrent à attaquer la légitimité
même de la tradition. Ils déclarèrent que cette règle du
Droit romain : *Dominia rerum non nudis pactis transferuntur*, ne résultait point du droit naturel « que c'était un
principe du droit purement positif, qui n'avait été attribué
au droit des gens qu'improprement, parce qu'il avait été
reçu de plusieurs nations ; mais que, dans les purs termes
du droit naturel, rien n'empêchait que la convention que
j'avais avec vous, qu'une telle chose cesserait dorénavant
de m'appartenir, et vous appartiendrait dorénavant, ne vous
a transféré aussitôt la propriété, même avant que je vous en
aie fait la tradition. Le domaine d'une chose, dit-on, étant
essentiellement le droit d'en disposer comme bon nous semblera, c'est une suite de ce droit que j'ai de disposer de ma
chose comme bon me semblera, que je puisse, par ma seule
volonté et sans aucun fait, transférer le domaine de cette
chose à telle personne que bon me semblera, qui voudra
bien l'acquérir. » (Pothier, *Propriété*, n. 245.)

APPENDICE

ESSAIS INFRUCTUEUX DE PUBLICITÉ

Il est étrange de voir comment une nécessité pareille,
celle du crédit public, est restée si longtemps sans être
reconnue. Cela prouve combien la société humaine est per-
fectible, mais combien aussi elle est lente à perfectionner un
progrès. L'idée du crédit public, de l'intérêt des tiers à connaître les mutations de propriété, reconnue au XVe siècle,

n'a été appliquée et exécutée qu'à la fin du XVIII° siècle, et encore pour disparaître peu après pendant quelques temps, et ne revenir définitivement qu'un demi-siècle plus tard. Il n'est pas inutile de voir, en deux mots, les essais infructueux qui ont été tentés dans l'ancien droit pour réaliser cette idée et les motifs pour lesquels ils ont échoué.

On cite souvent, comme premier essai, un édit de 1581 d'Henri III qui exige la formalité de l'enregistrement pour toute mutation de propriété, et pour toute constitution de droits réels. On ne peut pas dire cependant que cet édit avait pour but direct et immédiat la publicité. Cela ne résulte pas du moins des termes de l'art. 8. « il ne sera donné communication du registre qu'à ceux qui y auront intérêt ainsi que par justice sera ordonné et non autrement. » D'ailleurs il fut vivement attaqué, et révoqué en 1588.

Sully fit une tentative directe en 1606 ; il fit publier par Henri IV un édit qui prescrivait la publicité des contrats, des hypothèques, des déclarations d'emprunts ; il n'eut pas plus de succès que le premier : il s'attaquait à un état de choses trop vivace encore ; le Parlement de Normandie seul l'enregistra ; les autres Parlements n'en tinrent aucun compte.

La tentative la plus sérieuse fut celle de Colbert en 1673. Se rendant un compte exact de la nécessité de la publicité, tant au point de vue de la consolidation de la propriété qu'au point de vue du crédit hypothécaire, et l'expérience lui ayant démontré les inconvénients du système occulte, il déclara dans le préambule d'un édit qu'il avait l'intention, « de perfectionner par une disposition universelle ce que quelques coutumes avaient essayé de faire par la voie des saisines et des nantissements. » Malheureusement il ne suivit

pas dans ses réformes les conseils de la logique. Au lieu de
commencer et de se contenter d'établir d'abord la publicité
des aliénations, qui est la base du régime hypothécaire et
qui aurait peut être été acceptée, il passa outre, et voulut
établir en premier lieu la publicité d'une certaine nature de
droits réels, publicité sans fondement, puisque l'acquéreur,
hors de danger sans doute de la part des créanciers du précédent propriétaire, pouvait se trouver en face d'un premier
acquéreur resté inconnu, qui avait le droit de l'évincer. Bien
certainement, Colbert agissait d'après la raison d'État ; il cou-
rait au plus pressé ; le crédit allait en diminuant. Depuis longtemps la noblesse en possession de vastes domaines, mais dont
les revenus étaient insuffisants pour soutenir les dépenses fas-
tueuses de la cour de Louis XIV, où elle se ruinait dans
les fêtes et les plaisirs, avait recours au tiers-état, qui, con-
fiant dans sa grande fortune territoriale, lui livrait son or et
ses épargnes. Mais, quand l'échéance de la dette arrivait, le
malheureux prêteur voyait surgir de toutes parts de nombreuses hypothèques, antérieures à la sienne, et tenues
secrètes jusque-là, qui absorbaient et au-delà la valeur totale des immeubles. — Colbert voulait mettre fin à ce
crédit mensonger, qui ne pouvait avoir que de fâcheuses
conséquences pour le crédit public. Chose curieuse, les
jurisconsultes, imbus de faux préjugés, lui objectèrent le
mal lui-même, auquel il voulait porter remède. On lui re-
présenta « que les réglements les plus utiles ont leurs difficultés dans leur premier établissement, et il s'en rencontre
dans celui-ci qui ne peuvent être surmontés » (Basnage).
On lui exposa le trouble général qu'il allait apporter dans les
affaires en mettant tout d'un coup à nu la misère du plus
grand nombre des sujets du roi, et en les exposant tous en

un moment aux poursuites rigoureuses de leurs créanciers,
(D'Aguesseau, V. XIII, p. 622. 623) — De son côté, la
noblesse effrayée d'une mesure qui allait livrer au grand jour
l'état de son patrimoine, résista de la manière la plus énergique ; elle présenta comme son seul salut la clandestinité
de l'hypothèque, qui pouvait seule dissimuler le fâcheux
état de ses affaires et lui permettre de vivre encore longtemps sur le prestige de son nom et sur les trompeuses
apparences de sa fortune. Colbert ne put triompher d'une
pareille opposition et fut obligé de révoquer son édit l'année
suivante.

Il n'y eut pas d'autres essais jusqu'à la Révolution ; l'intérêt des tiers dut patienter encore ; les acquéreurs et les
prêteurs restèrent exposés à tous les dangers du système
occulte.

Il faut noter cependant un édit de 1771 qui établit définitivement la purge des hypothèques.

CHAPITRE III

DROIT INTERMÉDIAIRE

Cette division de la France entre les pays de nantissement
et les pays du droit coutumier se maintint jusqu'en 1789, au
moment où éclata la Révolution française, dont les premiers
effets portèrent sur cet état de choses par suite de la fameuse
loi du 4 août, dans laquelle, poursuivant son but direct et
assouvissant la haine que le peuple portait au cœur depuis

de longs siècles, elle frappa du dernier coup la féodalité déjà si fortement battue en brèche, en déclarant désormais aboli tout ce qui se rattachait directement à ce régime. Ainsi disparurent les justices seigneuriales, les œuvres de loi et autres formalités analogues qui en portaient l'empreinte.

A. — *Loi du 27 Septembre 1790.*

Mais on mit par suite les pays de nantissement dans un très-grand embarras. Il ne leur était plus possible de remplir leurs formalités de publicité. Devaient-ils se conformer aux usages des pays de droit commun, et se contenter de la tradition simple? Mais c'était là détruire l'élément de publicité que renfermait leur mode d'aliénation, et dont on avait depuis peu aperçu l'importance. Le législateur fut assez prudent pour ne pas le laisser périr, il le conserva d'abord pour ces pays sans songer en ce moment à l'appliquer à la France entière, il fit la loi du 27 septembre 1790, dont les art. 3 et 4 sont ainsi conçus :

« Art. 3. A compter du jour où les tribunaux de district seront installés dans les pays de nantissement, les formalités de dessaisine-saisine..... et généralement toutes celles qui tiennent au nantissement *féodal* et *censuel*, seront et demeureront abolies, et jusqu'à ce qu'il en ait été ordonné autrement, la transcription des grosses, des contrats d'aliénation ou d'hypothèque, en tiendra lieu et suffira en conséquence pour consommer les aliénations et les constitutions d'hypothèques, sans préjudice, quant à la manière d'hypothéquer les biens de l'exécution de l'art. 35 de l'édit du mois de juin 1771 et de la déclaration du 27 juin 1772, dans ceux des pays de nantissement où ces lois ont été publiées. »

« Art. 1. Lesd. transcriptions devront être faites par les
greffiers des tribunaux de districts de la situation des
biens, etc. »

— Ainsi les justices seigneuriales furent remplacées par
les tribunaux des districts, et ce fut au greffe de ces dernières que dût se faire la transcription, mot tout nouveau qui
apparaissait pour la première fois dans la loi. — De même
que le nantissement, la transcription fut indispensable pour
le transfert de la propriété, et d'après les termes généraux de
la loi, elle produisait cet effet soit entre les parties contractantes, soit à l'égard des tiers.

II. — *Loi de Messidor an III*

Une fois lancés dans la voie de la publicité, les esprits
économistes de l'époque, saisis de la fièvre générale, voulurent donner au crédit tout le développement qu'il lui était
possible d'attendre. Ils demandèrent d'abord que le régime
de la publicité fut appliqué non seulement aux anciens pays
de nantissement, mais encore à toute la France sans nulle
distinction. Ils ne s'arrêtèrent pas là. Débarrassés à peine
des entraves qui jusqu'à l'heure avaient gêné la libre circulation de la propriété, ils voulurent la mobiliser au point
d'en faire une espèce de monnaie courante à l'aide de ce
qu'ils appelèrent les cédules hypothécaires. Voici quel était
le système qu'ils tentèrent d'organiser. — Supposant créé
un bureau qui s'occuperait spécialement de l'état des biens,
le propriétaire d'un immeuble pouvait se présenter devant le chef de ce bureau pour y déclarer la valeur ap-
proximative de ses biens; ce dernier devenait garant de
cette valeur, s'il ne la contestait pas. Le propriétaire alors

pouvait prendre hypothèque sur lui-même pour un temps
déterminé, mais jamais au-delà de 10 ans, et jusqu'à concurrence seulement des trois-quarts de la valeur vénale de
ses biens. Pour cela, il n'avait qu'à souscrire un billet pour
la somme dont il avait besoin, à l'ordre d'une autre personne.
Ce billet appelé cédule hypothécaire, était transmissible par
la voie de l'endossement à ordre, et formait un titre exécu-
toire au profit de celui à l'ordre duquel il avait été souscrit.

La loi du 9 Messidor an III fut le résultat de l'agitation
des esprits et chercha à réaliser leurs aspirations exagérées.
Mais elle ne fut pas appliquée. Cette loi a été vivement
critiquée et est toujours représentée comme une preuve de
l'esprit de vertige de l'époque. Cependant elle ne mérite peut-
être pas des reproches aussi dédaigneux ; et on l'a vue avec
surprise tout récemment reparaître dans un autre pays, dont
nous sommes malheureusement aujourd'hui obligés d'observer presque avec crainte tous les actes et tous les mouve-
ments, et qui ne semble pas être en proie à une révolution
pareille à celle de 1789. L'Allemagne, par sa loi de 1872 sur
le régime hypothécaire, vient d'organiser un système de mobilisation de la propriété, plus hardi peut-être encore que
celui du 9 Messidor an III. Nous aurons occasion d'en dire
quelques mots à la fin de ce travail.

III. — Loi de Brumaire an VII.

Quand la tourmente fut passée, quand le calme et la
réflexion furent revenus et que l'équilibre commença à se
rétablir, les dispositions du législateur révolutionnaire, im-
praticables le plus souvent bien moins par leur nature même
que parce qu'elles devançaient la transformation de l'ancien

état de choses dont le mouvement venait à peine de commencer, ne tardèrent pas à disparaître pour faire place à des mesures plus appropriées à la situation des idées, des mœurs et des usages de l'époque.

Or, à ce moment, les progrès du droit étaient assez avancés pour permettre de donner à la transmission de la propriété une organisation parfaite et basée sur les principes du droit naturel.

Nous avons vu, en effet, que pour ce qui concerne les parties elles-mêmes, la clause de dessaisine-saisine, qui était supposée représenter une tradition feinte, était devenue une simple formule de style et équivalait réellement à une manifestation expresse de la volonté. Grotius et Puffendorf avaient exprimé, en quelques termes précis, le principe du droit naturel, que la propriété peut se transférer par le seul effet du consentement. Ce principe avait fait un si grand chemin dans les esprits, qu'il est entré dans la légi'slation actuelle, presque sans consécration formelle, ainsi que nous allons le voir.

A l'égard des tiers, la publicité existait seulement dans les anciens pays de nantissement, et nous avons exposé le tableau des essais infructueux tentés par le législateur avant 1789 pour l'appliquer d'une manière générale. La loi de 1790, tout-à-fait provisoire, et celle de Messidor an III, qui avait eu le grand résultat de reconnaître et d'établir la publicité des hypothèques et de créer les conservateurs, étaient loin d'avoir répondu aux réclamations des besoins financiers de plus en plus considérables. On ne pouvait rester en face de difficultés tous les jours grandissantes ; une réforme était plus que jamais indispensable ; le législateur tenta de l'accomplir par la grande loi du 11 Brumaire an VII.

Le but principal de cette loi fut de rendre utile et praticable le régime de la publicité des hypothèques ; mais pour
l'atteindre et pour établir cette publicité sur ses véritables
bases il fallait, avant tout, établir celle des mutations de
propriété. Car, ainsi que nous l'avons dit au sujet de la
réforme de Colbert, il importe bien peu à un prêteur de
n'avoir pas à redouter les créances occultes antérieures à la
sienne, s'il reste exposé à n'avoir qu'un vain gage par la
fraude de son emprunteur, qui, à l'aide de faux titres,
hypothèque des immeubles qui ne lui ont jamais appartenu,
ou dont il vient de se dépouiller.

Il était facile au législateur d'obtenir ce dernier résultat.
Il n'avait qu'à étendre au reste de la France le système de la
transcription pratiqué depuis 1790 dans les anciens pays de
nantissement. C'est ce qu'il fit par cette loi de Brumaire.
Mais, d'après celle de 1790, la transcription devait se faire
aux greffes des tribunaux de district, qui avaient remplacé
les justices seigneuriales. La loi de Brumaire, mettant à
profit la création des conservateurs des hypothèques faite
par la loi de Messidor an III, ordonna que la transcription
aurait lieu à leur bureau.

Art. 26. Les actes translatifs de biens et de droits, susceptibles d'hypothèques, doivent être transcrits sur les
registres du bureau de la conservation des hypothèques
dans l'arrondissement duquel les biens sont situés.

Jusque-là ils ne peuvent-être opposés aux tiers qui
auraient contracté avec le vendeur et qui se seraient conformés aux dispositions de la présente. »

Il résulte du dernier alinéa de cet art. ainsi que de l'art.
28, ainsi conçu : « La transcription prescrite par l'art. 26
transmet à l'acquéreur les droits que le vendeur avait à la pro-

priété de l'immeuble, mais avec les dettes et hypothèques, dont cet immeuble est grevé, » que l'effet de la transcription n'était plus le même que d'après la loi de 1790.— D'après cette dernière, en effet, la transcription était indispensable pour opérer mutation de propriété tant entre les parties contractantes qu'à l'égard des tiers. La loi de Brumaire, au contraire, ne la déclare pas indispensable et n'obligeait pas l'acquéreur à s'y soumettre, elle se contentait seulement de lui exposer les dangers qu'il encourait s'il ne s'y soumettait pas. De là, cette conséquence, que cette loi a distingué les rapports des parties contractantes entre elles, des rapports des parties avec les tiers, qu'elle ne s'est occupé que de ces derniers, et qu'elle a passé les autres sous silence. On en a aussitôt conclu que l'ancienne théorie de la transmission existait encore entre les parties, que le seul consentement ne suffisait pas, et qu'il fallait encore la tradition. Mais nous avons exposé les immenses progrès du droit à ce sujet, et nous avons démontré que sous l'apparence de la cause de dessaisine-saisine, ce n'était autre chose que le principe du transfert par le seul effet de la volonté qui régnait dans le droit depuis assez longtemps. Et c'est sans doute à cause de cela que le législateur n'a pas pris soin de s'expliquer, qu'il n'a pas cru nécessaire de le formuler d'une manière spéciale, et qu'il l'a accepté tel qu'il était généralement admis et reconnu. Il nous est facile d'ailleurs de savoir ce qu'il pensait réellement sur ce sujet en nous reportant à un projet fait par le représentant Crassous, dont le système fut converti en loi par le Conseil des Cinq-Cents sur le rapport de Jacqueminot. Nous trouvons dans ce document un passage relatif à l'art 26 de la loi dont nous parlons, ainsi conçu « La mutation en ce qui concerne le vendeur et l'acheteur, est parfaite par leur consentement mutuel, mais d'autres peuvent avoir intérêt à la connaitre. »

La loi de Brumaire, avons-nous dit, avait pour but immédiat de créer la publicité des hypothèques, et c'est pour arriver à ce but qu'elle établit la publicité des mutations, parce qu'elle reconnaissait ces deux publicités inséparables. Cependant elle se contenta de prescrire la transcription des actes translatifs de biens et de droits réels susceptibles d'hypothèques. Et dans son art. 6, elle déclarait susceptibles d'hypothèques : 1° les biens territoriaux et leurs accessoires inhérent ; 2° l'usufruit, ainsi que l'emphythéose. Mais, en dehors de ces droits réels, il en existe d'autres qui se trouvaient par suite en dehors de la publication que les titres pouvaient laisser ignorer aux tiers acquéreurs. Il y avait donc là un défaut, une défectuosité, quelque chose d'incomplet que la loi de 1855 a cherché à combler.

Il faut encore noter que la loi de Brumaire ne s'appliquait qu'aux actes entre-vifs ; elle laissait donc de côté les transmissions par succession légitime ou testamentaire ; elle suivait en cela les anciens errements des coutumes de nantissement, et la loi de 1855 les a suivis à son tour. Nous verrons plus tard s'il y a lieu de lui en faire un reproche.

CHAPITRE IVᵉ

DROIT ACTUEL

SECTION Iʳᵉ — CODE CIVIL.

La lutte si longue, engagée par le droit naturel contre le droit positif, soit à Rome, soit dans notre ancien droit français, paraissait près de se terminer. Le législateur avait distingué les deux intérêts : celui des parties et celui des tiers; il s'était rapproché des deux principes que nous avons établis d'après le droit pur au commencement de ce travail ; celui de la transmission de la propriété entre les parties contractantes par le seul effet du consentement, quoiqu'il laissât en théorie subsister la tradition, qu'il permettait de réduire à peu près à rien en pratique ; et celui de la publicité à l'égard des tiers. On pouvait croire que la conquête était bien assise, qu'il n'y aurait pas de retour en arrière. Mais nous allons voir que par un étrange revirement jusqu'ici inexplicable, le Code de 1804 par lequel le législateur se flattait de faire une loi conforme aux derniers progrès de la science, et de lui donner la plus grande équation possible avec ce que l'on appelle le droit naturel, c'est-à-dire le droit tiré de l'observation de la nature de l'homme et de ses rapports avec ses semblables, en dehors de tout état donné de mœurs, de coutumes, d'usages ou d'idées admises, eût au contraire le désavantage de tout remettre en question en

8

§ II.

La loi de Brumaire avait reconnu la nécessité de la transcription; elle l'avait reconnue non pas pour la publicité même des mutations, pour l'intérêt direct qui s'y rattache, mais parce qu'elle est la base fondamentale du régime hypothécaire qu'elle voulait établir.

On pouvait s'attendre à ce que le code, considérant les mutations en elles-mêmes en dehors de tout autre préoccupation que celle d'organiser d'une manière complète la théorie de la transmission de la propriété, se serait rattaché au principe de la transcription, et qu'il l'aurait consacré une dernière fois d'une manière définitive comme nécessaire et indispensable, comme imposé par la logique, et instamment réclamé par l'intérêt de la société. On ne devait pas songer qu'il y aurait des difficultés sur ce point.

Cependant ce principe eut le privilége de soulever les discussions les plus vives, les plus acharnées, entre les partisans arriérés des coutumes de l'ancien régime, et les défenseurs progressifs de la loi de Brumaire, trois fois la question se présenta, d'abord incidemment au sujet de l'art. 938 et directement au sujet de l'art. 1138 où sa place était naturellement marquée, et puis au sujet de l'art. 1583 au titre de la vente; trois fois elle resta indécise, on ne put s'entendre et on fut obligé de la renvoyer. Enfin, arrivés au titre des priviléges et hypothèques, les législateurs se trouvèrent une quatrième et dernière fois en face de cette terrible question; ils ne pouvaient plus reculer, il fallait prendre une décision. Ici se passa un fait tout-à-fait étrange, que le mys-

tère a entouré jusqu'à ce jour et dont on n'a pu se rendre
bien compte.

Au sujet de l'art. 1138, la commission de rédaction du
projet du code civil avait admis en principe que la convention, translative de la propriété soit des meubles, soit des
immeubles, opérerait cette transmission par elle-même, indépendamment de toute tradition réelle ou feinte, et de toute
transcription. C'était l'abrogation formelle de la loi de Brumaire. Ce principe obtint la sanction du Conseil d'État et du
Tribunat ; mais lors de la discussion, les partisans de la loi
de Brumaire se récrièrent si énergiquement que la question
fut renvoyée.

Au titre des priviléges et hypothèques, la situation avait
changé. La section de législation proposa en effet deux
articles ainsi conçus :

« Art. 91. Les actes translatifs de propriété, qui n'ont pas
été transcrits, ne pourront être opposés aux tiers, qui auraient contracté avec le vendeur, et qui se seraient conformés
aux disposit' ns de la présente. »

« Art. 92. La simple transcription des titres translatifs
de propriété sur les registres du conservateur ne purge pas
les priviléges et hypothèques établis sur l'immeuble ; il ne
passe au nouveau propriétaire qu'avec les droits qui appartenaient aux précédents, et affecté des mêmes priviléges ou
hypothèques dont il était chargé. » (Locré, leg c. L. XXI,
p. 236). Ces deux articles n'étaient que la reproduction des
art. 26 et 28 de la loi de Brumaire. Ainsi donc les défenseurs de cette loi paraissaient l'emporter à leur tour.

La discussion eut lieu, discussion indécise, obscure, dont
il est difficile de se rendre bien compte d'après les documents relatifs au code civil, mais de laquelle on peut con-

Pagination incorrecte — date incorrecte

NF Z 43-120-12

a le plus exercé l'esprit des jurisconsultes [1]. — Nous nous contentons d'énoncer la difficulté, son exposition nous mènerait trop loin, et il serait plus qu'audacieux, pour nous, de vouloir résoudre un problème sur la solution duquel les plus grands maîtres de la science sont en désaccord complet. — Quoi qu'il en soit de ces interprétations et de leur diversité, elles arrivent à peu près toutes à reconnaître que le législateur a eu l'intention de consacrer le principe de la transmission de la propriété par le seul effet du consentement entre les parties contractantes.

Il est vrai que quelques auteurs imbus des anciennes doctrines, et ne tenant aucun compte de la marche ascendante du droit vers le spiritualisme, dont les étapes ont été marquées par les lois de la révolution, ont voulu soutenir que le Code civil a laissé subsister la nécessité de la tradition pour transférer la propriété; mais que, de même qu'autrefois, il l'a anéantie en fait, en la faisant toujours résulter du contrat lui-même qui devient ainsi par sa seule force translatif de propriété; ils prétendent, en un mot, que depuis 1804 il faut une tradition consensuelle..

---

[1] Ainsi, d'après Delvincourt (t. II, p. 240) et Toullier (III, 202), ces mots : " dès l'instant où la chose a dû être livrée, „ signifient : " dès l'instant où a existé le devoir, l'obligation de livrer la chose. „ — M. Duranton (t. X, nᵒˢ 417, 418), fait rapporter ces mots à ceux-ci : " elle rend le créancier propriétaire. „ — Il les présente comme formant une phrase à part et indépendante de tout le reste de l'article.— De même, Demante (t. V, nᵒ 55).

Marcadé, sur l'art. 1038. — Mourlon, *Répét. écrites* (t. II, édit. 1836, p. 559, 570). — Demolombe (t. I. *Des Contrats*, p. 392 et s.), s'en tiennent aux termes même du Code, et les expliquent en disant que le législateur a voulu parler de l'exécution de la convention de donner et non de sa formation, comme le croient les premiers auteurs.

Ils argumentent de l'art. 1138, qu'il ne leur est pas diffi
cile d'interpréter dans le sens de leur opinion ; ils citent à
l'appui les travaux préparatoires, les déclarations des ora-
teurs et notamment celle de Bigot-Préameneu, qui disait en
effet « C'est le consentement qui rend parfaite l'obligation
de livrer ; il n'est donc pas besoin de tradition réelle pour
que le créancier doive être considéré comme le propriétaire; »
et celle de Portalis : « Il s'opère par le contrat une sorte de
tradition civile qui consomme le transport des droits et qui
nous donne action pour forcer la tradition réelle.» Ils argumentent encore de l'art. 1238, qui paraît en effet exiger la
tradition de la chose due pour que le paiement soit fait et
pour qu'il y ait aliénation ; de l'art. 1303 qui dans le cas
d'une chose perdue sans la faute du débiteur, prescrit à ce
dernier de céder au créancier les droits ou actions en indem-
nité qu'il peut avoir par rapport à la chose, résultat impossible si la propriété est déjà passée sur la tête du créancier;
car c'est dans sa personne que naissent ces droits et actions ;
encore de l'art. 1867 et de ces derniers mots de l'art. 938 :
« sans qu'il soit besoin d'autre tradition. » C'est donc, disent-ils, qu'une tradition est nécessaire.

Ces auteurs vont trop loin en concluant que l'auteur de
la loi a entendu repousser le nouveau principe ; ils prouvent
seulement qu'il n'a pas su se débarrasser complètement de
l'ancienne théorie, qu'il a pris une marche détournée, et
que dans certains cas, il a paru faire un retour vers le passé ;
mais ces motifs ne sont pas assez puissants pour combattre
les textes que nous avons précédemment cités et surtout
l'état de la législation en 1804.

ce qui concern₵ notre matière de la transmission de la propriété.

Nous avons à rechercher comment il a réglementé :

1° Les rapports des parties contractantes entre elles ;

2° Les rapports des parties avec les tiers.

§ 1er

La loi de Brumaire avait implicitement admis que le consentement seul suffisait pour transférer la propriété. On
peut affirmer que, malgré la persistance que mettaient les
jurisconsultes à prétendre que la tradition était toujours
nécessaire, la clause de dessaisine-saisine n'en était pas
moins ainsi interprétée dans la pratique et d'après l'opinion
générale.

Le législateur de 1804, dans un 1er article, l'art 711,
commença par déclarer « que la propriété s'acquiert et se
transmet par succession, par donation entre-vifs et par
l'effet des obligations ». Par la succession, la propriété est
transmise de plein droit (art. 724), il en est de même par
la donation (art. 938) ; les conventions, et non les obligations comme le dit à tort le texte, ayant pour objet de constituer des droits réels, sont mises sur le même rang que la
succession et la donation ; elles produisent donc le même
effet, c'est-à-dire qu'une fois parfaites comme telles, elles
transmettent et établissent ces droits par elles-mêmes, indépendamment de toute formalité extrinsèque et de tout acte
d'exécution. (Aubry et Rau, dern. éd., vol. 2e p. 54.)

Vient ensuite l'art. 938, au sujet des donations, ainsi
conçu : « La donation dûment acceptée sera parfaite par le
seul consentement des parties, et la propriété des objets

donnés sera transférée au donateur, sans qu'il soit besoin
d'autre tradition. » L'idée du législateur est ici manifeste ;
elle n'a pas besoin d'explication, et les derniers mots de son
article ont évidemment pour but de combattre l'ancienne
théorie de la tradition réelle.

L'art 1583, au titre de la vente, est plus explicite encore : « Elle (la vente) est parfaite entre les parties, et la
propriété est acquise de droit à l'acheteur à l'égard du vendeur, dès qu'on est convenu de la chose et du prix, quoique
la chose n'ait pas encore été livrée, ni le prix payé. » Cela
est formel.

Enfin, l'article 1138, au titre des contrats, siége de la
matière, dit encore : « L'obligation de livrer la chose est
parfaite par le seul consentement des parties contractantes.
Elle rend le créancier propriétaire et met la chose à ses risques, dès l'instant qu'elle a dû être livrée, encore que la
tradition n'ait point été faite... »

Il résulte évidemment de tous ces textes que la tradition
réelle n'est pas nécessaire. Mais en résulte t-il également
qu'une tradition feinte, une tradition purement théorique,
semblable à celle qui résultait de la clause de dessaisine-
saisine dans l'ancien droit, n'est pas nécessaire non plus ?
On a soutenu l'affirmative et avec quelque raison. Les auteurs de la loi n'ont pas, en effet, nettement formulé le
principe du droit naturel. Il règne, au contraire, sur tous
leurs textes un vague souvenir de la maxime de l'ancienne
jurisprudence, qui les embarrasse et donne aux termes dont
ils se sont servis un sens douteux. L'art. 1138 surtout, qui
devrait être le plus clair et le plus précis, est au contraire
le plus énigmatique ; c'est celui dont l'explication a donné
lieu au plus grand nombre d'interprétations diverses et qui

clure que les défenseurs de la transcription avaient définitivement gagné leur cause.

Elle se termina, en effet, par une note dont le sens tout au
moins ambigu, est reproduit par Locré, en ces termes :

« Le Conseil adopte en principe :

» 1° Que la disposition de l'art. 91 n'est pas applicables
aux contrats de vente antérieurs à la loi du 11 brumaire :

» 2° Que la transcription du contrat ne transfère pas à
l'acheteur la propriété, lorsque le vendeur n'était pas propriétaire ;

» Les deux art. sont renvoyés à la section pour les rédiger dans le sens des amendements proposés. » (*Lég civ.*, t.
XVI. p. 289)

La transcription était évidemment admise.

Aussi quel fut l'étonnement général quand le projet repa-
rut sans l'art. 91, et avec l'art. 92, modifié de la manière
que nous l'indique l'art. 2182 du code civil et dans lequel
la transcription se trouve omise ! — Le projet passa cependant et fut transformé en loi. — On n'a jamais pu expliquer
ce changement subit et inattendu, que M. Troplong, a osé,
justement peut-être, appeler un insigne escamotage,
(*Traité des priv. et hypt.*)

Que résultait-il de là ? La transcription avait-elle été abolie?
Avait-elle été maintenue? Dès l'apparition du code les deux opinions furent énergiquement soutenues; elles le sont encore.

Mais cette question n'offre aujourd'hui depuis la loi de
1855 qui a rétabli la transcription, qu'un intérêt tout-à-fait
historique; aussi nous dispensons-nous de l'exposer, afin
d'en arriver au plus vite à l'étude de la loi de 1855 qui
nous intéresse davantage.

Nous nous contenterons de dire qu'une jurisprudence

constante déclara que la transcription n'était plus nécessaire
pour opérer la transmission de propriété même à l'égard des
tiers. C'était là un résultat fâcheux, et une véritable inconséquence de la part du législateur. On retombait dans tous
les inconvénients si nombreux du système occulte des mutations de la propriété ; on les recouvrait encore d'un voile
ténébreux, après tant de peines prises pour les faire paraître au grand jour, et un succès tout récent ; on redonnait
une libre carrière à la fraude et à la mauvaise foi ; on rejetait le crédit dans le hasard et dans l'incertitude ; on arrêtait
son essor au moment où, libre enfin des entraves qui
l'enchaînaient depuis si longtemps, il venait de le prendre
hardiment, et on rendait vains les généreux efforts tentés
jusqu'à ce jour pour l'assurer et l'affermir. — Si encore le
législateur, logique avec lui-même, avait totalement rayé la
transcription de son code ! S'il l'avait fait complétement disparaître ! — Mais non ! Il l'admet dans un grand nombre
de cas, et lui fait produire de nombreux effets. Ainsi :
1° C'est elle qui transfère la propriété à l'égard des tiers
en matière de donations (939), de même qu'en matière de
substitutions (1069) ; 2° C'est elle qui conserve le privilége
du vendeur (2108) ; 3° C'est elle qui sert de point de départ pour la prescription de l'hypothèque au profit des tiers
détenteurs (2180) ; 4° C'est elle qui est la première formalité
de la procédure de purge, (2181) ; 5° C'est elle, enfin, qui
permet de requérir un certificat valant purge à l'égard des
hypothèques non mentionnées dans le certificat (2198).

Il eut mieux valu l'admettre complétement ou la faire
complétement disparaître.

Enfin, elle disparue, la publicité du régime hypothécaire
ne devenait plus qu'un leurre.

cette dernière de n'avoir pas pris des précautions, de ne pas avoir été prudente. Elle avait fait tout son possible pour bien assurer son droit ; mais rien ne pouvait l'empêcher de tomber dans l'erreur et lui faire connaître la première aliénation qui avait eu lieu, attendu qu'elle était restée clandestine (Nimes, 11 Juin 1807; Devil 2. 2. 529 ; — Cas. 13. Décembre 1813 ; Devil. 4. 1. 685.) Autre exemple : un propriétaire vend son immeuble, mais avec réserve d'usufruit ; il continue à rester en possession, à gérer, à administrer, à toucher les revenus. L'acte de vente n'ayant eu aucune publicité qui l'empêche de se faire passer encore pour le véritable propriétaire, il vend une seconde fois son immeuble à un tiers qui n'hésite pas à payer son prix. A la mort du vendeur, l'usufruit étant éteint, le premier acheteur vient réclamer son droit, et le second acquéreur est obligé de déguerpir, après avoir perdu son temps et son argent (Cas. 1816).

Ces inconvénients n'avaient pas lieu seulement dans les ventes ordinaires ; ils pouvaient se présenter tout aussi bien dans les ventes sur saisie-immobilière. D'après l'art. 717 du Code de procédure, en effet, l'adjudicataire n'acquiert pas plus de droits que n'en avait le saisi. Si donc celui-ci s'est déjà dépouillé de son droit entier, ou seulement de la nue-propriété ou de l'usufruit par des actes secrets, l'adjudicataire peut être évincé, ou, suivant les cas, n'avoir qu'un droit de nue propriété ou un droit temporaire d'usufruit.

Le défaut de la loi apparaissait surtout dans le régime hypothécaire; car le prêteur avait tous les moyens possibles pour s'assurer que son droit ne pouvait être primé par celui d'un autre créancier ; mais il ne pouvait jamais être certain que son droit était valable et qu'il reposait sur un immeuble appartenant réellement à son débiteur.

La nécessité d'une réforme était évidente ; les vices d'un pareil système sautaient à tous les yeux. Des réclamations s'élevèrent ; les jurisconsultes les plus autorisés, les économistes les plus savants demandèrent un prompt retour au régime de la publicité, et même la réforme entière de notre régime hypothécaire très-défectueux sur un grand nombre de points.

Le législateur s'émut enfin des plaintes qui lui arrivaient de toutes parts et songea à porter remède à ce fâcheux état de choses. Mais, malgré des besoins aussi pressants, il ne voulut pas marcher trop vite et aima mieux retarder sa réforme pour la rendre sérieuse et définitive. Il commença par s'entourer de toutes les lumières de l'époque. En 1841, il prit conseil de la Cour de cassation, de toutes les Cours d'appel et de toutes les Facultés, et parmi les principaux points qu'il signala à l'attention de ces corps, se trouvait en premier lieu celui de savoir s'il convenait ou non de rétablir le régime de la transcription. La Cour de cassation, vingt-deux Cours sur vingt-sept, la Faculté de Paris et six Facultés de province se prononcèrent pour l'affirmative. — Mais, quoique ce fut là une grande présomption en faveur de la réforme et la preuve qu'elle répondait à un véritable besoin social, elle ne reçut pas cependant d'exécution sous le Gouvernement de Juillet.

Ce ne fut qu'en 1849 et dans le cours des années 1850 et 1851 qu'elle fut sérieusement reprise, au moment où l'Assemblée législative, d'accord avec le Gouvernement et le Conseil d'État s'occupait d'une refonte complète du titre des priviléges et hypothèques. Le projet de loi parvint même et 835 du code de procédure, en face d'une grande diminution de produits, elle cherchait par tous les moyens à rendre la transcription plus fréquente. Elle aurait bien voulu la rendre indispensable. Mais ne pouvant aller jusque-là, elle ne trouva rien de mieux que de faire porter une loi fiscale (loi des finances de 1816) par laquelle la perception du droit de transcription devait avoir lieu au moment de l'enregistrement, alors même que la formalité ne serait pas remplie plus tard. C'était un moyen ingénieux et qui eut d'excellents résultats.

SECTION III

LOI DU 23 MARS 1855.

1. Historique

Le Code de procédure civile dans ses art. 834 et 835 avait eu pour but direct de combattre un inconvénient du système admis par le Code au sujet de la transmission de la propriété, et de sauvegarder les droits des créanciers antérieurs à l'acte d'aliénation, qui n'auraient pas eu le temps de s'inscrire avant le moment de cet acte.

Cet inconvénient n'était pas le seul.

D'autres, aussi nuisibles au crédit foncier et en outre à la circulation des biens, n'avaient pas tardé à se produire aussitôt après la promulgation et la mise en application du Code civil.

Les acquéreurs et les prêteurs se virent entourés des plus grands dangers, parce que le plus souvent ils ne pouvaient

s'assurer que les personnes avec lesquelles ils se trouvaient
en relation d'affaires et qui se disaient propriétaires, l'étaient
réellement. Il pouvait donc arriver aux uns, après avoir
acquis un immeuble par acte authentique dûment enregistré et même transcrit, d'une personne qui n'en était pas
véritablement propriétaire, et après en avoir payé le prix, de
se voir expulsés par le véritable propriétaire qui venait réclamer ses droits; et aux autres, après avoir livré leur argent
sur des garanties très-sérieuses, quand, à l'échéance de la
dette, ils voulaient s'en prendre à leurs gages par une saisie immobilière, de se trouver tout-à-coup en face d'un
étranger qui, titres en main, prouvait que c'était lui le
véritable propriétaire des immeubles affectés à la garantie de
la créance, et que par suite l'hypothèque avait été prise à
tort et était nulle. Et ces fraudes étaient faciles aux gens de
mauvaise foi; la pratique en a offert des exemples assez
nombreux. — Ainsi, une personne voulant acquérir un
immeuble, se présente à celui qui le possède depuis longtemps et que tout le monde sait être le véritable propriétaire; elle demande à vérifier les titres; ils lui sont produits; les trouvant en règle, elle achète, purge et paye.
Elle est fermement persuadée que son droit est bien établi,
qu'elle n'a à redouter aucune éviction. Malheureusement le
vendeur avait quelques temps auparavant aliéné son immeuble à une autre personne qui avait fait enregistrer son
titre dans un des milliers de bureaux de l'enregistrement,
n'avait pas eu le soin de retirer les titres, et n'avait pu
prendre possession immédiate de l'immeuble. Ce premier
acquéreur peut venir réclamer son immeuble à la trop con-
fiante personne qui s'en croyait paisible propriétaire, et se le
faire adjuger par justice. On ne peut cependant reprocher à

SECTION II.

CODE DE PROCÉDURE CIVILE (ART. 834 ET 835).

Par suite de la disparition de la transcription en ce qu'elle concernait le transfert de la propriété, l'art. 1138 et même l'art. 1583, malgré la restriction qu'il renferme, produisaient leur effet, non-seulement entre les parties contractantes, mais aussi à l'égard des tiers. Le consentement suffisait sans aucune autre formalité. Il résultait de là, qu'on ne pouvait prendre d'inscription sur un immeuble contre son propriétaire que jusqu'au moment du contrat de vente. Mais comment les conservateurs des hypothèques pouvaient-ils être au courant des mutations et savoir s'ils devaient ou non inscrire l'hypothèque contre le vendeur ? Cela leur était impossible. Pour leur éviter des embarras et des difficultés de toutes sortes, le directeur-général de la régie et de l'enregistrement, s'empressa de leur envoyer une instruction par laquelle il leur ordonnait d'inscrire, sans hésiter, toutes les hypothèques contre l'ancien propriétaire, jusqu'à la transcription du contrat du tiers acquéreur. Le directeur poursuivait par là un autre but, celui d'empêcher autant que possible l'inconvénient notable qui résultait pour la régie de ce fait, que la transcription n'était pas indispensable, et qui consistait dans une effrayante diminution de ses recettes. Cette instruction fut référée au Ministre des finances qui, en approuva le fonds, mais en contesta l'opportunité. Elle fut ensuite communiquée au Ministre de la justice qui la désapprouva formellement, la déclarant contraire aux dispositions de la loi. A la suite de ce différent, un rapport fut fait au chef du Gouvernement, puis envoyé à la section de législation du Conseil d'Etat qui, le 11 Fructidor an XIII, donna son avis par lequel elle se rangeait du côté de l'opinion du Ministre de la justice.

La régie fit prévaloir alors les fâcheuses conséquences qu'entraînait le système du Code pour les créanciers qui pouvaient n'avoir pas eu le temps de s'inscrire avant la vente. Le Conseil, qui d'abord s'était opposé énergiquement à toute innovation, céda enfin, et sans discussion aucune glissa dans le Code de procédure, dont il préparait en ce moment la rédaction, quelques dispositions qui apportaient un assez grand changement au Code civil. Ce furent les art. 834 et 835, d'après lesquels les créanciers hypothécaires antérieurs à l'aliénation eurent désormais le droit de prendre inscription, même après l'aliénation et dans la quinzaine après la transcription de l'acte translatif de la propriété.

Cette innovation, assez curieuse par elle-même et par son origine, et qu'exigeait la nécessité de plus en plus urgente de protéger le crédit, n'eut pas pour résultat de rendre la formalité de la transcription indispensable pour transférer la propriété. Elle la rendit simplement nécessaire pour arrêter le cours des inscriptions du chef des créanciers antérieurs à la vente. C'était une amélioration excellente, mais la transcription était loin encore d'avoir retrouvé toute son importance et son véritable rôle. Aussi, fut-elle d'abord beaucoup négligée, surtout pour les petites ventes dont les parties cherchent toujours autant que possible à diminuer les frais.

Mais cet état de choses n'était pas fait encore pour satisfaire la régie. Se trouvant toujours, même après les art. 834

jusqu'à la troisième lecture. Des événements politiques, tout-à-fait inattendus, en empêchèrent le vote définitif.

Cette réforme si nécessaire se trouva ainsi ajournée pour quelques temps encore. Elle fut rappelée d'une manière tout accidentelle à l'attention des jurisconsultes, des économistes et aussi du législateur, au sujet de l'organisation des sociétés de crédit foncier. On reconnut que, pour qu'elles pussent fonctionner en toute sécurité, il fallait avant tout les mettre à même de bien connaître l'état de la propriété; ce qui n'était pas possible qu'à l'aide d'un régime hypothécaire basé sur la publicité de mutations.

Renonçant pour marcher plus vite, à l'idée d'une réforme complète, le Gouvernement présenta, en 1853, au corps légis· latif, un projet de loi dont l'objet principal était le rétablisse· ment de la formalité de la transcription, et son extension à divers actes que la loi de Brumaire an VII n'y avait pas sou-. mis. Ce projet, après avoir subi quelques modifications fut voté le 17 Janvier 1855 et converti en loi par la sanction impériale, le 23 mars de la même année, pour être mis en vigueur le 1er janvier suivant.

2. *Aperçu général de la loi.*

Ainsi, la théorie de la transmission de la propriété, telle que nous l'avons établie au commencement de ce travail, or-ganisée une première fois d'une manière complète par la loi de Brumaire an VII, puis bouleversée et détruite en partie par le Code civil, mais aussitôt réclamée avec instance, était une seconde fois et d'une manière définitive, il faut l'espérer, complétée par le législateur.

Le principe de la transmission par le seul effet du con-

sentement entre les parties elles-mêmes avait été seul consacré par la loi ; la publicité manquait à l'égard des tiers ;
désormais elle règne dans l'état de la propriété ; d'un côté la
logique est satisfaite, et de l'autre le crédit est rassuré ; il
n'a plus autant à redouter la fraude et la mauvaise foi, et
avec un peu de vigilance, il ne lui est pas difficile de marcher d'un pas certain, et d'éviter les grands désastres. Aujourd'hui les acquéreurs savent si leurs vendeurs sont réellement propriétaires et n'ont guère à craindre de payer leurs
prix entre les mains de faussaires et d'être évincés ; les prêteurs peuvent facilement s'assurer des gages offerts par leurs
débiteurs, et ne pas prendre d'hypothèques sur des immeubles dont ils ne sont pas propriétaires, et, en outre, ils con-
naissent exactement l'état de la propriété de ceux avec qui
ils rentrent en relations d'affaires.

Il ne faut pourtant pas croire pour cela que la transcription a pour effet direct de mettre à l'abri de toute atteinte
les actes qu'elle fait connaître. Non, bien loin delà ; elle ne
corrige pas les vices dont ils peuvent être atteints, elle ne
les rend pas valables, s'ils sont nuls ; elle ne les sauvegarde
pas contre les actions en nullité ou en réscision sous le coup
desquels ils peuvent se trouver. — Elle les porte seulement
à la connaissance du public. Reste maintenant aux parties
intéressées à prendre leurs précautions, à vérifier les titres, .
et à se livrer à des investigations scrupuleuses. La loi ne
peut pas faire, que l'homme négligent et sans souci de ses
affaires, ne soit exposé à des inconvénients, que l'homme
soigneux, vigilant, qui s'occupe de ses affaires peut facilement éviter. *Jura dormientibus non prosunt.*

La loi de 1855 s'est placée seulement au point de vue
des tiers et a réglé leurs rapports avec les parties contrac-

tantes et il résulte de toutes les déclarations qui ont été faites soit par ses auteurs, soit par ceux qui sont inter-venus dans sa discussion, que leur seule intention a été de compléter le système du code civil et de faire revivre l'art. 91 du projet du Code de 1804, disparu on ne sait comment. De là cette conséquence qu'on n'a pas entendu modifier les rap-ports des parties contractantes, et que de même qu'avant cette loi, la maxime résultant des art. 711, 1138 et 1583 doit subsister tout entière. On a voulu seulement enlever à ces articles, l'effet implicite que les interprètes étaient obligés de leur faire produire depuis la disparition de l'art. 91 du projet, et qui consistait à faire opérer la mutation de propriété par le seul effet des conventions même à l'égard des tiers.

Cependant il est des auteurs qui prétendent que le résul-tat de la loi sur la transcription ne s'arrête pas là, et qu'elle a apporté, implicitement si l'on veut, un changement consi-dérable dans le système du Code civil ; ils disent que le con-sentement ne suffit plus pour opérer le transfert de la pro-priété, même entre les parties, et qu'à leur égard, de même qu'a l'égard des tiers, il faut en outre la transcription. Pour soutenir cette opinion, ils invoquent d'abord l'ensemble du texte de la loi, d'ou ils tirent cette conséquence, qu'elle a été faite au profit du vendeur ; ils invoquent ensuite les tra-vaux préparatoires, ils trouvent en effet ça et là des décla-rations qui leur sont favorables, et enfin ils s'appuient prin-cipalement sur ce fait que le vendeur peut, tant que la trans-cription n'a pas lieu, consentir une seconde vente, et que le second acquéreur, s'il a transcrit le premier, aura la pro-priété de l'immeuble préférablement à ce premier acquéreur. Et ce n'est pas la doctrine seule qui a adopté cette opinion, mais la jurisprudence s'y est aussi parfois laissée entrainer.

On peut la réfuter cependant. — 1° Et d'abord c'est aux tiers seulement, d'après l'art. 3, formel sur ce point, ainsi que nous l'expliquerons plus tard, que la loi accorde le droit d'opposer le défaut de transcription. Or, les parties elles-mêmes, le vendeur, ne peuvent être mis au rang des tiers; on ne peut donc dire que la loi de 1875, a été faite au profit au vendeur. 2° En ce qui concerne les déclarations qui paraissent favorables à l'opinion que nous combattons, il est facile d'en détruire l'autorité en en montrant un plus grand nombre, faites par les mêmes personnes, dans lesquelles il est dit clairement qu'il ne s'agit pas de porter une main sacrilège sur le Code civil, que ses dispositions doivent rester intactes et son économie entière; que l'on présente des dispositions pour ainsi dire additionnelles et non modificatives, que l'on veut compléter et non détruire. 3° Enfin on a tort de conclure de ce que la seconde vente transcrite la première, l'emporte sur l'autre, que la transmission ne s'opère plus que par la transcription. Cela s'explique tout autrement; le droit de propriété de l'acheteur est inefficace à l'égard des tiers tant qu'il n'a pas fait transcrire son acte, mais sauf cette inefficacité toute relative, son droit n'en existe pas moins à l'égard du vendeur lui-même.

Pour établir exactement la publicité de l'état de la propriété, la loi de 1855, ne s'est pas seulement contentée, comme la loi de brumaire, d'exiger la transcription des actes translatifs de propriété ou constitutifs de droits réels susceptibles d'hypothèques. Elle a assujetti aussi à la transcription tous les actes entre vifs contenant transmission ou abandon des droits réels immobiliers même non susceptibles d'hypothèques (art. 1 et 2). On peut encore cependant lui reprocher de n'être pas tout-à-fait complète sur ce point. Elle

n'a pas jugé à propos d'y soumettre les mutations par succession, parce que la saisine a lieu de plein droit (art. 724);
ni les mutations par succession testamentaire, parce qu'elle
était obligée de sacrifier la volonté du testateur et l'intérêt
des légataires; ni les partages, parce qu'ils sont déclaratifs et
non translatifs de propriété en vertu de la fiction de l'article
883. — En revanche, elle a rendu publics les baux de plus
de 18 ans, et les quittances ou cessions de loyers de trois
années ou plus; elle a voulu qu'on portât à la connaissance
publique, mais par une formalité autre que la transcription,
quoiqu'elle s'y rattache et serve même à la compléter, les jugements prononçant la résolution, la nullité ou la rescision
des actes soumis à la transcription (art. 4).

Passant ensuite à la publicité des hypothèques, elle a déclaré que les créanciers du vendeur, même postérieurs à
l'aliénation, peuvent s'inscrire jusqu'au moment de la transcription du jugement. Elle a été emmenée, par suite, à abro-
ger formellement les art. 834 et 835 du Code de procédure
civile. Elle n'a posé d'exceptions que pour le vendeur et le
co-partageant qui ont un délai de quarante-cinq jours après
la transcription pour inscrire leur privilége et conserver
ainsi leur action résolutoire; car elle a eu soin de les rattacher l'un à l'autre et de les rendre inséparables. (Art. 6 et 7.)

D'après le Code, les hypothèques légales des femmes, des
mineurs et des interdits étaient dispensées de la publicité; il
en résultait de grands inconvénients pour tout le monde;
la loi de 1855 a cherché à les éviter ou du moins à les
diminuer, tout en sauvegardant l'intérêt de ces personnes
si digne de sa protection particulière, et elle est parvenue
à son but en ordonnant que, désormais, ces hypothèques,
pour avoir un effet rétroactif, seront inscrites dans l'année qui

suivra la disparition de leur cause. Par le même motif, l'art. 9 a ordonné la publicité des subrogations et renonciations à l'hypothèque légale de la femme mariée (art. 8 et 9). Enfin, après quelques dispositions transitoires, elle a déclaré ne vouloir en rien déroger à celles du Code qui règlent la transcription des donations et des substitutions (art 11).

Telle est l'économie générale de la loi de 1855.

IIᵉ PARTIE

DE LA PUBLICITÉ

DES ACTES TRANSLATIFS DE PROPRIÉTÉ

D'APRÈS LA LOI DE 1855

Il est facile de voir, d'après l'économie générale de la loi
de 1855, que le législateur a cherché à livrer à la publicité
tous les actes que les principes généraux du Code Civil
rendent susceptibles d'apporter un changement total ou par-
tiel dans le droit de propriété.

Laissant de côté toutes les dispositions de la loi nouvelle
qui se rattachent soit aux droits réels autres que le droit de
propriété, soit au régime hypothécaire, nous nous bornerons
dans cette seconde partie de notre travail, à examiner celles
de ses dispositions qui sont relatives à la publicité des actes
translatifs de propriété.

C'est ainsi que nous allons voir en trois chapitres distincts.

1° Les actes de cette nature qu'elle a entendu soumettre à
la formalité de la transcription.

2° La manière dont elle a prescrit l'accomplissement de cette formalité.

3° Et les effets qu'elle a cherché à lui faire produire, et en même temps la sanction qu'elle a attachée à son défaut d'accomplissement.

CHAPITRE Iᵉʳ

ACTES TRANSLATIFS DE PROPRIÉTÉ

SOUMIS A LA TRANSCRIPTION

Quels sont ces actes? sont-ils tous également et sans aucune distinction soumis à la formalité de la transcription? — Voilà la double question dont il nous faut chercher la réponse dans l'art. 1ᵉʳ de la loi, ainsi conçu :

« Sont transcrits au bureau des hypothèques de la situation des biens :

1° Tout acte entre-vifs, translatif de propriété immobilière.......;

2° Tout acte portant renonciation à ces mêmes droits ;

3° Tout jugement qui déclare l'existence d'une convention verbale de la nature ci-dessus exprimée ;

4° Tout jugement d'adjudication autre que celui rendu sur licitation au profit d'un cohéritier ou d'un copartageant. »

Cet article distingue entre les actes simples ou ordinaires sous-seings privés ou authentiques qui sont faits directe-

ment par les parties contractantes elles-mêmes, et les jugements dont les uns interviennent simplement pour valider
une convention verbale préexistante, et dont les autres
emportent par eux-mêmes mutation de propriété et tiennent
lieu de contrats. Nous suivrons cette distinction. De là, une
division de notre chapitre en deux parties :

Dans la 1re, nous parlerons des Actes,

Et dans la 2e, des jugements.

PREMIÈRE SECTION

DES ACTES

L'article 1er de la loi dit dans ses deux premiers alinéas :

« Sont transcrits au bureau des hypothèques de la situation des biens :

1° Tout acte entre-vifs translatif de propriété immobilière.....;

2° Tout acte portant renonciation à ces mêmes droits. »

Telle est la formule qui régit les actes ordinaires au point
de vue de la transcription.

Dans un premier paragraphe, nous en expliquerons les
termes et nous en limiterons l'étendue : cela d'une manière
générale.

Et dans un deuxième paragraphe nous rechercherons les
divers actes auxquels cette formule peut s'appliquer.

§ 1er.

I. Doivent être transcrits *tous actes entre-vifs.* — Il faut
ajouter à titre onéreux. — Par l'art. 11, en effet, le légis-

lateur a déclaré ne vouloir pas déroger aux dispositions du Code civil relatives à la transcription des actes de donation et de substitution, entendant expressément qu'elles continuent à être exécutées sans nulle modification. Il n'est pas à dire pour cela que la loi de 1855 n'a exercé aucune influence sur les actes à titre gratuit. Il est possible, au contraire, de prouver que cette influence se manifeste dans certains cas que nous n'avons pas ici à examiner et qu'il suffit d'énumérer ; quand un conflit s'élève entre deux acquéreurs d'un même immeuble, l'un à titre gratuit, l'autre à titre onéreux ; pour arrêter les inscriptions des priviléges et hypothèques contre le donateur ; quand il s'agit d'un jugement prononçant la résolution, nullité ou rescision d'une donation, ou bien de donations portant sur des biens non susceptibles d'hypothèque. (V. Troplong, Trans. n. 72, 110 et s., 154 et s., 364 et s. — Mourlon, Trans. n. 1117.)

En restreignant cette formalité aux seuls actes entre-vifs, la loi en a, par suite, dispensé les dévolutions par décès, qui comprennent les successions légitimes et testamentaires.

Elle ne l'a pas fait sans soulever de vives controverses, notamment au sujet des successions testamentaires. Pour les successions légitimes on fut plus facile. Les précédents historiques militaient en leur faveur; dans l'ancien droit, en effet, elles étaient dispensées du nantissement. Il est vrai que le projet présenté en 1849 ne les en exceptait pas ; il imposait aux receveurs de l'enregistrement à qui les déclarations de successions *ab intestat* étaient faites, l'obligation d'en donner connaissance aux conservateurs des bureaux dans lesquels étaient situés les immeubles de la succession, et à ceux-ci l'obligation d'en faire mention sur leurs registres de transcription. Mais l'Assemblée législative de 1855 n'a pas été du même avis : on a invoqué d'ailleurs des motifs assez puissants, d'abord la vieille maxime : « La mort saisit le vif; » et la continuation de la personne du défunt par l'héritier et par suite l'obligation pour ce dernier de respecter les actes faits par le *de cujus*, ce qui détruit en grande partie les inconvénients de la transmission occulte, et enfin l'espèce de notoriété qui entoure tout décès.

Les motifs invoqués en faveur des successions testamentaires n'ont pas tout-à-fait la même valeur.

On dit que le principe « la mort saisit le vif » s'applique aussi bien aux successeurs testamentaires qu'aux héritiers légitimes . Cela est vrai, mais cette espèce de saisine qu'ils ont, diffère entièrement de la saisine héréditaire, dont elle est loin de produire tous les effets; en ce sens qu'elle ne tient pas son existence directement de la loi, c'est-à-dire qu'elle n'existe pas en principe en dehors d'un acte spécial qui la fait naître, puisqu'elle dépend entièrement de la volonté du testateur; on ne peut pas dire qu'elle est entourée d'une certaine notoriété, elle est au contraire occulte et clandestine; le testament qui la crée est un acte presque toujours entouré du plus grand secret, tandis que la loi qui désigne l'héritier légitime est connu de tous. Un seul motif pouvait être invoqué avec quelque raison, celui de l'intérêt particulier du légataire. En effet, il peut se faire qu'il ignore le legs fait en sa faveur, et tant qu'il ne réclame pas son legs, l'héritier légitime tient en sa possession les biens légués, il en est considéré comme le véritable propriétaire, et le plus souvent c'est lui qui a le testament en main. Or, si on vient à soumettre les legs à la transcription, on est fatalement obligé, pour les soumettre à cette formalité, de fixer un délai à partir de la mort du testateur, après lequel il demeureront caducs

ou du moins sans effet contre les tiers intéressés. Mais alors
qui empêchera l'héritier de disposer des biens, d'attendre
pour faire connaître le testament que le délai soit passé, et
de se jouer de la volonté cependant sacrée du testateur et des
droits du légataire? En se plaçant ainsi au point de vue
du seul intérêt du légataire, on ne peut méconnaître la
force de ce raisonnement. Mais à côté de l'intérêt d'un seul
on peut placer l'intérêt de tous; l'intérêt de la société bien
autrement important, bien autrement digne de l'attention du
législateur; et ici il est sacrifié. Supposons, en effet, un individu ayant un neveu, sans héritiers réservataires, et possédant de vastes immeubles; il décède après avoir fait un testament qu'il laisse entre les mains de son neveu, et par
lequel il a légué l'usufruit seulement de ses biens à ce
dernier, et la nue-propriété à un étranger. Aux yeux de
tous, le neveu est devenu le plein et légitime propriétaire
de tous les biens de son oncle. Il s'empresse d'un côté
de vendre la moitié de ces biens; les acquéreurs font
transcrire, purgent les hypothèques et trouvant la propriété
libre et dégagée de toutes charges, paient leur prix, certains
d'être à l'abri de toute éviction. D'un autre côté, ayant besoin
d'argent, il emprunte et hypothèque l'autre moitié des biens
dépendant de la succession; les capitalistes, séduits par l'apparence d'une aussi sûre garantie donnent largement leurs
écus et prennent hypothèque. Mais voici que cet individu
vient à mourir et que le testament de son oncle est découvert;
le légataire se présente et réclame son legs. Les aliénations
sont annulées, les prêteurs voient leur gage s'évanouir; c'est
une ruine générale. Voilà les conséquences de l'exception
faite par la loi à la formalité de la transcription pour les successions testamentaire, elles sont désastreuses; aussi on peut

se demander s'il ne valait par mieux sacrifier l'intérêt d'un seul pour sauvegarder l'intérêt de tous, à moins qu'on ne puisse les sauvegarder tous deux; ce qui paraît impossible.

II. « Actes translatifs. » De même qu'en disant que les actes entre-vifs devaient être transcrits, la loi a entendu exempter de cette formalité les dévolutions par décès, de même en parlant des actes translatifs, elle a entendu en exempter les actes déclaratifs, tels que les partages et les transactions. — Les motifs qui ont ici déterminé la conduite du législateur sont tout autres que pour les dévolutions par décès ; cependant ils sont aussi vivement critiqués. Il est vrai que contrairement au droit romain qui voyait dans le partage un acte translatif de propriété, notre ancien droit, effrayé des fâcheuses conséquences de ce principe qui obligeait chacun des copartageants à supporter sur sa part de biens toutes les charges qu'il avait plu aux autres d'y établir durant l'indivision, admit que le partage était un acte déclaratif de propriété en vertu du principe de condition que l'analyse des feudistes fit reconnaître au fond de la nature de la communauté. Notre droit actuel a suivi l'ancien droit (art. 883). Mais cette dernière doctrine n'est pas basée sur la réalité des faits ; elle n'est qu'une fiction ; car, selon la théorie romaine, le partage implique par sa véritable nature une double donnée d'une acquisition et d'une aliénation pour chacune des parties; seulement la fiction admise par le Code a le grand avantage d'éviter les funestes conséquences de la doctrine romaine. Toutefois elle demande à être restreinte dans ses applications et non à être poussée jusqu'à ses dernières conséquences, ainsi que l'a fait le législateur qui est arrivé à en tirer des distinctions en dehors de tout bon sens. C'est ainsi que lors de la loi de Brumaire au VII, il déclara qu'il n'y avait aucun intérêt pour les tiers à connaître le résultat d'un partage et ne le soumit pas à la transcription. Lors de l'enquête de M. Martin (du Nord), en 1841, les Cours de Metz, de Montpellier et de Rouen, et la Faculté de droit de Poitiers, en réclamèrent la publicité. MM. Poujeard, avocat à la Cour d'appel de Bordeaux, et Lafferrière l'admirent dans leurs projets de réforme hypothécaire. En 1850, l'assemblée législative l'adopta dans son projet de la loi, et en 1855 le Gouvernement lui-même, le Conseil d'État, et M. Suin, l'auteur de l'exposé des motifs du projet de loi sur la transcription, l'acceptèrent d'un commun accord. Elle fut repoussée par le Corps législatif : 1° parce que le partage étant déclaratif de propriété, aucun droit n'était déplacé, et par suite, il n'y avait aucune mutation à rendre publique ; c'est là une fiction, il est vrai, dit-on ; « mais cette fiction n'en est pas moins la base des règles et des effets du partage, et la changer serait porter le trouble dans les dispositions du Code civil ; » 2° et parce que la transcription des partages ne pourrait offrir d'intérêt qu'à l'égard des créanciers des héritiers et dans le cas seulement où ils auraient pris inscription avant la formalité ; or ils ont, en vertu de l'art. 882 du code civil, la faculté de former opposition au partage, s'il est fait en fraude de leurs droits, et ce droit leur est plus que suffisant pour la sauvegarde de leurs intérêts. — On ne peut méconnaître la justesse de ces considérations au point de vue des actes passés pendant la période de l'indivision. Mais est-ce de ceux là qu'il s'agit ? Pas le moins du monde. Il s'agit tout au contraire, de ceux qui peuvent se passer après le partage consommé. Voici une succession avec deux héritiers, le partage a eu lieu ; personne ne le sait cependant, puisqu'il reste clandestin ; l'un des héritiers fait un emprunt, justifie de sa qualité d'héritier et hypothèque les parts indivises qu'il amendait dans un immeuble que le partage a attribué à son cohéritier; le créancier compte sur le droit que lui accorde l'art. 882 de former opposition au partage. Mais à quoi peut lui servir ce droit, puisque le partage a déjà eu lieu? Il lui a cependant été impossible de le connaître.

Nous ne parlons ici du partage que d'une manière générale. Nous verrons plus loin les nombreuses difficultés qui existent sur la question de savoir dans quels cas il y a partage et dans quels cas il n'y en a pas, c'est-à-dire, dans quels cas des actes ayant pour but de faire cesser l'indivision, doivent être transcrits, et dans quels cas ils ne doivent pas l'être.

Il n'y a pas eu de discussion au sujet des transactions. Une grande controverse existe cependant au sujet de leur nature. Sont-elles translatives ou bien seulement déclaratives? Elles doivent ou non être transcrites suivant qu'on adopte l'une ou l'autre opinion. Nous renvoyons aussi à plus tard l'examen de cette difficulté.

III. « Translatifs de propriété immobilière et droits réels susceptibles d'hypothèque. »

A quoi les premiers termes s'appliquent-ils? Que comprennent-ils? Evidemment le législateur a entendu exclure les meubles; il est à peine besoin de le faire remarquer. Mais il y a diverses propriétés légalement établies sur les immeubles; ne distinguant pas entre elles, la loi paraît s'appliquer à toutes. Ainsi on doit comprendre sous cette expression générale :

1° La propriété ordinaire ou de droit commun, la pleine propriété du dessus et du dessous (552).

2° La propriété superficiaire, celle qui ne comprend que

le dessus, sans le sol ; par ex : les divers étages d'une maison (664), une construction élevée sur le domaine public ; la propriété résultant d'un bail à domaine congéable, c'est-à-dire celle des édifices construits par le preneur sur l'immeuble par lui détenu à ce titre. (Lois du 6 Août 1791, et du 9 Brumaire an VII. Aubry et Rau, 2ᵉ vol., nouv. ed. p. 441, Texte, lettre c. — Merlin, Vᵒ. *Bail à domaine congéable*, *Rep. de juris.* — Valette t. 1. p. 189, *Priv. et Hyp.*)

3ᵒ La propriété acquise sous le sol ou le bâtiment d'autrui (553).

5ᵒ La propriété des mines concédées par le gouvernement; propriété d'une nature particulière, qui se distingue de celle de la surface, lors même qu'elle est concédée au propriétaire de cette dernière (loi du 21 Avril 1810, qui la déclare susceptible d'hypothèque).

6ᵒ Et les actions immobilisées de la Banque de France (décret du 16 Janvier 1808), dont la transcription doit être faite à Paris. Il n'y a plus lieu d'y ajouter les actions des canaux d'Orléans et du Loing, qui étaient également susceptibles d'être immobilisées en vertu d'un décret du 16 Mars 1810, mais qui ont été rachetées tout récemment. Toutes ces actions étaient également susceptibles d'hypothèque.

— Il ne peut y avoir de doutes dans aucun de ces cas, parce que la nature de la propriété y est bien déterminée. Mais il en existe d'autres dans lesquels elle n'apparaît pas aussi distinctement, et où elle a donné lieu à controverse.

1ᵒ Ainsi quand un propriétaire vend soit une récolte de fruits pendante par branches ou par racines, soit une coupe de bois tenant encore au sol, soit enfin le droit d'exploiter une carrière ou une minière ; il est permis d'avoir au premier abord des hésitations sur la nature du droit que ces aliénations font naître, et de se demander si ce droit est réel ou personnel, mobilier ou immobilier, et si par suite ces ventes doivent être transcrites ou non. — Les objets de ces ventes, en effet, sont immeubles en tant qu'on les considère dans leur condition présente, comme adhérents au sol par un lien matériel, et faisant corps avec lui (art. 518, 520). Mais dès qu'on vient à les détacher, ils changent de nature par rapport à la loi et deviennent des meubles (art. 520, 521, 532). Il est difficile de soutenir cependant que le propriétaire a voulu vendre des immeubles; car son intention n'est pas bien certainement de constituer sur son fonds une propriété rivale de la sienne, portant seulement sur les choses, objets de la vente, encore adhérentes au sol et par suite immeubles comme lui, mais de s'engager à procurer à son acheteur la propriété de fruits, d'arbres, de matériaux, de produits, qu'il se propose de mobiliser par la séparation qu'il veut en faire, c'est-à-dire de meubles qui n'existent pas encore et qui n'existeront qu'après ce fait, de meubles futurs; la propriété ne peut par suite en être transférée au moment du contrat par le seul effet du consentement ; elle ne lui sera acquise que plus tard par le fait matériel de la prise de possession ; il n'y a donc dans tous cas entre le vendeur et l'acheteur qu'une convention simplement productive d'obligations et de créances corrélatives, c'est-à-dire d'un droit personnel mobilier, non sujet à transcription.

Le législateur lui-même s'est conformé à cette doctrine dans deux circonstances. Par la loi du 22 frimaire an VII, il a frappé ces ventes des mêmes droits que les ventes mobilières, et dans l'art. 1er de la loi du 5 Juin 1851, il a déclaré que les ventes publiques de cette nature peuvent être faites

10

non-seulement par les notaires, mais encore par les commissaires priseurs, les huissiers et les greffiers de la justice de paix.

Il faut cependant faire une distinction au sujet des carrières. On peut en effet céder le droit de les exploiter partiellement; par ex.: pendant un temps déterminé, ou moyennant une redevance annuelle, ou jusqu'à concurrence d'une quotité déterminée, ou bien on peut pour un prix unique céder le droit de les exploiter jusqu'à leur entier épuisement. Dans le premier cas, il y a aliénation de produits; dans le second, aliénation de la carrière même emportant nécessité de transcription.

2° De même quand un bâtiment est élevé sur un immeuble par une personne autre que le propriétaire, il faut voir si ce dernier y a donné son consentement ou non. S'il ne l'a pas donné; *quod solo inædificatur, solo cedit;* celui qui a fait construire peut céder son droit sans faire transcrire. — S'il l'a donné, il faut sous-distinguer et savoir si le constructeur a acquis ou non une propriété superficiaire susceptible d'hypothèque. Si cette propriété est née, il est utile de faire transcrire l'acte par lequel le constructeur viendrait à céder son droit.

3° Il ne peut y avoir de doute au sujet des immeubles par destination; ils ne sont immeubles que tant qu'ils restent attachés au sol, de même que les récoltes pendantes, les arbres de coupe, et les maisons à démolir; si le lien d'attache, soit réel, soit fictif vient à se briser par une vente ou un autre fait quelconque, ils deviennent meubles, et nous nous trouvons avec une propriété réelle mobilière qui ne rentre pas dans notre formule.

4° Une vente faite sous condition suspensive, doit être

transcrite, comme nous le verrons plus tard ; car l'acheteur, si la condition vient à s'accomplir, sera considéré comme propriétaire depuis le moment du contrat, et en attendant, il a le droit de constituer sur l'immeuble des droits réels soumis à la même condition suspensive que son droit de propriété. Cela ne fait point de doute.

Mais si cet acheteur vient à céder son droit conditionnel, cette cession devra-t-elle être transcrite ? Evidemment, dit Mourlon (*Trans.* t. I, n. 15.), parce que le cessionnaire est mis aux lieu et place de l'acheteur, qu'il a comme lui la propriété suspensive, et qu'il peut hypothéquer l'immeuble. Cette solution est repoussée à tort par MM. Rivière et Huguet, qui s'appuient sur cet argument, vrai en lui-même, mais sans portée ici, que l'acheteur peut bien hypothéquer l'immeuble lui-même, mais non le droit conditionnel qui lui a été cédé.

5° Les immeubles par l'objet auquel ils s'appliquent donnent encore lieu à de grandes difficultés et notamment les actions qui tendent à revendiquer un immeuble.

Les cessions de ces actions doivent elles être transmises ? Il est des auteurs qui ne distinguent pas entre ces diverses actions, l'action en revendication, l'action en nullité ou en rescision, l'action en résolution pour défaut de paiement du prix et d'accomplissement des charges, l'action en réméré, et qui soumettent tous les actes de cessions que l'on peut en faire à la formalité de la transcription, parce que, disent-ils, on ne peut concevoir des actions indépendamment des droits qu'elles ont pour objet de faire reconnaître ; ils ne sont au fond qu'une seule et même chose et n'existent que l'un par l'autre, en sorte que celui qui possède une action pour recouvrer un immeuble est censé avoir cette chose même : is, *qui actionem habet ad rem recuperandam, ipsam rem habere videtur.*

D'autres font des distinctions et soumettent la cession de telle action à la transcription, tandis qu'ils en dispensent celle de telle autre. Ainsi, MM. Aubry et Rau (t. 2, p. 303, note), ne voyant dans l'action en résolution de la vente d'un immeuble qu'un *jus ad rem,* parce que le vendeur s'est complètement dépouillé de son droit de propriété et est simplement resté créancier du prix ou des charges, *jus ad rem* susceptible, il est vrai, de se transformer en *jus in re* par la résolution prononcée en justice, décident avec juste raison que la cession de cette action ne doit pas être transcrite.

De même, MM. Aubry et Rau (*loco citato*) dispensent de la transcription, la cession d'une action en réméré, parce qu'ils ne voient encore dans la réserve de cette faculté qu'un simple *jus ad rem,* et qu'ils considèrent le vendeur comme dépouillé de tout droit de propriété et lui refusent, par suite, le droit d'hypothéquer l'immeuble. Ils citent à l'appui de leur opinion un arrêt de la Cour de cassation du 21 déc. (*Req. rej.,* Dev., 8, 1, 243.) Malgré toute l'autorité de ces auteurs, nous croyons que le vendeur n'a transféré qu'une propriété révocable, que le pacte de réméré n'est qu'une condition résolutoire d'une nature toute particulière, qui donne au vendeur le droit d'hypothéquer encore l'immeuble, même de l'aliéner, bien entendu, sous la condition de l'exercice de réméré, et que, par suite, la cession de cette action doit être transcrite. Les auteurs que nous combattons avouent eux-mêmes que si le cessionnaire vient à exercer le réméré, il s'opérera à son profit une véritable mutation de propriété, et ils sont obligés d'admettre que cette mutation doit rester secrète, fâcheux inconvénient qui est évité par l'opinion que nous adoptons [1].

Après avoir parlé des actes translatifs de propriété immobilière, la loi parle des actes translatifs de droits réels susceptibles d'hypothèque, qui ne rentrent pas dans notre sujet. Nous dirons cependant que, d'après le texte du Code (art. 2118), il n'existe, en outre du droit de propriété, qu'un seul droit réel qui soit susceptible d'hypothèque, et c'est l'usufruit. On discute vivement sur le point de savoir si l'emphytéose est encore un droit réel comme dans l'ancien droit et s'il doit y être ajouté.

IV. — « Tout acte portant renonciation à ces mêmes droits. »

Il ne suffit pas aux tiers de connaître la mutation des droits tant de propriété que des autres, susceptibles d'hypothèque. Leur sécurité serait loin d'être complète et ils seraient exposés à des erreurs inévitables et fatales, si, obligés de s'en rapporter aux actes que la publicité leur fait connaître, ils avaient à redouter l'existence d'autres actes restés clandestins, qui, détruisant l'effet des premiers, rendent inexistants les droits par eux établis. Il était indispensable de leur faire également connaître les actes de renonciation. On serait étrangement abusé si l'on supposait que *tous* les actes de renonciation doivent être transcrits, comme les termes de l'al. 2. de l'art. 1er paraissent le dire. Il faut diviser, en effet, ces actes en deux espèces : ceux qui sont translatifs, qui opèrent le déplacement d'un droit définitive-

---

[1] Douai, 22 juillet 1820, Dev. 6. 2. 293; Merlin, v⁰ *Hyp.* sect. 2, § 3 art. 3, n. 5; Persil, *Reg. hyp.* t. 1, p. 276, n. 9 et suiv; Troplong, *Priv. et Hyp*, n. 469; *Vente,* n. 740; *Transcr.,* n. 59 et 60; Mourlon, 1, 16 et 17; Valette, *Priv. et Hyp.*, t. 1, p. 202 et 230.

ment acquis, par lesquels on se dépouille réellement d'un droit en faveur de quelqu'un, et ceux par lesquels on renonce à un droit qui était dévolu, mais non encore accepté ; en d'autres termes, ceux par lesquels on refuse d'acquérir un droit.

Cette formule de distinction est assez simple et assez compréhensible par elle-même. Cependant elle a donné lieu dans l'application à de grandes difficultés et à de nombreuses controverses, dont nous dirons quelques mots plus bas.

§ II.

Après cet examen des termes de la formule générale de la transcription et des conditions fondamentales qu'elle requiert pour qu'un acte doive être transcrit, il nous reste à rechercher quels sont les actes, véritablement translatifs de propriété, qui rentrent dans cette formule, en remplissant les conditions et doivent, par suite, être soumis à la formalité de la transcription pour produire tous leurs effets.

Il nous faut passer en revue :

1° La vente et ses modalités ;

2° L'échange ;

3° La *datio in solutum* ;

4° La cession de biens ;

5° Le contrat de société ;

6° Le contrat de mariage ;

7° Le remploi ;

8° Les retraits ;

9° Le partage ;

10° Les transactions ;

11° Les ventes administratives ,

12° Les renonciations.

I. -- VENTE

De tous les actes de mutation à titre onéreux, la vente est le plus facile, le plus simple, le plus ordinaire ; il est de tous les jours et de tous les instants. C'est l'acte type des mutations et des sociétés un peu civilisées. Il remplace en cela l'échange qui est l'acte primitif et originaire des mutations et que l'on trouve partout au berceau de toutes les nations. — Aussi nous allons nous y étendre assez longuement parce qu'elle nous servira à exposer des principes qui s'appliquent à tous les autres actes translatifs comme elle.

Il est inutile de parler de la vente simple, c'est-à-dire de la vente d'un objet certain et déterminé, moyennant un prix fixé et payé comptant, et sans conditions de part ni d'autre, faite entre deux personnes ayant leur pleine et entière jouissance de tous leurs droits civils et agissant par elles-mêmes, sans mandataires ou représentants. — Entre les parties elles-mêmes, le consentement seul suffit pour transférer la propriété (1583) ; tout est donc fini entre elles, le vendeur seul reste obligé envers l'acquéreur par suite de la garantie qu'il lui doit et ce dernier n'a qu'à faire transcrire son acte pour se trouver définitivement propriétaire à l'égard des tiers.

— Une difficulté pourrait cependant se présenter. Pour qu'une vente soit valable, il n'est pas nécessaire qu'elle soit constatée par écrit ; l'accord, le consentement suffisent. Comment alors opérer la transcription ? Il faut avouer que ce cas est à peu près hypothétique, et qu'il n'est guère probable qu'on le rencontrera jamais dans la pratique.—Si par hasard il venait à avoir lieu, il serait croyons-nous, indispensable d'obtenir un jugement qui constaterait cette vente verbale, qu'on ferait transcrire. Tout autre théorie paraît devoir se heurter à de grands obstacles et devenir difficilement praticable.

La difficulté n'est pas aussi grande pour les ventes par correspondance. Si l'acheteur a en main des pièces suffisantes pour en constater régulièrement l'existence et les conditions, il n'a pas besoin d'obtenir de jugement et peut se contenter de faire transcrire ces pièces.

— Les ventes sont susceptibles d'un grand nombre de modalités qui en modifient les effets, qui parfois retardent le moment de la mutation de la propriété, et d'autres fois la rendent indécise et incertaine en la soumettant à une condition soit suspensive, soit résolutoire.

Les hypothèses sont ici bien nombreuses :

1° Et d'abord, une vente peut avoir lieu sous une condition suspensive, c'est-à-dire que la propriété est transmise par le seul consentement et au moment même du contrat, mais que cet effet reste pendant quelques temps à l'état latent, jusqu'à ce qu'un nouveau fait se produise qui le met au jour et le réalise. Quoique la propriété ne passe pas immédiatement à l'acquéreur, un certain droit lui est cependant acquis, droit qu'il peut défendre par des actes conservatoires (1180) et transmettre à ses héritiers et successeurs (1179), dont il peut disposer, qu'il peut céder, et qui lui permet d'hypothéquer l'immeuble, bien entendu sous la même condition suspensive. Le vendeur de son côté n'a plus sur l'immeuble le même droit qu'avant la vente, quoiqu'il lui appartienne encore, et qu'il puisse, lui aussi, l'hypothéquer et même le vendre à une autre personne, parce que l'hypothèque qu'il constitue, et l'aliénation qu'il en fait, sont exposées à être nulles et non-avenues, si la condition s'accomplit. Nous trouvons ainsi deux droits de propriété en lutte, celui du vendeur et celui de l'acquéreur, et il est difficile de dire pendant quelques temps quel est celui qui doit l'emporter. Il faut attendre et voir si la condition s'accomplit ou si elle ne s'accomplit pas. Si elle s'accomplit, l'acquéreur aura été propriétaire dès le jour de la vente et par suite les hypothèques ou les autres droits qu'il a constitués depuis ce jour sur l'immeuble seront consolidés, tandis que ceux concédés par le vendeur seront annulés. Si, au contraire, elle ne s'accomplit pas, la propriété est toujours restée au vendeur, et n'a pas cessé un seul instant de lui appartenir; tous ses ayant-droits sont rassurés, et l'acheteur n'a jamais eu aucun droit sur l'immeuble et n'a jamais pu en concéder un seul.

On voit l'intérêt capital qu'il y a pour les tiers à connaître cette condition et la nécessité évidente de transcrire les ventes conditionnelles. La transcription deviendra inutile, il est vrai, si la condition ne s'accomplit pas; mais les tiers ne seront pas exposés à être lésés. D'ailleurs, l'acheteur lui-même a grand intérêt à faire transcrire et au plus vite son contrat. Attendu que c'est cette formalité qui le rend propriétaire à l'égard de tous, la condition ne peut plus avoir pour ces derniers l'effet de faire remonter son droit au moment même du contrat, mais bien au moment de la transcription.

Supposons que la vente conditionnelle a été transcrite; les tiers savent que Pierre a vendu à Paul telle maison, mais sous cette condition, si tel événement arrive dans deux ans. Ce délai passé, comment sauront-ils que la condition s'est

ou ne s'est pas accomplie, que c'est Pierre qui est resté
propriétaire, ou que c'est Paul qui l'est devenu? Ce fait
devrait être porté à la connaissance des tiers, de même que
le contrat de vente. La loi est restée complètement muette
sur ce point, et son silence s'explique par la difficulté qu'il y
a de trouver un moyen simple et commode pour arriver à
ce résultat. D'ailleurs, son intention, en établissant le
régime de la transcription n'a pas été de faire un régime
de publicité parfait, et d'établir un état civil complet de la
transcription, elle a été plutôt de mettre les tiers à même de
ne pas se laisser tromper, et à l'aide de leurs informations
particulières, avec un peu de prudence et de vigilance, de
trouver la sécurité dans leurs relations d'affaires, et de pouvoir éviter la fraude et la mauvaise foi. Ainsi la transcription
ne sert qu'à leur indiquer la voie des recherches, à leur
faire connaître les actes, et à les mettre à même de bien
vérifier les droits de ceux avec qui ils traitent. « Le but de la
transcription est qu'aucun acte ne puisse être opposé aux
tiers s'ils n'ont pu le connaître » a dit M. de Belleyme dans
son rapport, elle ne sert pas à prouver que les actes inscrits
sur le registre du conservateur sont valables, et ne sont soumis à aucune action en nullité ou en rescision ; elle n'apprend
rien de l'état des parties contractantes, de leur capacité, si elles
sont majeures ou mineures. Elle laisse donc aux tiers le soin
de bien vérifier par eux-mêmes tous les actes et tous les faits.
On a beaucoup critiqué ce système; et cependant il ne mérite peut-être pas autant de reproches qu'on se plaît à lui
faire.

Cette modalité de la condition suspensive pour la vente
peut affecter différentes formes et entr'autres la suivante :
Pour que la vente soit parfaite et produise tous ses effets

au moment du contrat, il faut que le prix, qui en constitue l'élément principal, soit déterminé et désigné par les parties (1591). Mais il arrive souvent que, ne pouvant s'entendre, les parties désignent un tiers, à l'arbitrage duquel elles se rapportent, s'engageant à s'en tenir à sa décision (1592). La loi ajoute que si ce tiers vient à ne pas vouloir faire l'estimation, il n'y a point de vente. La vente, ainsi faite, n'est donc pas pure et simple, puisqu'elle dépend de la volonté du tiers-arbitre, et qu'elle est ainsi subordonnée à un événement futur et incertain, c'est-à-dire à une condition suspensive, et comme toutes les ventes affectées de cette condition, elle est susceptible de produire ses effets du jour même de la passation de l'acte, pourvu que l'événement prévu vienne à s'accomplir. Par suite, elle a besoin d'être transcrite, pour que la rétroactivité de ses effets ait lieu, non-seulement entre les parties contractantes, mais également à l'égard des tiers. Il peut arriver dans ces ventes que les parties ne désignent pas le tiers-arbitre au moment de l'acte, mais s'engagent à le choisir plus tard. Troplong (*Traité de la vente*, n. 157), argumentant de l'autorité du droit romain, décide que ce contrat n'emporte pas vente, et que c'est l'acte par lequel on fait le choix qui produit cet effet. On peut opposer à l'autorité du droit romain, celle de notre ancien droit et notamment de Pothier qui ne suivait pas la même doctrine (*Traité de la vente*, n. 25), et on peut ajouter qu'une obligation civile est née, et que cette obligation peut être sanctionnée par le recours à la justice, qui désignera le tiers-arbitre, si l'une des parties refuse de donner son avis. Il faut en ce cas, contrairement à l'opinion de Troplong, faire transcrire l'acte de vente et non celui par lequel on détermine le choix du tiers-arbitre.

Il est des auteurs qui voient encore un élément de condition suspensive dans la vente alternative, qui se décomposerait en deux ventes conditionnelles (art. 1189 et 1196 C. c.). Cette analyse paraît très-logique et s'explique très-facilement. Soient, en effet, deux maisons A et B; l'une d'elle est vendue au choix du débiteur; le droit de l'acquéreur porte sur l'une et l'autre tant que le choix n'est pas intervenu; il sera propriétaire de la maison A, si le choix porte sur la maison A, et de la maison B, s'il porte sur la maison B; mais tant que le choix n'a pas eu lieu, son droit repose indistinctement et d'une manière douteuse sur l'une et l'autre maison, il ne deviendra fixe et précis que par suite de cet événement futur et incertain, incertain si l'on considère chacune des maisons à part. Ce sont bien là les effets de la condition suspensive (Mourlon, *Trans.* 1, p. 83). D'autres auteurs ne veulent pas cependant l'y reconnaître (Aubry et Rau, nouv. éd., 2, p. 287, not.). Leur opinion est « que la vente alternative confère à l'acquéreur un droit actuel sur les deux choses comprises *in obligatione*, droit qui s'évanouira cependant, quant à l'une d'elles, par le choix de l'autre ». Il est vrai que, quelle que soit l'opinion qu'on se forme sur la nature et les effets des ventes alternatives, il est généralement reconnu qu'elles doivent être transcrites.

2° Dans tous ces cas, la propriété reste sur la tête du vendeur, même après le contrat, et attend pour passer sur la tête de l'acheteur la réalisation d'un événement déterminé qui, une fois accompli, la fait considérer comme ayant appartenu à ce dernier à partir du moment du contrat. (Art. 1179, C. c.)

Dans des cas tout opposés, elle passe sur la tête de l'ac-

quéreur au moment même du contrat et d'une manière
définitive, mais en restant exposée encore à un événement
futur et incertain qui peut la faire revenir sur la tête du
vendeur. L'intérêt des tiers exige pour ces espèces de ventes
que la transcription ait lieu immédiatement, plus impérieu-
sement qu'il ne l'exige pour les ventes sous condition suspensive; car il y a, dès à présent, transmission de propriété.

La forme la plus ordinaire de la condition résolutoire dans
les ventes porte le nom de pacte de retrait, ou autrement
pacte de rachat ou de réméré. Le pacte de retrait est une
clause par laquelle le vendeur se réserve, lors du contrat,
la faculté de reprendre sa chose, moyennant la restitution
du prix et le paiement des indemnités mentionnées à l'art.
1673 (art. 1659); elle ne peut être stipulée que pour cinq
ans (1660). Nous avons déjà exposé la controverse qui
existe sur la nature et les effets du pacte de retrait, et nous
nous sommes ralliés à l'opinion de Mourlon qui y voit une
véritable condition résolutoire, et en conclut que la résolution de la vente, résultant de l'exercice du retrait, fait rentrer l'immeuble vendu dans les mains du vendeur, franc et
libre de toutes les servitudes ou hypothèques dont il peut se
trouver grevé du chef de l'acheteur, et consolide les droits
que le vendeur a pu constituer sur l'immeuble soumis à son
action dans l'intervalle entre la vente et l'exercice de cette
action. La vente avec réserve de retrait doit être évidemment
transcrite; nous avons déjà dit que la cession de cette réserve
a par le vendeur devait l'être également.

Le retrait doit-il l'être? Doit-il être au moins mentionné
en marge de la transcription de l'acte de vente? Il serait
très-utile aux tiers que cela eût lieu; mais la loi n'en a pas

ainsi ordonné, elle se contente de prévenir les tiers que le droit de l'acheteur n'est pas tout à fait fixé et assuré, et qu'il peut être résolu, et les avertit de prendre garde et de s'informer s'il ne l'est pas déjà. — Il en est ainsi pour le retrait exercé à l'amiable. — Mais si le retrayant est obligé de recourir à la justice pour l'obtenir, et de faire porter en sa faveur un jugement qui tienne le retrait pour accompli, la loi ordonne la mention de ce jugement en marge de la transcription de l'acte (art. 4). On peut lui reprocher d'avoir voulu en ce cas appliquer trop rigoureusement sa théorie sur la condition au point de vue de la transcription; elle eut évité une imperfection à son système de publicité, en ordonnant également la mention du retrait amiable.

3° Nous n'avons considéré jusqu'à l'heure que des cas dans lesquels la volonté des parties est formelle, et exprimée d'une manière claire et précise par des actes, dont la nature est positive et dont certains effets juridiques seuls peuvent laisser place à la discussion. Mais il en est d'autres d'où la volonté des parties est loin de résulter manifestement ; ainsi dans les promesses de ventes, quand les parties, au lieu de dire, l'une, qu'elle vend, et l'autre qu'elle achète, disent : « Je promets de vendre, je promets d'acheter, » y a-t-il là une vraie vente ? N'est-ce pas plutôt un contrat innomé, une convention simplement productive d'obligations, au lieu d'être par elle-même translative de propriété ? Le législateur a formulé sa pensée sur cette question dans l'art. 1589 du code civil, ainsi conçu « La promesse de vente vaut vente, lorsqu'il y a consentement réciproque des deux parties sur la chose et sur le prix » L'interprétation la plus simple de cet article est de voir dans la promesse de vente synallagmatique un véritable contrat de vente, elle en offre tous les

éléments ; *res. pretium, consensus,* pourquoi ne pas lui en
faire produire les effets ? Elle fera donc immédiatement passer à l'acceptant la propriété et les risques de la chose, alors
même qu'elle serait faite avec indication d'un délai pour sa
réalisation ; et elle doit évidemment être transcrite.

Il n'en était pas de même dans notre ancien droit où l'on
ne donnait pas à la promesse de vente la valeur d'un contrat
de vente, mais seulement celle d'une obligation de passer
ce contrat, à une époque ultérieure (jurisprudence des parlements et notamment de celui de Paris). On se conformait
en cela à la nature de la vente elle-même à cette époque.
Car suivant les principes du droit romain, on n'admettait
pas que la vente eut pour effet direct et immédiat d'opérer
par elle-même et instantanément le transfert de la propriété ; elle ne produisait que des obligations civiles, pour le
vendeur, de rendre l'acheteur propriétaire, et pour celui-ci
une fois en possession de la chose, de payer le prix. Il fallait pour que la propriété fût transférée, en outre du contrat,
la tradition de l'objet vendu. On disait cependant de même
qu'aujourd'hui, que la promesse de vente valait vente, et par
là on voulait dire que cette promesse donnait à celle des
parties qui tenait à la passation du contrat la faculté de l'obtenir en s'adressant à la justice, qui sur sa demande, consentait pour la partie récalcitrante.

On a voulu transporter cette interprétation dans notre
droit ; on a prétendu qu'en employant les mêmes termes, le
législateur de 1804 avait entendu exprimer les mêmes idées.
La vente, dit-on, n'existe pas encore ; elle a besoin d'être
réalisée par une seconde convention ; c'est à faire cette
seconde convention que les parties ont eu l'intention de
s'engager. Et si l'une d'elles s'y refuse à l'amiable, l'autre

sera obligée de recourir à la justice qui, par un jugement, la tiendra pour conclue. (Toullier, IX, 92 ; Troplong, I, 125 et suiv. *Com. de la loi de 1855*, n° 52 ; Marcadé, art. 1589,

Au premier abord, cette doctrine peut paraître logique et vraie ; elle ne doit cependant pas être acceptée.

La législation de 1804, en effet, a complètement boule-versé l'ancienne théorie de la vente. Ainsi, aujourd'hui, le contrat opère par lui-même la mutation de la propriété ; il ne faut pas de tradition. On ne peut donc pas dire qu'en employant ces termes de l'ancien droit : « La promesse de vente vaut vente, » le législateur a entendu exprimer la même idée. Dans tous les cas, s'il l'avait voulu, il s'y serait pris d'une manière bien étrange. Si son intention avait été de faire créer à la promesse de vente synallagmatique une simple obligation civile, il se serait bien gardé de dire que cette promesse valait vente, c'est-à-dire équivalait à un contrat de vente, puisque l'effet de ce contrat n'est pas de produire une obligation de transférer ultérieurement la pro-priété, mais de la transférer par lui-même. (Duranton, XVI, 51. — Merlin, *Rép. de juris.*, v° *promesse, vente, acte notarié, contrat judiciaire.* — Mourlon, *Trans.* n° 38. — Aubry et Rau, dern. éd., t. 4, p. 232, texte et note 7.)

Si la promesse de vente est faite avec des arrhes, l'arti-cle 1590 permet à chacun des contractants de s'en dépar-tir. Là, il y a véritablement promesse, non vente réelle. La transcription est donc inutile en ce cas.

Cette interprétation ne concerne que les promesses synal-lagmatiques. Que faut-il penser des promesses unilatérales ? La loi n'en a pas parlé. Il y a lieu de se demander l'effet qu'elles produisent, et si le principe de l'article 1589 doit leur être appliqué. La validité de ces promesses a pu d'abord être contestée par la Cour de cassation elle-même, qui n'y voyait qu'un simple pourparler sans aucun engagement (Sirey, 19, 2, 10). Il y a de la différence, cependant, entre une simple proposition et un engagement. Une proposition peut se retirer au gré de celui qui l'a faite : l'engagement valable ne le peut pas.

Il faut distinguer entre la promesse de vendre et la promesse d'acheter. Cette dernière ne peut évidemment constituer qu'une simple obligation au profit du propriétaire, sans que celui-ci se soit en rien engagé, sans que son droit de propriété soit le moins du monde atténué.

Elle reste donc en dehors du domaine de la transcription. La promesse de vendre, au contraire, affecte le droit du propriétaire, le restreint, et ne le laisse plus libre en toute justice de disposer de son bien en faveur de qui il lui plaît. Il reste propriétaire, il est vrai, mais il s'est engagé à n'user de son droit de disposer qu'à l'égard de telle personne. Mais est-ce là une véritable vente? Non, on n'y trouve point l'élément fondamental de tout contrat, le consentement des parties, le concours des volontés corrélatives de vendre et d'acheter : la volonté de vendre seule existe. Il ne peut donc y avoir de vente. Mais du moins une obligation est née contre le promettant, qui s'expose à payer des dommages et intérêts, si plus tard il ne peut la remplir. Des auteurs vont jusqu'à soutenir qu'il y a vente : « Il y a une vente offerte et acceptée, une vente actuelle, dit Mourlon (*Trans.*, I, p. 94), puisque le concours des volontés qui la constitue existe dès à présent, mais conditionnelle, puisqu'elle est subordonnée, quant à sa perfection, à la volonté éventuelle de l'acheteur. » Il y a concours de volontés; cependant, l'une des volontés n'existe pas encore. Évidem-

11

ment, cela n'est pas soutenable. (Voir cependant Duranton, qui est de l'avis de Mourlon, vol. XVI, p. 53. — *Contrà*, Troplong, *Trans.*, n° 42. — Aubry et Rau, dern. éd., 2ᵉ vol., p. 287, texte et note 4.) La promesse unilatérale de vendre ne doit pas plus être transcrite que la promesse unilatérale d'acheter.

4° Dans tous les cas examinés jusqu'ici, nous avons supposé que les parties contractantes intervenaient elles-mêmes directement au contrat. Mais il arrive souvent que les deux, ou l'une d'elles seulement, sont représentées par des personnes étrangères.

1° Supposons d'abord que le tiers qui intervient à l'acte pour l'une des parties est muni d'un mandat.

Pas de difficulté si le mandat est général, c'est-à-dire s'il permet à celui qui en est muni, de gérer et administrer les biens du mandant, de vendre et acheter en son nom, de toucher et payer les prix, ou bien s'il est spécial pour vendre ou acheter tel immeuble au prix et aux conditions qu'il plaira au mandataire. Il en est de même s'il est non-seulement spécial à tel immeuble, mais encore limitatif soit pour le prix, soit pour les conditions, pourvu que le mandataire s'y conforme. En tous ces cas le contrat a lieu, comme si la partie intéressée assistait elle-même à l'acte, et doit être transcrit. — Dans la pratique on fait toujours transcrire, en même temps que l'acte, le mandat afin que les tiers n'aient pas d'inquiétude sur la validité de l'acte ; la loi ne l'exige pas cependant, parce que la transcription n'a pas pour but de prouver que l'acte est valable. Merlin nous apprend (*Question de droit*, V. *Transcription*, § 3.) qu'il en était de même sous la loi de Brumaire an VII.

La difficulté surgit quand le mandataire, ayant un mandat

restreint et spécial avec des prix et des conditions déterminés, n'y reste pas fidèle; quand, par ex. : chargé d'acheter un immeuble, et limité à 10,000 francs, il achète pour
15,000, ou bien chargé de vendre et limité au minimum de
15,000 il vend pour 10,000. Le contrat n'est en ces cas
valable que si le mandant consent à le ratifier, et encore
dans le dernier cas, il ne produit d'effet qu'à partir de la
ratification dont l'acte doit-être en conséquence transcrit avec
le contrat. Pour le premier cas, la ratification rétroagit au
moment du contrat, et n'a pas besoin d'être transcrite, étant
une espèce de condition suspensive.

Rien n'empêche que le mandataire ne tienne son mandat
secret et n'acquière en son nom personnel. Il n'y a là qu'une
vente ordinaire dont les effets légaux se réalisent activement
et passivement en sa personne. C'est lui qui devient propriétaire, qui doit le prix. Mais à peine le droit de propriété
s'est-il arrêté un seul instant de raison sur sa tête, que
l'obligation qu'il a contractée en acceptant le mandat s'en
empare immédiatement pour le transporter sur la tête du
mandant; pas assez vite toutefois pour l'empêcher de se gre-
ver irrévocablement des hypothèques légales, inscrites au
nom, et des hypothèques judiciaires qui pesaient en ce moment sur le mandataire et que le mandant devra respecter.
Il y a là deux mutations qui se produisent presque instantanément, du vendeur au mandataire, et du mandataire au
mandant. Ce mécanisme est très-simple, si on ne considère
que les parties intéressées. Mais il faut que les tiers aient
connaissance de ces événements ; il faut qu'ils sachent quel
est désormais le véritable propriétaire. Or, comme il y a
deux mutations, il doit y avoir deux transcriptions : la première s'opère facilement en faisant transcrire le contrat ;

pour la seconde, il faut faire transcrire un acte déclaratif des droits du mandant, acte résultant du mandat lui-même, s'il est écrit, ou d'une reconnaissance formelle émanant du mandataire, ou bien s'il refuse toute participation, d'un jugement qui constatera l'existence du mandat.

Le mandataire peut encore acquérir en faisant connaître son mandat au vendeur, mais cependant sans lui désigner le nom du mandant. L'effet du mandat se produit quand même en ce cas, si le vendeur consent à vendre à un inconnu, qui devient propriétaire instantanément par l'effet direct et immédiat du contrat, sans que la propriété se soit arrêtée un seul instant de raison sur la tête du mandataire ; et si le contrat est transcrit, le mandant devient propriétaire à l'égard des tiers aussi bien que si son nom était indiqué à l'acte. Il y a là un défaut de la loi ; car s'il importe aux tiers de savoir que tel propriétaire a vendu son immeuble, il leur importe tout autant de savoir à qui il l'a vendu pour pouvoir se mettre en relation d'affaires en toute sécurité avec l'acquéreur.

2° Il peut ensuite arriver qu'un tiers intervienne pour une autre personne de laquelle il n'a reçu aucun mandat, et au nom de laquelle il agit cependant en se portant fort.

Supposons en premier lieu qu'il agit pour le compte du vendeur, c'est-à-dire qu'il vend un immeuble en son nom. Le plus souvent il se contentera simplement de promettre le consentement du vendeur, *se effecturum ut Titius daret ;* on ne peut pas dire en ce cas qu'il y ait vente ; ce tiers n'entend en rien obliger celui au nom de qui il parle ; il entend s'obliger seulement lui-même. Il est possible cependant qu'il agisse dans l'intérêt du propriétaire, et en qualité de gérant d'affaires. Il faut alors appliquer les règles de ce quasi-contrat et rechercher si l'affaire a été utilement gérée

ou non. Si elle l'a été, le propriétaire se trouve obligé, (art.
1375, C. c.), la vente est valable, et doit être transcrite au
plus tôt, avant la ratification, dont l'effet rétroagit au moment
du contrat. Si au contraire elle ne l'a pas été, la vente ne
peut avoir lieu qu'au moment même de la ratification, qui
doit être prise pour point de départ de la mutation de la
propriété et des obligations des parties, et dont la transcription peut seule produire de l'effet à l'égard des tiers. Mourlon, *Trans.* I, 32. — Aubry et Rau, 2° vol., p. 288, texte
et note 6. — Troplong, *Trans.*, n. 55, 128 et 120. —
Quoiqu'il reconnaisse que la vente ne produise d'effets qu'à
partir de la ratification, ce dernier auteur décide que la
vente doit être transcrite immédiatement et avant que la
ratification n'ait été donnée.

Supposons en second lieu que le tiers agit sans mandat
pour le compte de l'acheteur. Il faut absolument l'acceptation de ce dernier pour que le contrat existe. On ne peut
pas en effet invoquer ici le quasi-contrat de gestion d'affaires, et prouver que l'acheteur a intérêt à acquérir, s'il ne lui
plaît pas de le faire; car la gestion d'affaires n'a de valeur
juridique que quand elle empêche quelqu'un d'éprouver une
perte, un dommage, non quand elle a pour but de lui faire
acquérir un avantage, un bénéfice, alors que nul danger ne
le menace dans son bien. Si l'acquéreur vient à ratifier le
contrat, l'effet de cette ratification rétroagira, disent les uns,
jusqu'au jour de la vente. De la part du vendeur, en effet,
il y a eu vente conditionnelle; il a donné son consentement
sous cette condition suspensive que le tiers intéressé don-
nerait le sien; et ce consentement s'est trouvé en concours
avec la volonté du tiers intervenant qui représentait la volonté de la partie intéressée, et on conclut qu'il suffit de

faire transcrire son contrat, sans se préoccuper de l'acte de ratification, qui est ici l'événement de la condition, son accomplissement, que la transcription n'a pas pour but de faire connaître aux tiers. — Elle ne produira d'effet, disent les autres, qu'à partir de sa date. Car pour qu'un contrat ait lieu, il faut le concours de deux volontés clairement manifestées. Le vendeur a donné son consentement, il est vrai, mais l'acheteur n'a pas donné le sien; il n'y a donc pas concours, et par suite pas de contrat. L'intervention d'un tiers sans mandat ne peut avoir la valeur d'une volonté manifestée; elle n'a qu'un avantage, celle de prendre acte de la volonté du vendeur, de le soumettre à l'obligation de s'exécuter, si l'autre partie y trouve son intérêt; et nous répéterons qu'il est impossible de prétendre qu'il y a là une condition et que cette condition est la manifestation de la volonté de l'acquéreur, alors que cette volonté, au lieu d'être une modalité, comme toute condition, est un élément indispensable du contrat. Avec ces derniers, nous admettrons donc que le contrat n'existe dans ce cas que par la ratification, et que c'est la transcription de ce dernier acte qui opère la mutation de la propriété à l'égard des tiers. MM. Aubry et Rau, 2. vol., p. 288, note 5, voient dans cette vente un *contractus clandicans*, qui ne sera parfait que par la ratification, mais qui n'en a pas moins pour résultat de dépouiller le vendeur de sa faculté de disposer au préjudice de l'acquéreur, et ils en concluent que l'acte de vente doit être immédiatement transcrit pour mettre ce dernier à l'abri de tous dangers à l'égard même des tiers.

5° A toutes ces hypothèses, nous en ajouterons une dernière, qui offre un caractère tout particulier, celle du command. On entend par là le droit que se réserve parfois l'acquéreur de désigner, dans un certain délai, une personne inconnue du vendeur, lors de la vente, et tout à fait incertaine, qui prendra le marché pour elle. Le vendeur est définitivement dépouillé de son droit de propriété; cependant, l'acheteur ne l'a pas irrévocablement acquis, car si l'élection est faite, si le command est déclaré, ce droit passe tout entier dans la personne élue, sans qu'il en reste aucune trace sur la tête de l'acheteur direct, sans qu'il se soit chargé de ses hypothèques légales et judiciaires, comme il arrive pour le mandataire qui achète *proprio nomine ;* on peut dire que l'acheteur direct a servi simplement de véhicule. — Voilà l'effet de la déclaration de command quand elle est faite conformément aux règles qui la régissent. Mais si l'élection n'a pas lieu dans le délai voulu, ou bien s'il ne plaît pas à l'acquéreur d'user de la faculté qu'il s'est réservée, c'est lui qui devient irrévocablement propriétaire.

L'acte de vente, contenant une réserve de command, doit être transcrit, et cette transcription met les tiers à même de constater que l'acheteur n'est pas propriétaire irrévocable. La déclaration de command doit-elle l'être aussi? Les tiers sont évidemment intéressés à la connaître pour savoir le nom du véritable acquéreur et ne pas être trompés par celui qui apparaît dans l'acte de vente. Il est vrai qu'ils ont une sauvegarde dans ce fait que tant que la déclaration n'est pas faite, l'acheteur a le droit de renoncer à sa faculté, et qu'en disposant de l'immeuble ou en l'hypothéquant, il y renonce. Mais cette sauvegarde est bien peu de chose si l'on songe qu'il leur est impossible de savoir si la déclaration a été faite ou non quand ils contractent avec l'acheteur. L'intérêt public exige donc que la déclaration de command soit transcrite. L'acceptation de la déclaration ne doit pas l'être (Aubry et Rau , 2ᵉ vol., p. 288, texte et notes 6, 7 et 8).

Nous décidons de même que les ventes ou cessions de droits successifs doivent-être transcrites, à moins qu'on ne cède spécialement les droits successifs mobiliers seuls. — On a bien prétendu que ces actes ne pouvaient rentrer dans la formule générale de la transcription parce qu'ils n'ont pas pour but immédiat de transférer une propriété immobilière ou des droits réels susceptibles d'hypothèques, mais le droit indivis et indéterminé que le cédant a dans le patrimoine du défunt, et qui est compatible avec le droit d'hypothèque — Sans doute, si on considère ce droit en lui-même; mais non si on le considère dans ses effets ; car tout héritier a le droit d'hypothéquer, éventuellement du moins, tous les immeubles dépendant de la succession, et par suite, les actes de cessions qu'il fait de son droit ne peuvent échapper aux termes généraux de la loi.

— La vente est parfaite quand les parties sont tombées d'accord sur la chose et sur le prix, le transfert de la pro- priété a lieu à l'égard des parties par le seul effet du con- sentement, et à l'égard des tiers, par la formalité de la transcription. Mais si, toutes les autres conditions étant remplies, le prix seul restant à payer dans un certain délai, l'acheteur ne s'exécute pas à l'échéance, le vendeur a le droit d'intenter contre lui une action en résolution et d'obte- nir un jugement qui annule la vente, et détruit tous ses effets et notamment celui d'avoir fait sortir un seul instant la propriété de dessus la tête du vendeur. La loi, prévoyant ce cas, a ordonné que de pareils jugements seraient désor- mais mentionnés en usage de la transcription (Art. 4). — Mais elle n'a pas prévu celui où l'acheteur, se voyant dans

l'impossibilité de payer son prix, et pour éviter une résolution judiciaire, consent une résolution amiable au profit du
vendeur. Cette résolution doit-elle être transmise, ne doit-
elle pas au moins être mentionnée en marge de la transcription de l'acte, de même que la résolution judiciaire? Elle
n'est pas translative de propriété, elle ne rentre donc pas
dans notre formule, c'est-à-dire quelle ne doit pas, en
principe, être soumise à la formalité de la transcription. —
Elle ne doit pas être non plus mentionnée, malgré tout l'intérêt que les tiers auraient à ce que cela eût lieu; la loi en effet
ne l'ordonne pas, et il est difficile de recourir à une analogie quelconque, parce que l'obligation de mentionner des
jugements de résolution, n'est imposée qu'à l'avoué qui
les a obtenus et non aux parties elles-mêmes. (Aubry et
Rau, 2. vol., p. 302, texte et notes 59, 60, 61. — Troplong, n° 232. — Mourlon (trans.), I, 44; II, 84.)

Mais lorsque la résolution a lieu par suite de la renonciation spontanée et sans nécessité de l'acquéreur à son acquisition, n'étant plus qu'une véritable rétrocession, elle doit
être transcrite. (Aubry et Rau, 2° 2. vol., p. 294, texte et
notes 32 et 33.)

II. — ÉCHANGE

L'échange est un contrat par lequel une personne transfère à une autre la propriété d'une chose et reçoit en compensation non une somme d'argent comme dans la vente,
mais une autre chose dont la propriété lui est également
transférée. Il est soumis à peu près aux mêmes règles que

le contrat de vente. Comme ce dernier, il est parfait par le seul consentement des parties contractantes (art. 1703), et pour produire ses effets à l'égard de tiers, il doit-être transcrit. Il suffit de remarquer que les immeubles échangés pouvant se trouver dans deux ressorts différents, le contrat en ce cas devra être transcrit au bureau de l'un et de l'autre ressort.

***

III. — DATIO IN SOLUTUM

Une différence essentielle distingue l'échange de la vente ; la *datio in solutum* au contraire offre avec cette dernière tant d'analogies que parfois la loi les a confondues. *Dare in solutum est vendere*, disait le droit romain. (L. 4. C. De evictionibus). Son effet principal et direct est de transférer la propriété, elle doit donc sans difficulté être soumise à la formalité de la transcription. Troplong (*Trans.*, n. 62, p. 92.) en conclut que la transcription est nécessaire, lorsqu'après la dissolution du mariage ou la séparation des biens, des immeubles de la communauté sont prélevés par l'un ou l'autre des époux pour se remplir de ses reprises, parce que, dit-il, cet époux agit en qualité de créancier et non de propriétaire (*Com. sur le Contrat de mariage*, n. 1627) et que, par suite, il y a là une *datio in solutum*. Troplong se trompe. Il ne remarque pas qu'il se trouve en face d'une masse indivise de biens à partager, que le prélèvement n'est qu'une des opérations du partage, attendu qu'il a pour but de faire cesser l'indivision, et qu'il tombe ainsi sous l'application de la maxime rigoureuse de l'art. 883; il

est déclaratif, et non translatif; par suite pas de transcription.
D'ailleurs les reprises du mari ne peuvent jamais donner
lieu à une *datio in solutum;* ou bien il y a partage, ou bien il
reste seul propriétaire de tous les biens de la communauté.
Quant aux reprises de la femme, il faut distinguer entre
le cas où elle a répudié la communauté, et celui où elle l'a
acceptée. Dans le cas de répudiation ses reprises ont lieu
par *datio in solutum.* (Aubry et Rau, 2. vol., p. 291, texte et
note 18.) Dans le cas d'acceptation, et si les biens de la communauté sont insuffisants, les prélèvements exercés sur les
biens du mari étant seuls des *dationes in solutum* doivent
l'être, les autres provenant du partage, ne doivent pas
l'être. (Aubry et Rau, 2. vol., p. 291, texte. — Mourlon,
Trans., n. 47.) Il y a encore *datio in solutum* et par suite nécessité de transcription pour les ventes passées par l'un des
époux au profit de l'autre dans les cas prévus par l'art. 1595,
et dans les abandons d'immeubles faits, même par un ascendant en paiement d'une dot promise en argent. (Aubry et Rau,
2. vol., p. 291, texte et notes 16 et 17.—Troplong, n. 61.
— Mourlon, I, n. 46.)

IV. — DES CESSIONS DE BIENS

Quand un débiteur malheureux se trouve hors d'état de
payer ses dettes, il fait parfois l'abandon de tous ses biens à
ses créanciers, à titre de paiement, de *datio in solutum.*
(Art. 1265.)

Cet abandon peut-être volontaire ou judiciaire (1266).

Il est volontaire, quand le débiteur s'entend directement

avec ses créanciers qui règlent à l'amiable par un contrat les conditions de la cession.

Il est judiciaire, quand le débiteur, poursuivi par ses créanciers, traîné devant les tribunaux, apporte les preuves de sa bonne foi et en même temps de son infortune, et remplit ainsi les conditions nécessaires pour obtenir ce béné-fice, que les tribunaux peuvent lui accorder envers et contre la volonté des créanciers.

L'effet de cet abandon diffère dans les deux cas.

1° Quand il est judiciaire, les biens ne deviennent pas immédiatement la propriété des créanciers, qui acquièrent simplement le droit de les transformer en argent, et d'en distribuer les prix entre eux. La vente seule, qu'ils en font, en opère la mutation de propriété, et par conséquent c'est elle seule qui doit être transcrite.

2° Quand l'abandon est volontaire, les effets dépendent des stipulations comprises dans le contrat intervenu entre le débiteur et ses créanciers. Un seul cas mérite d'attirer notre attention, celui où le débiteur fait à ses créanciers l'abandon de tous ses biens, non pas pour être vendus, et pour que les créanciers en touchent le prix, mais pour qu'ils en deviennent eux-mêmes propriétaires, moyennant quoi, le débiteur se trouve libéré totalement ou partiellement ; il y a là une véritable *datio in solutum* qui doit être transcrite.

V. — CONTRATS DE SOCIÉTÉ

D'après l'art. 1832, on peut définir la société, un contrat par lequel deux ou plusieurs personnes conviennent de former un fonds commun, au moyen de mises à fournir

par chacune d'elles, dans la vue de faire valoir ce fonds, et
de partager les bénéfices qui pourront résulter de l'emploi
qu'elles en feront. (Aubry et Rau, vol. 4, p. 542.)

Il faut distinguer entre les sociétés civiles et les sociétés
commerciales. Il est reconnu que ces dernières sont des
personnes morales, semblables à la personne de la succession en droit romain, tant que l'héritier n'avait pas fait adi-
tion, capables d'avoir et de devoir des droits, ayant une existence propre et distincte de la personnalité individuelle des
associés. Une grande controverse existe sur le point de savoir s'il en est de même pour les sociétés civiles.(Troplong,
Société, n° 66, 69 et 694. —Aubry et Rau, 4. vol. p. 546,
texte et note 16, et les auteurs qu'il cite.) On pourrait croire
au premier abord que la solution de cette question exerce
une influence capitale sur celle de savoir si l'apport d'un
associé qui consiste dans des droits dont la constitution ou
la translation ne devient efficace à l'égard des tiers que par
la transcription, doit ou non être soumis à cette formalité.
Il n'en est pas ainsi cependant ; quelle que soit en effet l'opinion que l'on adopte sur le véritable caractère de sociétés civiles, et ne les considérât-on pas comme un être moral,
une personne civile, il faut reconnaître que, dans tous les
cas où l'apport consiste en un immeuble, il y a transmission
de propriété. Car chaque associé acquiert au moins un droit
indivis sur les immeubles apportés par les autres. (Mourlon,
Trans., 1, 52.) Les apports en immeubles dans une société
soit civile, soit commerciale, doivent donc être toujours soumis à la formalité de la transcription.

VI. — CONTRATS DE MARIAGE

Les contrats de mariage peuvent aussi renfermer des conventions d'une nature particulière translatives de propriété immobilière. Dans plusieurs espèces de ces contrats, en effet, il se forme entre les époux une communauté ou société de biens, dont la nature et les effets varient suivant les conventions, tandis que dans les autres les biens des époux restent complétement distincts et séparés. Cette société, qui peut ainsi se former entre les deux époux, a de grandes ressemblances, sans atteindre une complète similitude, avec les sociétés civiles ordinaires, si bien qu'on peut se demander si, comme pour ces dernières, elle n'est qu'une simple mise en commun, ou si elle a une existence distincte de la personnalité de ses membres. On ne peut s'empêcher de voir en elle les principaux caractères d'un être moral. En effet, la loi lui reconnaît un patrimoine particulier, des dettes et des créances qui peuvent exister, non-seulement à l'égard de ses membres eux-mêmes, mais aussi à l'égard des tiers. (Troplong, *Mar.*, n. 306 et s.; Rouen, 11 mars 1846, *Dev.* 1846, 2. 503; Cas. 28, 1, 37, Dalloz, 29, 9, 1827). en sorte que ces derniers sont intéressés eux-mêmes à connaître les biens qui la composent et ceux qu'elle peut acquérir ou aliéner. La loi a eu soin de bien déterminer les règles qui régissent la société dite communauté légale, existant en principe et sans convention spéciale entre les époux, et d'après lesquelles il est facile de reconnaître les biens, soit meubles, soit immeubles qui peuvent en former le patrimoine. En principe, les immeubles que les époux possèdent

au jour du mariage ne deviennent pas communs (art. 1404).
Le contrat de mariage qui renferme comme convention la
communauté légale sans aucune modification extensive en
ce qui concerne les immeubles, n'opère donc pas par lui-
même de transport de propriété des époux à la communauté
et, par suite, ne doit pas être transcrit. Mais il est loisible
aux époux de modifier leur société conjugale par des clauses spéciales qui ont pour résultat de transformer des immeubles propres ordinairement en biens communs et d'opérer
ainsi un transport de propriété soit actuel, soit éventuel, de
la tête de l'un ou de l'autre des époux ou de tous deux à
la communauté. Ce sont ces clauses qu'il importe pour les
tiers de soumettre à la transcription. Il y en a deux principales, la clause d'ameublissement et la communauté universelle.

1. Clause d'ameublissement (art. 1505-1509, C. c.). —
L'ameublissement est la mise en communauté, d'une manière plus ou moins absolue, de tout ou partie des immeubles présents ou futurs des époux (art. 1505) Il peut être
particulier ou général, déterminé ou indéterminé. Il est
particulier, quand il porte spécialement sur un ou plusieurs
immeubles clairement désignés, ou bien sur une quote-
part de tous ces immeubles; et général, quand il porte sur
tous les immeubles présents ou sur tous les biens à venir, ou
bien encore sur une quote-part de tous ces immeubles sans
désignation spéciale de chacun d'eux. Il est déterminé, quand
les immeubles ameublés entrent dans la communauté d'une
manière absolue, c'est-à-dire quant à la propriété même et
sans restriction à aucune somme; il est indéterminé quand
les immeubles ameublis ne doivent être compris dans la communauté que jusqu'à concurrence d'une certaine somme.

Quoiqu'il y ait ameublissement, il n'en résulte pas toujours que la propriété des immeubles passe de la tête de l'époux qui les constitue dans la personne de la communauté. Ainsi, l'ameublissement déterminé seul, qu'il soit général ou particulier, a pour effet de transporter à la communauté la propriété des immeubles qu'il comprend, tandis que l'ameublissement indéterminé laisse la propriété à l'époux qui l'a consenti; son effet étant seulement de créer contre ce dernier un droit de créance au profit de la communauté, et de l'obliger, à la dissolution de la communauté, de comprendre dans la masse commune un ou plusieurs immeubles, en tout ou en partie seulement, jusqu'à concurrence de la somme qui avait été fixée au contrat de mariage.

Ces distinctions sont nécessaires pour reconnaître dans quels cas il y a transfert de propriété, et, par suite, nécessité de transcription; et nous voyons que l'ameublissement déterminé seul emporte mutation, et doit en conséquence être transcrit.

Il n'y a pas à considérer s'il émane de la femme ou du mari : il doit l'être dans tous les cas. Ce n'est pas cependant ce qu'admettent MM. Rivière et Huguet (*Trans.*, n° 37). Ils font une distinction ; ils reconnaissent bien que l'ameublissement déterminé consenti par la femme doit être transcrit; mais ils ne voient pas la nécessité de transcrire celui consenti par le mari, parce que, la communauté n'étant pas une personne morale, le mari, qui en est le maître et seigneur, est considéré comme le propriétaire des biens qui la composent, malgré le droit que la femme peut avoir sur eux, droit d'une nature particulière, qui est plutôt un droit de créance qu'un droit de propriété. Ces auteurs se condamnent eux-

mêmes en reconnaissant que la communauté devient propriétaire des immeubles apportés par la femme; pourquoi
alors ne deviendrait-elle pas aussi propriétaire des immeubles apportés par le mari ? D'ailleurs, en supposant même
que la communauté n'offrit pas le caractère de la personne
morale au point de vue du patrimoine, le droit *sui generis*
que MM. Rivière et Huguet reconnaissent à la femme
n'est autre que celui de copropriétaire indivis des biens
ameublis soit par elle, soit par son mari, puisqu'à la dissolution de la communauté le partage a lieu par moitié entre
eux.

M. Troplong va encore plus loin (*Trans*, n°s 64 à 67));
son avis est que l'ameublissement consenti par la femme ne
doit pas plus être transcrit que celui du mari, parce que,
dit-il, cette formalité est dans tous les cas désavantageuse
pour la communauté, qui a intérêt à ce qu'elle ne soit pas
faite, et il trouve cet intérêt dans ce fait que l'époux, propriétaire de l'immeuble, l'ayant aliéné à un tiers, et ce tiers
n'ayant pas fait transcrire son titre avant l'ameublissement,
la communauté est devenue propriétaire, il est vrai, mais à
la charge de subir l'obligation de garantie dont sera tenu
l'époux aliénateur envers l'acquéreur évincé, et cela sans
récompense. M. Troplong a raison en disant que la communauté a succédé à l'engagement personnel de l'époux aliénateur et qu'elle peut, par suite, être évincée; mais il se trompe
en ajoutant que ce sera sans récompense, parce que l'époux
doit raison à la communauté de la garantie de sa constitution. M. Troplong a encore raison en disant que la transcription est, en ce cas, inutile. Mais il faut supposer que le
contrat de mariage ne contient aucune clause expresse ou
tacite de séparation de dettes, qui dégage la communauté,

relativement aux actes antérieurs passés par l'époux-proprié-
taire, de toute obligation de garantie.

L'utilité de la transcription de la clause d'ameublissement
apparaît bien plus encore si l'on songe que durant la communauté le mari peut aliéner à titre gratuit l'immeuble par
lui ameubli. S'il n'y a pas eu de transcription, le donataire
pourra opposer le défaut d'accomplissement de cette formalité à la femme, à l'égard de laquelle cette donation est cependant nulle. De même si, après la dissolution de la communauté, et pendant que l'indivision existe encore, il plaît
au mari de vendre l'immeuble tombé de son chef dans la
communauté, la femme devra subir l'effet de cette aliénation
et perdre son droit, que la transcription de la clause d'ameublissement aurait sauvegardé en lui permettant de l'opposer
aux tiers. Le même raisonnement peut s'appliquer à l'ameublissement émané de la femme. Nous avons donc raison de
dire que l'ameublissement déterminé doit toujours être
transcrit.

Lorsque l'ameublissement est indéterminé, la propriété
reste sur la tête de l'époux qui le fait, et ne passe pas à la
communauté qui acquiert seulement le droit de l'hypothéquer
jusqu'à concurrence de la somme promise. On n'y trouve
aucun des caractères des actes translatifs de propriété. Il ne
rentre donc pas dans la formule de la transcription. Il est
vrai qu'à la dissolution de la communauté, l'époux devra
comprendre dans la masse un ou plusieurs de ses immeubles jusqu'à concurrence de la somme par lui promise ; et si
par l'effet du partage, ces immeubles viennent à tomber dans
le lot de son conjoint, il s'opérera au profit de ce dernier
une mutation de propriété qui devra être portée à la connaissance des tiers par la formalité de la transcription. L'acte

à transcrire sera ici soit la clause d'ameublissement, soit la partie de l'acte de partage qui contient attribution de ses immeubles, ou bien un acte spécial dressé entre les époux pour en constater l'apport à la masse. On peut voir là une *datio in solutum*.

II. Communauté universelle (art. 1526). Cette clause très-rare, il faut le reconnaître, doit s'interpréter d'une manière restrictive. Si donc elle est faite sans autre explication, elle ne comprend que les biens présents, et si on ne parle que des biens futurs, les biens présents restent en dehors. Mais dans tous les cas, elle a pour effet de transporter la propriété de tous les immeubles qui y sont compris de la tête des époux dans la personne de la société ; elle doit donc être transcrite, de même que l'ameublissement déterminé que nous venons de voir.

VII. — DU REMPLOI

Le contrat du mariage nous conduit à l'examen d'une question bien intéressante, celle du remploi.

Quand le mari l'effectue par lui-même (1434), il n'y a pas de difficulté ; la propriété passe directement de la tête du vendeur sur la sienne, sans rentrer un seul instant dans la communauté, et il suffit, pour que le transfert soit aussi opéré à l'égard des tiers de faire transcrire l'acte de vente.

Il n'est pas aussi facile d'expliquer le mécanisme du remploi effectué au profit de la femme (art. 1435). Ici, en effet, c'est le mari qui achète, et il achète en son propre nom en déclarant que les deniers qui servent à payer le prix proviennent de l'aliénation d'un immeuble de sa femme ; cette déclaration a pour but de donner à cette dernière la faculté de prendre l'acquisition pour elle. Mais pour que cette déclaration produise son effet, il faut que la femme elle-même en prenne acte, et alors seulement la propriété lui est acquise. Ainsi, par l'acte d'acquisition une mutation de propriété a lieu; au profit de qui ? On ne le sait pas encore ; il faut un acte ultérieur pour le déterminer ; ce sera au profit de la femme, si elle accepte, et au profit du mari, si elle refuse. Mais sur la tête de qui résidera le droit de propriété pendant le temps qui s'écoule entre l'acte de vente et l'acte d'acceptation ? Sera-ce sur celle du mari, de manière qu'il y ait une nouvelle mutation de propriété au moment de cet acte ? Sera ce conditionnellement sur celle de la femme ? Ou autrement, quel sera l'effet de l'acceptation de cette dernière ? Sera-t-il, en supposant que la vente a déjà opéré une première mutation, d'en opérer une seconde du mari sur celle de la femme ; ou bien de rétroagir au jour de la vente et de n'opérer qu'une seule mutation directe du vendeur à la femme ? Tel est le problème, et la solution est importante pour notre sujet : car il s'agit de savoir s'il y a une mutation seulement, ou bien s'il y en a deux, c'est-à-dire s'il faut une seule ou bien deux transcriptions ; si l'acte de vente seul doit être transcrit, ou si l'acte d'acceptation doit l'être également.

1er *Système.* — Dans un premier système on a soutenu qu'il y avait deux mutations. La vente, en effet, faite au mari avec déclaration par celui-ci de l'origine des deniers, ne rend pas la mutation de la propriété conditionnelle; elle a lieu immédiatement et par le seul effet du contrat, le vendeur est bel et bien dépouillé, et quoiqu'il arrive, ce n'est

pas à lui que reviendra le droit de propriété. Pour lui
la vente est pure et simple. L'incertitude existe seulement entre le mari et la femme dans leurs rapports particuliers. Or, quels sont ici ces rapports ? Le prix provenant
de la vente de l'immeuble de la femme est tombé dans la
communauté, à la dissolution de laquelle il en sera fait pré
lèvement ; ainsi la communauté est débitrice. Or, le mari en
sa qualité de chef de la communauté peut payer ses dettes,
même celles contractées à l'égard de sa femme (1595). Et
c'est ce qu'il fait ici ; c'est en sa qualité de chef de la communauté, et comme tel débiteur de sa femme qu'il lui offre
en paiement de sa créance l'immeuble qu'il vient d'acquérir pour la communauté ; il fait une *datio in solutum* ;
et nous l'avons vu, la *datio in solutum* a pour effet de transférer la propriété du débiteur qui paie au créancier qui reçoit. Il y a donc ici une nouvelle mutation de propriété.

Ce système a le grand avantage de ne pas laisser un seul
instant la propriété incertaine. En outre, il n'oblige pas le
mari à attendre trop longtemps la décision de sa femme, il
lui a fait une offre qui est essentiellement révocable, tant
qu'elle n'est pas acceptée. Si donc, la communauté se trouve
dans l'embarras, il pourra, sans aucune difficulté, disposer
de l'immeuble, le vendre ou l'hypothéquer. — La conséquence de ce système à notre point de vue tout spécial est
qu'il faut faire transcrire et l'acte de vente et l'acte d'acceptation (Rodière et Pont, *Contrat de mariage*, n° 507, 511).

2° *Système.* — Dans un second système, on dit que la
vente est pure et simple à l'égard du vendeur, mais conditionnelle à l'égard des époux. Le mari achète pour sa femme, mais sous cette condition affirmative qu'elle acceptera ;
si elle n'accepte pas, c'est pour lui-même qu'il aura acquis.

Dans le premier cas, le mari aura été un simple gérant d'affaires, et la mutation de propriété aura eu lieu directement du vendeur à la femme. Par cette rétroactivité du droit, on évite le grand inconvénient qui résulte du premier système en admettant que la propriété s'est assise un instant sur la tête du mari, qui peut constituer des charges sur l'immeuble, des servitudes, des hypothèques; si la femme accepte le remploi, elle est obligée de prendre l'immeuble avec ces nouveaux droits réels que l'acceptation ne peut faire disparaître. Si au contraire, on ne voit là qu'une simple gestion d'affaires, la femme acquiert l'immeuble franc et libre de toutes charges de la part du mari ; il n'y a qu'une seule mutation, et il n'est par suite besoin que d'une seule transcription.

Ce système, d'ailleurs, donne facilement le motif pour lequel le législateur a ordonné qu'il y eut déclaration d'origine de deniers; c'est afin que les tiers qui viendraient à contracter avec le mari fussent avertis qu'ils pouvaient être évincés par la femme, qui avait le droit de se porter propriétaire à partir du jour même de la vente.

Il en était ainsi dans notre ancien droit (V. Pothier, Com. n° 200. — D'Aguesseau, 27° *plaid.*), et rien ne prouve que le législateur de 1804 ait cherché à innover sur ce point. On peut cependant opposer une déclaration de Tronchet ; mais l'opinion d'un seul homme ne prouve pas que telle est celle d'une loi où tant d'hommes ont contribué.

Il est vrai que ce système laisse la propriété incertaine entre le mari et la femme. Mais y a-t-il là un grand inconvénient? Pas plus grand que si, supposant le mari et la femme, étrangers l'un à l'autre, le mari avait vendu l'immeuble à sa femme sous une condition suspensive. On objecte encore que d'après l'art. 1435 *in fine*, si la femme n'a pas encore accepté au moment de la dissolution du mariage, elle a simplement droit à la récompense de son prix, et que cette disposition ne peut concorder avec une véritable gestion d'affaires; il est facile de répondre en disant que le législateur a voulu fixer un délai, une limite au droit de la femme de faire son choix.

Une objection plus forte est celle qui résulte de la question des risques. Qui devra supporter la perte de l'immeuble, avant l'acceptation de la femme? Sera-ce la femme ou la communauté? Ce ne peut être le vendeur, parce que la vente a été pour lui pure et simple, le remploi d'ailleurs ne concernant que les rapports particuliers entre le mari et la femme. Ce ne peut être non plus la femme, puisque, tant qu'elle n'a pas accepté, elle peut être considérée comme propriétaire. Ce ne peut donc être que la communauté représentée par le mari; mais alors, on est forcé de reconnaître qu'il avait la propriété de l'immeuble, *res perit domino*. Il y aurait une grande inconséquence à lui faire supporter la perte d'un immeuble qui appartient à un autre. (M. Labbé. *De l'effet de la ratification des actes d'un gérant d'affaires.*)

III° *Système.* — Les deux systèmes que nous venons de voir ont chacun des avantages et aussi des inconvénients et se heurtent à des objections qu'il leur est difficile de réfuter. Il ne faut donc les admettre que s'il est impossible de trouver une autre manière plus plausible d'expliquer la théorie du remploi.

Le grand inconvénient du premier système est de faire résider d'une manière irrévocable la propriété dans la personne du mari jusqu'à l'acceptation de la femme et d'exiger une seconde mutation; le second système évite cet inconvénient, mais pour tomber dans un plus grand, celui de faire supporter la perte de l'immeuble au mari qui n'est pas propriétaire définitif.

Ne serait-il pas possible de trouver un système intermédiaire qui réunît les avantages des deux premiers en échappant à leurs inconvénients? Au lieu d'admettre qu'il y a là une *datio in solutum*, ou bien une gestion d'affaires, ne peut-on pas y voir quelque chose d'analogue à la déclaration de command, dans laquelle l'acheteur au lieu d'attendre à plus tard pour désigner la personne, au nom de laquelle il a voulu agir, la désigne immédiatement, une espèce de subrogation aux droits de l'acheteur offerte par ce dernier à l'acceptation de la personne désignée? — Nous avons vu en effet que dans la déclaration de command, l'acheteur achète pour lui, mais avec cette faculté de subroger dans ses droits et dans un délai déterminé, une autre personne qu'il fera connaître; nous savons aussi que si le délai passe sans qu'il fasse élection, ou bien sans que la personne accepte, c'est lui, acheteur qui reste propriétaire définitif; nous savons aussi qu'il peut disposer de l'immeuble, le vendre et l'aliéner à son gré, sans tenir aucun compte de la réserve qu'il a faite au contrat, et cela avant que le délai de la déclaration ne soit passé, Appliquons ces principes au remploi et nous verrons qu'ils s'y adaptent pour le mieux.

D'abord à l'égard du vendeur, la vente est pure et simple; est-ce le mari ou la femme qui a acquis? Il l'ignore; mais lui a vendu. — S'il n'y a pas eu de déclaration d'origine de deniers dans l'acte, l'immeuble tombe dans la communauté; mais comme cette dernière est débitrice de la femme, le mari peut, en vertu de son droit d'administration cède cet immeuble à sa femme à titre de récompense (1595.2),

Il y à la une véritable *datio in solutum* qui ne peut avoir lieu que si la femme veut bien l'accepter. — Le mari cherche à atteindre ce but directement et à éviter ce circuit d'une première mutation qui fait tomber l'immeuble dans la communauté, et d'une seconde mutation qui le rend propre à la femme, et il y arrive en achetant en son nom, mais avec la réserve du droit de faire profiter sa femme de l'acquisition, avec le droit de la subroger dans ses droits d'acquéreur, si elle veut accepter avant la dissolution de la communauté, qui est le délai fixé pour l'exercice de cette faculté. — De cette manière le mari devient immédiatement propriétaire; il supporte avec juste raison les risques de la chose, mais en revanche il peut en disposer, la vendre ou l'hypothéquer, parce que ce n'est qu'une offre qu'il a faite à sa femme, et si cette dernière vient à accepter, c'est elle qui devient propriétaire à compter du jour du contrat; la déclaration de l'origine des deniers faite par le mari a pour but de prévenir le vendeur et les tiers de la possibilité de ce résultat. — Il n'y a qu'une seule mutation; il n'est besoin que d'une seule transcription, celle de l'acte de vente. Il n'est pas utile de faire transcrire l'acte d'acceptation, parce que, par la transcription de l'acte de vente, les tiers ont été prévenus que par suite d'un événement postérieur, la vente faite au mari pouvait profiter à la femme, et que le but de cette formalité n'est pas d'obtenir une publicité complète de tous les actes et événements qui peuvent opérer quelque changement dans la propriété, mais de mettre les tiers à même de connaître ces changements et de ne pas se laisser tromper. (Mourlon, *Trans.*, I, n° 53 à 62. — Aubry et Rau, 5. vol. p. 306; texte, note 77. — Troplong, *Traité du Mariage*, n° 1708 et s. — Rodière et Pont, I, 666 et 674.)

Tout ce que nous venons de dire se rattache au remploi facultatif fait sous le régime de la communauté. Admettrons-nous la même solution pour le remploi conventionnel ou obligatoire, résultant des conventions du contrat de mariage? on se demande en ce cas si l'acceptation de la femme est utile, ou même nécessaire, et si le contrat de mariage ne doit pas être transcrit en ce qui concerne cette clause. La question est importante surtout quand la femme est mariée sous le régime dotal et que les inconvénients du principe de l'inaliénabilité de la dot sont corrigés par la permission d'aliéner les immeubles affectés de dotalité, mais avec l'obligation d'en employer le prix avec d'autres biens qui prendront leur nature et seront soumis aux mêmes conditions pour l'aliénation. En ce cas, en effet, les tiers acquéreurs des immeubles dotaux sont rendus responsables de la validité du remploi. Ils sont donc spécialement intéressés à le connaître, et à savoir si la femme l'a accepté. Il serait par suite nécessaire de soumettre à la transcription et la clause du contrat de mariage et l'acte d'acceptation. Nous nous en tenons cependant à la transcription seule de l'acte de vente, parce que les tiers ont dans ces cas des moyens très-faciles de sauvegarder leurs droits. Il en est de même, quand, sous le régime de la communauté, il a été stipulé qu'après l'aliénation d'un propre de la femme, les premiers biens-fonds acquis serviraient de remploi.

On sait que depuis la loi du 16 Septembre 1871 (art. 20), le remploi peut avoir lieu, même sous le régime dotal, en rentes sur l'état français.

VIII. — DES RETRAITS

D'après Maillart, sur la coutume d'Artois, tit. 3, n° 5, le « retrait en général est une faculté accordée à une ou plusieurs personnes de se faire subroger à la place de l'acheteur de la chose sujette à retrait. » Pothier dit de même : « Le retrait n'est autre chose que le droit de prendre le marché d'un autre et de se rendre acquéreur à sa place. » D'après eux, et d'après Tiraqueau, Grimaudet et toute l'ancienne jurisprudence. : « L'effet du retrait est de détruire l'achat en la personne de l'acheteur et de le faire passer en celle du retrayant. »

Merlin (V. *Retrait, Rép. de jurisp.*) énumère 25 retraits. Le Code civil n'en a conservé que trois : le retrait successoral (841), le retrait d'indivision (1408) et le retrait litigieux (1699). — La loi nous indique bien les cas dans lesquels ils ont lieu et la manière dont ils s'opèrent; mais elle ne nous dit rien sur leur nature et leurs effets. A-t-elle entendu par ce silence se conformer à la doctrine de l'ancien droit, ou bien a-t-elle voulu les considérer comme des cessions opérant une nouvelle mutation de propriété de la tête du retrayé sur celle du retrayant?... Question importante pour savoir s'ils doivent ou non être transcrits.

Si, en effet, la loi a entendu suivre l'ancienne doctrine et donner au retrait un effet rétroactif, faisant considérer le retrayant comme ayant acquis la propriété directement du vendeur, attendu qu'il n'y a là qu'une seule mutation, il ne doit y avoir qu'une seule transcription, celle de l'acte de cession. — Si, au contraire, elle les considère comme des cessions nouvelles, opérant une seconde mutation, il faut une seconde transcription, celle de l'acte constatant l'exercice de cette faculté.

L'opinion générale est que la loi n'a pas innové, que, de même que dans l'ancien droit, l'exercice du retrait rend le retrayant, l'ayant cause direct, non de l'acheteur qu'il a écarté, mais du vendeur avec lequel il est réputé avoir traité. Il n'y a pas rétrocession, et moins encore résolution de la vente primitive, mais seulement substitution du retrayant à l'acheteur originaire. — De là cette grande conséquence, que tous les droits concédés par le cessionnaire sur les biens dépendant du retrait disparaissent et s'évanouissent, tandis qu'ils devraient être maintenus et conservés, si le retrait était une cession nouvelle.

Au point de vue de notre sujet, nous concluons que le retrait, quoique non transcrit peut être opposé aux ayants-cause de l'acheteur évincé.

M. Troplong (*Trans.* n°ˢ 210 à 230), ne l'admet pas ainsi, il ne considère pas, il est vrai, la formalité de la transcription comme obligatoire pour le retrait litigieux ; il la conseille seulement ; mais il y soumet formellement le retrait successoral ; il ne parle pas du retrait d'indivision. Sans doute M. Troplong a raison au point de vue d'un système de publicité parfaite; les tiers en effet sont intéressés à savoir que l'acheteur a cessé d'être propriétaire; et la loi aurait dû rationnellement et sans distinction soumettre tous les retraits à la transcription, alors surtout qu'elle le pouvait sans aucune difficulté. Mais elle a cru faire assez en s'en tenant à sa théorie de la transcription, qui consiste, nous le répétons, non pas à mettre en lumière tous les faits qui de près ou de loin se rattachent au transfert de la propriété, et de fournir aux tiers, par la seule inspection des registres, tous les renseignements qu'il leur est utile de connaître, mais de les mettre à même de prendre ces renseignements et d'éviter ainsi la fraude. Elle n'y a donc pas soumis les retraits pas plus que le réméré exercé à l'amiable, et l'accomplissement aussi amiable d'une action résolutoire.

Il est du reste entendu que si l'acheteur ou cessionnaire n'avait pas lui-même fait transcrire son titre, le retrayant ne pourrait se prévaloir du retrait contre les ayants-cause du vendeur ou du cédant, qu'après avoir lui-même fait transcrire ce titre, et à partir seulement du jour de la transcription.

IX. — DES PARTAGES

Quand nous avons examiné les termes de la formule générale de la transcription, nous avons déjà parlé du partage au point de vue de sa nature et de ses effets, et de la conséquence que le législateur de 1855 en a tiré pour la transcription. Le partage est déclaratif, il ne doit donc pas être transcrit.

Nous allons rechercher ici les actes qui, ayant pour effet de faire cesser l'indivision, au moins d'une manière partielle, ne sont pas cependant considérés comme déclaratifs de propriété, mais comme translatifs, et doivent par suite être soumis à la transcription.

Le partage est la division qui se fait entre une ou plusieurs personnes des biens qui leur appartiennent en commun ou en qualité de cohéritiers, ou comme copropriétaires, à quelque titre que ce soit; en d'autres termes, est réputé acte de partage tout acte qui a pour objet de faire cesser l'indivision.

Cette définition, si simple en apparence, a donné lieu à la difficulté suivante :

Pour qu'un acte qui, de sa nature, est translatif de propriété, puisse tenir lieu de partage et passer pour simplement déclaratif, suffit-il qu'il soit intervenu entre un ou plusieurs des communistes, ou faut-il qu'il fasse cesser l'indivision entre tous ? (Aubry et Rau.)

Une première opinion soutient qu'il faut que l'acte fasse cesser l'indivision entre tous.

1· Les dispositions exceptionnelles ne s'étendent ni par induction, ni par analogie, d'un cas à un autre : *exceptiones sunt strictissimæ interpretationis*, et c'est là le caractère essentiel de l'art. 883. Or, la fiction qu'il établit ne s'applique qu'au cas où l'indivision cesse complètement entre tous les héritiers ou copartageants; cela résulte de ses termes, et aussi de ceux de l'art. 888. On ne peut donc l'appliquer aux actes qui se contentent d'écarter de la masse un ou plusieurs copropriétaires, et qui laissent subsister l'indivision entre les autres.

2· D'ailleurs, l'effet du partage est de faire considérer chacun des copartageants comme ayant été le propriétaire exclusif des biens tombés dans son lot, à partir du jour où l'indivision a commencé. C'est en cela réellement que consiste la fiction de l'art. 883. La retrouvons-nous dans les actes qui ne font cesser l'indivision qu'à l'égard de quelques copropriétaires ? Cela est impossible. Le nombre des copropriétaires a diminué, il est vrai, mais chacun de ceux qui sont restés dans l'indivision peut-il se dire propriétaire exclusif de la part tombée dans son lot ? Évidemment non,

puisque ces lots n'ont pas été faits, et que l'indivision subsiste encore, et si ceux qui restent encore communistes
n'ont pas toujours été propriétaires exclusifs, les autres, les
cédants, ne peuvent pas être censés avoir toujours été étrangers aux biens dont ils ont perdu la copropriété par suite
de l'acte qui les a fait sortir d'indivision. L'acte de cession
est donc translatif de propriété. Et cet acte ne peut changer
de nature par suite du partage qui aura lieu plus tard : il
est indépendant de l'avenir et bien définitif.

3. De plus, tout partage entraîne un droit de privilége
sur l'immeuble tombé dans le lot de celui qui doit une
soulte (2103, 2109). Dans le cas de cession faite par un
cohéritier à un de ses cohéritiers, sur quels biens portera
son privilége ? Il serait difficile de le savoir de prime-abord ;
il faut que le cédant provoque le partage de la succession
pour déterminer la part transmise à son cessionnaire. Mais
qu'est cela ? S'il est obligé de provoquer le partage, il n'a
donc pas eu lieu.

Tels sont les arguments de cette première opinion.

— 2ᵉ Opinion. — Elle soutient que l'acte qui fait sortir
de l'indivision un ou plusieurs des communistes, doit être
considéré comme déclaratif.

1° Le caractère d'exceptionnalité de la disposition de l'art.
883 est par trop exagéré ; c'est une fiction, si l'on veut,
mais une fiction que les défenseurs de la première opinion
appliquent eux-mêmes avec tous ses effets et ses conséquences dans tous les cas d'indivision. Or, comment peut-on
l'appliquer d'une manière aussi générale, si du moins elle
est exceptionnelle ainsi qu'on le prétend, attendu que le
législateur l'a émise spécialement pour le partage des successions ? Mais nous avons dit déjà que le partage rentre

dans la théorie générale de la condition, et que le caractère que lui attribue le législateur français, contraire à la nature des choses, si l'on veut, se conforme du moins à l'équité et se recommande surtout par l'utilité de ses résultats. Et, par suite, au lieu de le restreindre, de l'entourer de subtilités et d'abstractions, il vaut bien mieux l'adopter franchement et l'appliquer suivant les règles du droit commun.

En admettant même que cette fiction doit être restreinte autant que possible, on ne peut guère conclure du texte des art. 883 et 888 que la loi n'a entendu parler que du cas où l'indivision cesse complétement. Les termes dont se sert le législateur ne sont ni assez formels, ni assez précis. On peut toujours dire que le législateur a entendu parler du cas le plus fréquent et exposer à son sujet des règles générales, applicables à tous les autres.

2. On cherche à établir que les éléments du partage ne se retrouvent pas exactement dans la cession de part, et que par suite, cet acte est translatif. — Sans doute, l'acte de cession n'est pas l'acte de partage définitif, mais il le commence, il le prépare, il a lui aussi pour but de faire cesser l'indivision. Pourquoi alors ne lui en emprunterait-il pas la nature? Supposons le cas suivant : un héritier, pressé d'avoir ses droits, reçoit de ses cohéritiers, des biens particuliers de la succession et reconnaît n'avoir plus rien à réclamer d'eux. Ces derniers restent encore dans l'indivision pour le surplus des biens. Dira-t-on cependant qu'il n'y a pas là partage? Pourquoi alors ne pas admettre qu'il y en a également quand au lieu de recevoir le paiement de ses droits en nature, il en reçoit le paiement en argent?

D'ailleurs il n'y a pas une connexité aussi intime qu'on veut bien le dire entre les deux dispositions de l'art 883.

Car il résulte des termes mêmes de cet article que la loi a voulu parler de chacun des héritiers mis en regard de tous les autres ensemble, puisqu'il déclare que chaque héritier est censé avoir succédé seul aux biens compris dans son lot, et n'avoir jamais eu la propriété des autres effets de la succession, sans distinguer si ces autres effets ont été partagés entre les autres héritiers ou s'ils sont restés dans l'indivision.

3. Il est difficile, il est vrai, de savoir sur quel bien porte en cas de cession de droits, le privilége résultant au profit du cédant des art. 2103 et 2109. Mais on ne peut rien en conclure contre la cession et ne pas prétendre que, si elle n'est pas le partage, elle n'en est pas du moins un commencement, et que les actes qui commencent un contrat étant de même nature que ceux qui l'achèvent, ne forment pas un seul tout soumis à un régime commun.

A cette réfutation, nous pouvons ajouter les arguments suivants :

1. L'ancienne jurisprudence rejetait formellement la distinction admise par le droit nouveau, (Pothier, *Traité de la Vente*, n. 644 — et *Traité des Fiefs*, partie I, chap. V, 53. — Bourjon, *Droit commun de la France*, 1ᵉ partie ; *Des fiefs*, chap. VII, sect. IV, n. XLVII. — Guyot, *Traité des Licitations*, chap. III, sect. III, § 4, n. 4.)

2. Puis dans le droit nouveau lui-même, l'art. 889, qui se trouve compris dans la matière du partage, parlant de l'action en rescision qui y est admise, ne s'occupe pas seulement du cas où l'indivision cesse complètement, mais aussi du cas d'une vente faite par un héritier de ses droits à tous ses cohéritiers ou à l'un d'eux.—L'art. précédent, l'art. 888, ne dit pas qu'il est nécessaire que l'acte ait pour effet, mais

13

qu'il suffit qu'il ait pour objet de faire cesser l'indivision, de même qu'il suffit qu'il soit passé entre cohéritiers, non entre tous les cohéritiers.

3° Et enfin, si l'on recherche le motif qui a poussé le législateur à s'écarter du principe du droit romain en matière de partage, et à accepter celui de notre ancien droit, on voit que c'est pour simplifier cette opération si difficile, si délicate, qui met tant d'intérêts en lutte, et pour écarter autant que possible les obstacles. Or, serait-ce les écarter que d'attribuer à une cession de droits successifs le caractère d'acte translatif ? Non, bien loin de là. Avec ce caractère, cet acte expose les cessionnaires à subir sur les biens de la succession des charges, droits réels et hypothèques constitués par le cédant. Nul, en ce cas, ne voudra devenir cessionnaire, et cependant cette opération préliminaire est le plus souvent indispensable ; car, sur un assez grand nombre d'héritiers il est rare de n'en pas trouver qui ne cherchent que des difficultés, des entraves et qui empêchent les autres de s'entendre et d'arriver à un résultat, et un des plus sûrs moyens de les écarter est d'obtenir d'eux la cession de leurs droits. Ou bien encore un des héritiers a besoin d'argent, il ne veut pas de biens en nature ; il ferait volontiers cession de ses droits à un seul de ses cohéritiers ou à tous ensemble, mais ces derniers reculent devant les conséquences de cette cession et les inconvénients qu'elle peut présenter.

Comment ne recule-t-on pas d'ailleurs devant les conséquences d'un pareil système ? Un héritier achète par un seul et même acte toutes les parts de ses cohéritiers, l'acquisition a le caractère de partage et doit rester clandestine ; cette acquisition a lieu par des actes séparés et successifs, elle n'a plus le même caractère et il y a nécessité de la por-

ter à la connaissance des tiers, Championnière et Rigaud, t.
III, n. 2734, 2737. — Rolland de Villargues, *Repert. du
Notariat*, v. *Licitation*, n. 10 et s., — Duvergier. *de la
Vente*, t. II, n. 147, — Moulon, *Trans.*, I, n. 158 à 202,
— Bertauld, *Revue critique*, 1864, XXIV. p. 391 et 392,
— Paris, 11 janvier 1808, Sir., 1808, II, 132, — Mont-
pellier, 19 juillet 1828, Sir., 1829, II, 53, 21 déc. 1844,
Dev. 1845, II, 587, — Toulouse, 14 déc. 1850, Sir. 51,
2, 102, — Cas. 2 avril 1851, Dev. 1851, I, 3. 37

Malgré les nombreux arguments que cette dernière opinion peut invoquer à son appui, nous croyons que la première est plus juridique ; car, aux motifs puissants qui mili-
tent en sa faveur, on peut en ajouter un autre qui ébranle
dans sa base l'opinion contraire et qui est le suivant:
L'objet des art. 888 et 839 est tout autre que celui de
l'art. 883.

» Il s'agit, dans l'art. 883, des conséquences du partage,
non pas seulement à l'égard des cohéritiers, mais encore à
l'égard des tiers, et là, dans cet art. 883, la loi n'attache
ces conséquences qu'à un véritable partage.

» Très-différent est l'art. 888, qui règle, entre les cohéritiers seulement, les conséquences, au point de vue de l'action en rescision pour cause de lésion, de tout acte qui fait
sortir l'un ou plusieurs d'entre eux de l'indivision. Or, on
comprend que le législateur, dans cette dernière hypothèse,
où il ne s'agit que de maintenir le principe essentiel d'éga-
lité entre les héritiers, ait considéré, sous ce rapport, comme
tenant lieu de partage les actes mêmes qui n'auraient pas le
caractère d'un partage proprement dit. » (Demolombe, *Successions*, V, p. 348.)

» Aussi, la disposition exceptionnelle de l'art. 889 est-elle rédigée de manière à faire entendre qu'en règle générale, l'action en rescision pour cause de lésion est recevable contre une cession de droits successifs, consentie par un des acheteurs au profit d'un autre, quoiqu'elle n'ait pas fait cesser l'indivision à l'égard de tous. » (Aubry et Rau, VI, p. 557, texte et note 2, et p. 559, texte et note 12.)

A ces deux anciens jurisconsultes, il faut ajouter Belost-Jolimot, sur Chabot, obs. 1 sur l'art. 883 ; Fouët de Conflans, sur l'art. 883, n° 1 ; Marcadé, sur les art. 1687 et 1688 ; Dutruc, n° 38 ; Duranton, t. VII, n° 522 *bis*. La jurisprudence est, en outre, bien prononcée dans ce sens : Civ. cas., 16 janvier 1827 ; Sir. 27, 1, 242 ; Civ. cas., 24 août 1829 ; Sir. 29, 1, 121 ; Req. rej., 18 mars 1839 ; Sir. 30, 1, 339 ; Lyon, 21 décembre 1831 ; Sir. 32, 2, 274 ; Civ. cas, 30 janvier 1832 ; Sir. 32, 1, 159 ; Civ. cas., 16 mai 1832 ; Sir. 32, 1, 602 ; Civ. cas., 6 novembre 1832 ; Sir. 33, 1, 66 ; Req. rejet., 3 déc. 1839 ; Sir. 39, 1, 903 ; Req. rejet., 28 décembre 1840 ; Sir. 41, 1, 204 ; Civ. cas., 19 janvier 1841 ; Sir. 41, 1, 375 ; Civ. cas., 6 mai 1844 ; Sir. 44, 1, 596 ; Limoges, 14 fév. 1845 ; Sir. 45, 2, 641 ; Req. rej., 25 juin 1845 ; Sir. 45, 1, 806 ; Toulouse, 16 mai 1846 ; Sir. 46, 2, 297 ; Toulouse, 14 décembre 1850 ; Sir. 51, 2, 102 ; Req. rej., 2 avril 1851 ; Sir. 51, 1, 337 ; Montpellier, 9 juin 1853 ; Sir. 53, 2, 406 ; Req. rej., 29 mars 1854 ; Sir. 56, 1, 49 ; Civ. rej., 10 novembre 1862 ; Sir. 63, 1, 129.

X. — DES TRANSACTIONS

La transaction est un contrat parfaitement synallagmatique, par lequel les contractants, en renonçant chacun à une partie de leurs prétentions, ou en se faisant des concessions réciproques, terminent une contestation née, ou préviennent une contestation à naître. (C. 2044 Aubry et Rau, V. 4, p. 656.)

Doit-elle être transcrite ? Pour répondre à cette question, il faut auparavant connaître sa nature, et savoir si elle est déclarative, ou bien translative.

Sous beaucoup de rapports, elle est considérée comme une aliénation. *Qui transigit alienat.* Et c'est pour cela que l'art. 2045 exige pour ce contrat la capacité de disposer des objets qui y sont compris.

En se mettant, en effet, au point de vue de celui qui prétend avoir des droits sur leur objet, et qui, moyennant une certaine rétribution, déclare renoncer à les faire prévaloir, on peut dire qu'il y a une espèce d'aliénation. Mais si on se place au point de vue de l'autre partie, de celle en faveur de qui la renonciation est faite, la transaction prend un autre aspect. On y voit une reconnaissance de ses droits, qu'elle prétendait fondés, et qu'elle affermit simplement, en achetant le désistement d'un adversaire. Suivant ce dernier point de vue, qui est le principal, la nature de la transaction est d'être un acte purement déclaratif, la reconnaissance d'un droit préexistant et qu'elle ne crée pas.

C'est ainsi qu'elle a été généralement considérée par l'ancien droit, comme nous l'apprennent Dumoulin, § 33; Gos. 1, n° 67; d'Argentré, sur l'art 266 de la *Coutume de*

Bretagne, chap. 3 ; Pothier (*Traités de la Vente*, n. 646;
de la Communauté, n. 164), et que la considèrent dans le
nouveau de nombreux auteurs des plus autorisés. Merlin,
Rép. v° Partage, § 11 ; Championnière et Rigaud, *Des
droits d'enregistrement*, t. 1, n. 595 et s.; Zachariæ, § 42 ;
Valette, *Revue étrangère et française*, t. X ; Troplong,
Transactions, n. 7 et s.

Cette opinion, cependant, n'a jamais régné sans conteste,
même dans le droit romain, où l'on trouve des textes aussi
puissants en faveur d'une thèse que de l'autre. Dans notre
ancien droit, contre Dumoulin, d'Argentré, Pothier, com-
battaient Tiraqueau, *Retrait lignager*, § 1, glos. 14, n. 16 ;
Fonmaur, n. 214; Poquet de Livonière, Liv. 3, chap. IV,
sect. 7 ; Basnage, page 346, qui soutinrent que la transaction était translative, non dans tous les cas, mais dans
ceux où elle déplaçait la possession de l'objet litigieux.

L'opinion de ces derniers auteurs a aussi passé dans notre droit actuel et est aujourd'hui énergiquement soutenu.
On va même jusqu'à prétendre que la transaction n'est pas
un acte déclaratif de sa nature mais bien un acte translatif,
parce qu'elle est plutôt un acte de cession que de renonciation. Nous croyons que ces auteurs vont trop loin. Nous
ne doutons pas que la transaction ne soit déclarative par sa
nature, et quant aux objets litigieux qui en forment la matière. Elle est, en effet, une déclaration *de re dubiâ* une
entente entre deux parties, sur la propriété d'un objet, et
l'abandon de la part de l'une d'elles d'une prétention qu'elle
ne juge point assez fondée pour l'invoquer en justice. Et à
cause de cette incertitude, inséparable de toute transaction,
essentielle à ce contrat, on ne peut jamais dire que l'une
des parties s'est véritablement dépouillée de ce qui lui ap-

partenait certainement. — Mais nous admettons aussi que dans certains cas la transaction prend les caractères d'un acte translatif et qu'alors elle doit être transcrite. Ainsi, quand le véritable propriétaire abandonne une partie d'un droit certain moyennant la concession qui lui est faite par le contrat, ou bien quand l'une des parties donne à l'autre pour prix de sa renonciation une chose qui n'était pas la matière de la contestation. Par ex. : la maison A étant en litige entre Primus et Secundus, Primus abandonne à Secundus une autre maison B : moyennant quoi, ce dernier le laisse tranquille propriétaire de la maison A et renonce à faire prévaloir ses droits. — Dans tous ces cas, la transaction se rapproche beaucoup de la vente, surtout si la somme payée ou si l'immeuble qui sert de prix à l'abandon sont tels qu'on puisse les considérer comme le prix de l'immeuble qui fait l'objet de la transaction.

Il est des auteurs qui veulent quand même soumettre la transaction dans tous les cas à la formalité de la transcription, en vertu de l'art. 1er de la loi (2me alinéa), qui ordonne la transcription de toute renonciation à un droit de propriété ou à un droit réel susceptible d'hypotèque ; ils ne remarquent pas que la renonciation qui résulte de la transaction n'est pas le moins du monde celle dont parle la loi. Il y a de la différence, en effet, entre une renonciation à un droit certain, non contesté, reconnu par toutes parties, telle que l'exige la loi de 1855, et une renonciation à une simple prétention, à un droit qui n'existe peut-être pas, qui peut-être n'a jamais existé ; renonciation qui devrait plutôt être appelée reconnaissance du droit d'autrui et qui n'a rien de translatif.

XI. — DES VENTES ADMINISTRATIVES

Le droit administratif renferme des personnes morales, telle que l'État, les départements, les communes, les établissements d'utilité publique, qui, de même que les personnes ordinaires, peuvent être propriétaires, débitrices et créancières; mais qui se distinguent par les règles spéciales qui les régissent, et par les formes particulières auxquelles sont soumis leurs actes, notamment ceux d'acquisition et d'aliénation d'immeubles.

La loi de 1855 ne parle pas de ces actes et ne les soumet pas à la transcription par une disposition directe et spéciale. Faut-il les comprendre dans la formule générale? Cette formule n'a rien de restrictif; elle embrasse tous les actes entre-vifs translatifs de propriété sans limitation à aucune espèce particulière de ces actes. En principe donc les actes administratifs doivent y être compris comme les autres, sans distinction, à moins qu'il n'existe quelque motif particulier pour les y soustraire.

M. Troplong, *Trans.*, n. 80, en a trouvé deux :

1. Il a prétendu d'abord que la transcription est un acte de méfiance contre le vendeur, acte qui peut se comprendre, si l'on veut, entre particuliers, mais qu'il n'est pas possible d'admettre vis-à-vis de l'État.

2. il a dit ensuite que, la transcription étant entièrement de la compétence des tribunaux civils, et d'un autre côté tout ce qui concerne les actes administratifs devant être soumis à l'administration, il y a à craindre une espèce d'empié-

tement sur la ligne de démarcation qui sépare le domaine des tribunaux de celui de l'administration.

Si M. Troplong avait cherché le me'o. du monde à s'expliquer à lui-même les motifs qu'il invoque, il aurait été le premier convaincu de leur futilité et surtout de leur peu de valeur juridique.

Il avait remarqué en premier lieu que toutes les ventes administratives ne sont pas faites par l'État, et qu'il en est un bien plus grand nombre qui sont faites par d'autres personnes morales, dont le crédit n'est guère meilleur que celui des particuliers. Et d'ailleurs, la transcription n'est pas un simple acte de défiance, elle est aussi et surtout une garantie contre l'oubli et l'erreur, et il faut que M. Troplong ait une idée bien élevée de la perfection du mécanisme administratif pour avoir en lui une foi aussi aveugle; pour être si profondément persuadé qu'il n'est pas susceptible d'une erreur ou d'un oubli. Il a dû souvent voir le contraire dans sa longue vie de magistrat. — La transcription a encore pour effet de mettre l'acquéreur à l'abri de certains actes indépendants de la volonté de son auteur. Il arrive très-souvent, en effet, que des condamnations judiciaires sont prononcées contre les établissements d'utilité publique et souvent même contre l'État; et les hypothèques résultant de ces jugements sont générales; elles portent sur tous les biens du condamné, M. Troplong le sait bien; comment fera l'acquéreur, s'il ne peut transcrire pour empêcher les inscriptions de porter sur les biens qui lui ont été vendus. Il ne peut invoquer ni l'art. 6 de la loi nouvelle, puisque cette loi ne lui est pas applicable, ni l'art. 2166 du Code civil, aboli par l'art. 834 du Code de procédure, il ne lui reste que ce dernier article qui entraîne les plus fâcheuses conséquences.

Il n'y a pas non plus à redouter, en second lieu, aucune confusion entre les divers pouvoirs judiciaires. En effet l'interprétation des actes administratifs est entièrement de la compétence de l'administration, on n'en disconvient pas. Mais toutes les questions, se rattachant à la transcription, sont des questions de propriété, de pur droit civil, exclusivement réservées à la juridiction civile. Aucun conflit n'est donc à craindre, et autant la confiance de M. Troplong, dont l'état est aveugle dans le premier motif qu'il invoque, autant ses frayeurs sont chimériques dans le second.

M. Troplong ajoute que les auteurs de la loi ont solennellement déclaré que les aliénations administratives échappaient par leur nature à la règle commune. Il veut parler du Sénat et de la discussion qu'y a soulevée la loi de 1855. Nous voulons bien volontiers ajouter foi à la parole de M. Troplong. Mais que nous importe la discussion secrète du Sénat ; elle n'existe pas pour nous qui n'avons qu'à nous en rapporter aux discussions du Corps législatif, les seules publiques et supposées à notre connaissance, et nous avons beau les parcourir attentivement, nous ne retrouvons nulle part une pareille déclaration.

Conclusion : les ventes administratives, comme tous les autres actes du droit commun translatifs de propriété, doivent aussi être transcrits, malgré la publicité qui peut les entourer autrement.

XII. — DES RENONCIATIONS

L'art. 1, § 2, soumet à la transcription toute renonciation à un droit de propriété ou à tout autre droit réel susceptible d'hypothèque. Nous avons déjà expliqué qu'il fallait distinguer entre les renonciations à des droits définitivement acquis par l'acceptation de ceux auxquels ils se trouvaient dévolus, et les renonciations à des droits dévolus sans doute à une personne, mais non encore devenus définitifs par son acceptation. Il doit y avoir transcription dans le premier cas, et non dans le second.

Appliquant ces distinctions aux divers cas qui peuvent se présenter, nous décidons qu'il y a lieu de transcrire :

1° La renonciation à une succession légitime, quand la renonciation est pure et simple, bien entendu, parce qu'alors l'héritier est supposé n'avoir pas voulu accepter le droit qui lui revenait. On considère comme une acceptation au contraire et par suite comme une cession soumise à transcription, la renonciation faite au profit de tous les cohéritiers, moyennant une rétribution, ou bien la renonciation faite au profit d'un ou de plusieurs cohéritiers désignés. On ne peut pas dire, en effet, que l'héritier renonce à son droit, puisqu'il en dispose au profit de qui il lui plaît.

2° La renonciation à une succession testamentaire ; elle donne lieu aux mêmes observations que la précédente ;

3° La renonciation par la femme à la communauté, et qui doit comme les deux premières, être faite au greffe du Tribunal de première instance, dans l'arrondissement duquel le défunt, ou le mari avait son domicile (784, 1457).

4° La renonciation à une action en nullité, ou la ratification d'une aliénation annulable ; elle n'est que la reconnaissance du droit préexistant de l'acquéreur, droit imparfait, il est vrai, et qu'elle sert à compléter, mais sur lequel les tiers sont suffisamment renseignés ; par ex. : quand les héritiers d'un donateur ratifient la donation nulle pour vices de forme.

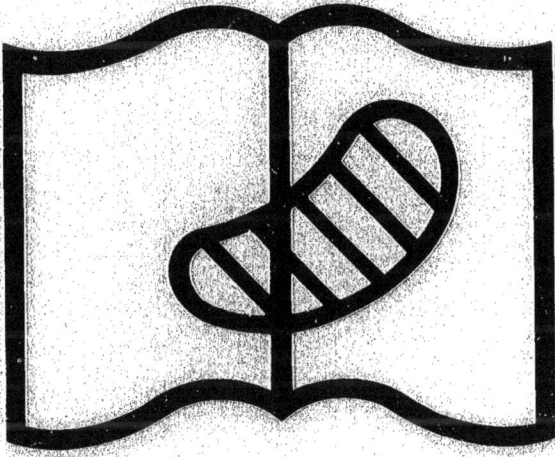

Original illisible

NF Z 43-120-10

Il n'y a pas non plus à redouter, en second lieu, aucune confusion entre les divers pouvoirs judiciaires. En effet l'interprétation des actes administratifs est entièrement de la compétence de l'administration, on n'en disconvient pas. Mais toutes les questions, se rattachant à la transcription, sont des questions de propriété, de pur droit civil, exclusivement réservées à la juridiction civile. Aucun conflit n'est donc à craindre, et autant la confiance de M. Troplong, dont l'état est aveugle dans le premier motif qu'il invoque, autant ses frayeurs sont chimériques dans le second.

M. Troplong ajoute que les auteurs de la loi ont solennellement déclaré que les aliénations administratives échappaient par leur nature à la règle commune. Il veut parler du Sénat et de la discussion qu'y a soulevée la loi de 1855. Nous voulons bien volontiers ajouter foi à la parole de M. Troplong. Mais que nous importe la discussion secrète du Sénat ; elle n'existe pas pour nous qui n'avons qu'à nous en rapporter aux discussions du Corps législatif, les seules publiques et supposées à notre connaissance, et nous avons beau les parcourir attentivement, nous ne retrouvons nulle part une pareille déclaration.

Conclusion : les ventes administratives, comme tous les autres actes du droit commun translatifs de propriété, doivent aussi être transcrits, malgré la publicité qui peut les entourer autrement.

XII. — DES RENONCIATIONS

L'art. 1, § 2, soumet à la transcription toute renonciation à un droit de propriété ou à tout autre droit réel susceptible d'hypothèque. Nous avons déjà expliqué qu'il fallait distinguer entre les renonciations à des droits définitivement acquis par l'acceptation de ceux auxquels ils se trouvaient dévolus, et les renonciations à des droits révolus sans doute à une personne, mais non encore devenus définitifs par son acceptation. Il doit y avoir transcription dans le premier cas, et non dans le second.

Appliquant ces distinctions aux divers cas qui peuvent se présenter, nous décidons qu'il y a lieu de transcrire :

1° La renonciation à une succession légitime, quand la renonciation est pure et simple, bien entendu, parce qu'alors l'héritier est supposé n'avoir pas voulu accepter le droit qui lui revenait. On considère comme une acceptation au contraire et par suite comme une cession soumise à transcription, la renonciation faite au profit de tous les cohéritiers, moyennant une rétribution, ou bien la renonciation faite au profit d'un ou de plusieurs cohéritiers désignés. On ne peut pas dire, en effet, que l'héritier renonce à son droit, puisqu'il en dispose au profit de qui il lui plaît.

2° La renonciation à une succession testamentaire ; elle donne lieu aux mêmes observations que la précédente ;

3° La renonciation par la femme à la communauté, et qui doit comme les deux premières, être faite au greffe du Tribunal de première instance, dans l'arrondissement duquel le défunt, ou le mari avait son domicile (784, 1457).

4° La renonciation à une action en nullité, ou la ratification d'une aliénation annulable ; elle n'est que la reconnaissance du droit préexistant de l'acquéreur, droit imparfait, il est vrai, et qu'elle sert à compléter, mais sur lequel les tiers sont suffisamment renseignés ; par ex. : quand les héritiers d'un donateur ratifient la donation nulle pour vices de forme.

5° Et le désistement d'une action en revendication. — Nous décidons au contraire qu'il y a lieu de transcrire :

1° La renonciation par laquelle le propriétaire d'un mur mitoyen abandonne son droit de mitoyenneté (650).

2° L'abandon que le propriétaire fait d'un fonds servant pour ne pas supporter les dépenses d'entretien de la servitude que le titre constitutif met à sa charge (699).

3° La renonciation au bénéfice d'un jugement rendu sur une demande en revendication.

4° La renonciation au bénéfice d'une prescription admise par un jugement passé en force de chose jugée. Il ne suffit pas, pour que la prescription produise tout son effet, c'est-à-dire pour que le possesseur d'un immeuble en soit devenu réellement propriétaire, que les conditions de temps et de possession soient accomplies ; il faut encore que ce possesseur ait consenti à s'en prévaloir, qu'il ait évoqué sa prescription, par ex. : en l'opposant en justice. Si le jugement est rendu conformément à ses conclusions, il y a alors pour lui fait acquis et droit accepté, même au regard des tiers, et pour que cet état de choses puisse ensuite être détruit, il faudra nécessairement le mode de publicité qui est conforme, la transcription. Cette solution est critiquée. On dit que la renonciation à une prescription ainsi achevée ne doit pas être transcrite, parce que l'ayant-droit n'a pas définitivement accepté ; parce que, bien que toutes les conditions aient été remplies, et que le droit puisse désormais lui être acquis, il manque encore la preuve de sa volonté de vouloir en profiter, de vouloir le faire sien, et le faire rentrer dans son patrimoine d'une manière définitive. Si donc, malgré le jugement et quoiqu'il soit passé en force de chose jugée, il refuse de l'accepter et manifeste l'intention contraire en y renonçant, on ne peut pas dire qu'il a acquis le droit de propriété ; ce droit lui était dévolu, il est vrai, mais il ne l'a jamais accepté. La transcription n'est donc pas nécessaire.

D'après ce raisonnement il serait difficile de dire à quel moment la propriété est définitivement acquise par la pres- cription. Il semble que la volonté du possesseur se mani- feste assez clairement par l'usage qu'il a fait de son droit ; en l'opposant en justice, il a bien entendu y acquiescer et en profiter, il l'a bien considéré comme sien, comme lui ap- partenant. Ce droit est donc désormais complet et définitif. On ne peut d'abord le considérer comme acquis, et aussitôt après comme restant encore à acquérir.

— D'autres auteurs vont plus loin, mais dans un sens tout opposé ; ils veulent soumettre à la transcription la re- nonciation à une prescription acquise, mais non encore invo- quée en justice, quoiqu'ils ne voient là que la reconnaissance du droit d'autrui, un refus d'acquérir. Ils s'appuient sur le grand motif de la publicité aussi étendue que possible, mais nous avons prouvé plusieurs fois que ce motif n'est pas juri- dique, parce que la loi n'a pas cherché à établir un système complet.

DEUXIÈME SECTION

DES JUGEMENTS SOUMIS A LA TRANSCRIPTION

Après avoir énoncé la formule générale par laquelle elle soumet les actes à la formalité de la transcription, la loi, dans les deux derniers alinéas de son art. 1er, indique la nature des jugements qui doivent y être également soumis :

Art. 1er. — Sont transcrits....

3. Tout jugement qui déclare l'existence d'une convention verbale de la nature ci-dessus exprimée ;

4. Tout jugement d'adjudication autre que celui rendu par licitation au profit d'un cohéritier ou d'un copartageant.

Nous allons d'abord expliquer ces termes et rechercher les jugements auxquels ils s'appliquent.

Nous dirons ensuite quelques mots des jugements d'une autre nature que la loi de 1855 n'a pas soumis à la transcription, comme les premiers, mais seulement à une simple mention (art. 4).

§ 1er.

Des jugements constatant l'existence d'une convention verbale soumise par sa nature à la formalité de la transcription mais non transcrite.

Il arrive parfois, le cas est assez rare, que les parties contractantes, ayant une entière foi l'une dans l'autre, font des aliénations d'immeubles, sans les constater par aucun acte, soit sous-seing privé, soit authentique, et que plus tard des difficultés surgissent qui obligent l'acquéreur à les faire constater par un jugement. Ce jugement n'opère pas lui-même la mutation de propriété entre les parties ; il a pour but de constater simplement ce fait de la mutation déjà opérée. Avant la loi de 1855, une fois le jugement obtenu, l'acquéreur avait un droit définitivement établi, opposable non-seulement à son aliénateur mais encore à tous les tiers, dont l'intérêt se trouvait entièrement sacrifié. On peut dire cependant que les jugements étant publiquement rendus, une certaine notoriété les entoure. Mais on peut répondre que ce n'est là qu'une notoriété temporaire, à peine de quelques instants, et qui disparaît bien vite dans la nuit du passé, alors qu'il n'existe aucun moyen de la rappeler sans cesse.

La loi de 1855, en rétablissant le régime de la transcription devait nécessairement y soumettre de pareils jugements, qui ont toutes les qualités des actes translatifs de propriété et qui en produisent tous les effets.

Elle n'a parlé que des jugements qui constatent des aliénations faites par convention verbale. Mais il est d'autres cas dans lesquels il est aussi nécessaire de recourir à la justice pour faire constater l'acquisition d'un droit, par ex. : quand une vente ayant été faite par acte sous seing-privé, l'acquéreur vient à perdre, avant la transcription, le double qu'il a en mains, et qu'il est obligé d'intenter une action en reconnaissance de contrat contre son vendeur de mauvaise foi qui se prétend encore propriétaire.

Faut-il dire que le jugement qui intervient en ce cas doit être également transcrit ? Il est certain que si on interprète le texte de la loi judaïquement, la réponse doit être négative, elle doit être affirmative au contraire, si on veut se conformer à son esprit.

La loi ne distingue pas entre les diverses autorités qui peuvent porter un pareil jugement, entre un tribunal ou une cour, un tribunal civil ou un tribunal de commerce, un juge français ou un juge étranger, pourvu, en ce dernier cas, que le jugement soit soumis aux formalités qui le régissent pour le faire considérer comme valable en France, les sentences arbitrales elles-mêmes doivent être comprises dans ses dispositions.

Si le jugement est en premier ressort, il peut arriver qu'il soit transcrit avant qu'il n'ait acquis l'autorité de la chose jugée. Il ne sera pas nécessaire de transcrire l'arrêt confirmatif. S'il est révoqué, il sera bien entendu considéré comme non avenu, et pour enlever tout effet à la transcription, il sera indispensable de faire mentionner en marge le jugement ou l'arrêt qui l'aura infirmé, conformément au principe de l'art. 4.

§ 2.

Jugements opérant par eux-mêmes transmission de propriété immobilière.

La loi dispose que tous les jugements d'adjudication doivent être transcrits, excepté ceux qui sont rendus sur licitation au profit d'un cohéritier ou d'un copartageant.

Cette disposition, des plus simples en apparence, ne laisse pas, quand on l'examine de près, d'offrir d'assez grandes difficultés. En effet, si on veut interpréter les termes de la loi dans leur sens grammatical et technique, si on veut simplement s'en tenir à la lettre, sans tenir compte de l'esprit, on arrive à des solutions qui bouleversent toute l'économie du régime de la publicité tel que le législateur a voulu l'établir.

Il résulte de tout ce que nous avons dit jusqu'à présent que le législateur s'est donné comme but principal de livrer à la publicité tous les actes qui, suivant les principes géné-

raux de notre droit, renferment une mutation de propriété,
un transport de ce droit de la tête d'une personne sur celle
d'une autre. C'est ainsi que dans le premier alinéa de l'article 1er, à l'aide d'une formule générale, il a soumis d'abord
à la transcription tous les actes ordinaires susceptibles de
produire un pareil effet, et comme ces actes peuvent être
détruits par la volonté des parties, il y a également soumis,
par un deuxième alinéa, les actes de renonciation ; puis,
examinant les applications de sa formule, il a trouvé qu'elle
ne s'adaptait guère aux conventions verbales ni aux jugements d'adjudication, et il s'est empressé de faire deux dispositions spéciales (alinéas 3 et 4). Mais il a eu soin, dans
cette dernière, de distinguer, parmi les jugements d'adjudication, ceux qui pouvaient avoir le caractère d'actes translatifs, et ceux qui, offrant tous les caractères du partage,
étaient simplement déclaratifs. Il a dispensé ces derniers de
la formalité de la transcription, et il y a soumis tous les autres, qu'il suppose également translatifs.

Sur ce dernier point, il est tombé dans la plus grave des
erreurs ; car tous les jugements d'adjudication qui ne sont
pas déclaratifs sont loin d'être tous translatifs. Ainsi, par
exemple : les jugements d'adjudication sur surenchère, soit
du sixième, soit du dixième, prononcés au profit des premiers adjudicataires qui, tenant à conserver les immeubles,
se rendent une seconde fois derniers enchérisseurs, ne peuvent être translatifs et sont simplement confirmatifs. De
même, quand un acquéreur, en vertu d'un contrat à titre
onéreux, ou un donateur poursuivi par un créancier du
précédent propriétaire, laisse opérer la saisie et la vente devant le tribunal et se rend adjudicataire de sa propre chose ;
ou bien encore quand un acquéreur procédant, au lieu de

14

purger, par la voie de délaissement, se rend adjudicataire de l'immeuble délaissé. Dans ces deux cas encore, le jugement qui intervient ne peut être trans'atif, il est simplement confirmatif.

On voit donc que les jugements d'adjudication peuvent être translatifs, ou déclaratifs, ou simplement confirmatifs. La loi n'excepte de la transcription que ceux qui sont déclaratifs. Par un argument *a contrario*, on doit, d'après ses termes, appliquer cette formalité aux jugements confirmatifs. Cependant, d'après son but et son esprit, elle n'a voulu l'appliquer qu'aux actes translatifs : d'où il faudrait conclure que les actes confirmatifs doivent en être exemptés.

D'un autre côté, on n'a parlé que des adjudications qui se font devant les tribunaux, et elle a laissé inaperçues les adjudications qui peuvent se faire devant notaire et par acte authentique ; elle n'en a pas parlé. De plus, les adjudications seules ne se trouvent pas en dehors des contrats ordinaires d'aliénation ; il y a encore les expropriations pour cause d'utilité publique, qui se font également par jugement, et que la loi nouvelle ne comprend pas dans ses dispositions.

En s'en tenant donc à la lettre de la loi, on est obligé de soumettre à la transcription des actes qui ne sont pas translatifs, qui sont simplement confirmatifs, et d'y soustraire des actes qui naturellement en seraient susceptibles, tels que les adjudications par devant notaire, et les jugements d'expropriation pour cause d'utilité publique ; tandis que si l'on se rapporte à son esprit, on doit en exclure les jugements confirmatifs, et y soumettre tous les actes translatifs, même ceux qu'elle a laissés dans l'oubli.

Cette contradiction évidente a donné lieu d'abord à de vifs débats. Nous n'oserions ici nous prononcer si déjà l'o-

pinion générale n'avait résolu ce grand problème à la satisfaction de tous. Elle a mieux aimé condamner le législateur et l'acuser d'oubli et de négligence que de laisser la loi
exposée aux plus vives attaques, en s'en tenant à son esprit
général et en corrigeant le texte.

Aujourd'hui il est universellement admis et avec juste
raison que parmi les adjudications celles-là seulement ne
doivent pas être transcrites qui ont le caractère d'actes déclaratifs, et que toutes les autres doivent l'être, qu'elles
aient lieu par jugement ou par acte notarié.

Telle est la règle générale — Nous allons maintenant
examiner quelques difficultés qui peuvent surgir dans son
application aux diverses adjudications.

Et d'abord, on a voulu prétendre au sujet des adjudications sur saisie pratiquée sur un propriétaire par ses créanciers personnels, que, même depuis la loi nouvelle, la
transcription des jugements qui les prononçaient n'était pas indispensable et qu'il suffisait, pour les porter à la connaissance
des tiers, de la mentionner en marge de la transcription des
saisies. Nous ne nous attarderons pas à exposer et à réfuter
cette doctrine qui est évidemment inadmissible.

On s'est demandé ensuite si, quand un acheteur ou un
donateur, au lieu de purger, a pris la voie du délaissement,
et que dans l'adjudication qui survient il se rend dernier
enchérisseur, le jugement doit être transcrit. Il y a doute, en
effet, sur le point de savoir quel est l'effet du délaissement,
s'il emporte de plein droit l'abandon de la propriété, et si,
par suite, l'adjudication même prononcée au profit du délaissant ne doit pas être considérée comme une acquisition
nouvelle.

Pour soutenir que le délaissement est un abandon de la

propriété, on peut invoquer deux motifs : 1° La loi exige dans l'art. 2172 la capacité d'aliéner pour pouvoir délaisser ; or, la nature d'un acte et la capacité nécessaire pour le faire valablement étant liées par la plus étroite affinité, chacune d'elles peut servir à déterminer l'autre. Donc, si la loi exige spécialement la capacité d'aliéner, c'est que l'acte renferme une aliénation ; 2° d'après l'art. 2177 le délaissement fait renaître les autres servitudes et autres droits réels que le tiers détenteur avait sur l'immeuble avant sa possession. Cet effet ne peut s'expliquer que par l'abandon de la propriété.

A cela on répond que le délaissement n'est que l'abandon de la détention de l'immeuble ou de la possession de fait.

1° Loyseau, dans l'ancien droit, disait : « Il faut prendre garde que celui qui délaisse l'héritage pour les hypothèques n'en quitte que la simple détention ou occupation. » (*Traité du déguerpissement*, liv. V, ch. XIV, n. 1 et 6, ch. 7, n. 1 et s.). Brodeau (sur l'art. 79 de la cout. de Paris), et Denizard (au mot *déguerpissement*) ne parlaient pas autrement et Pothier (*Introd. à la cout. d'Ol. Hyp.* n. 51, *Traité de l'hyp.*, n. 119), disait à son tour : « Le détenteur qui a délaissé l'héritage n'est jamais dépouillé de la propriété qu'il n'y ait une vente faite par décret, après le délaissement, sur le curateur qu'on y fait nommer. La propriété et la possession civile de l'héritage restent toujours fictivement permanentes sur la tête du délaissant. »

Les art. 2172 et 2177 que l'on objecte ne prouvent pas le moins du monde qu'en passant dans notre droit actuel le délaissement y ait changé de nature.

Sans doute la loi exige pour délaisser le pouvoir d'aliéner; mais ce n'est pas parce que l'aliénation a lieu immédiatement, mais parce qu'elle pourra avoir lieu plus tard sur la poursuite des créanciers. Elle fait de même revivre les servitudes et autres droits réels sur l'immeuble au profit du tiers-détenteur, mais pour un motif bien simple. Pour les créanciers en effet, le gage qu'ils poursuivent est supposé se trouver encore entre les mains du débiteur et dans son état primitif avec toutes ses charges et servitudes; il ne faut pas que l'aliénation qui en est faite leur profite au préjudice de l'acquéreur, pas plus qu'il ne faut que ce dernier en bénéficie à leur propre détriment.

Ainsi, si l'acquéreur, après avoir délaissé, se rend adjudicataire, il ne sera pas utile de transcrire le jugement. Il reste propriétaire en vertu de son titre primitif. Cet effet est important à noter, surtout dans le cas de donation, parce que le donataire adjudicataire de sa propre chose continuera à la posséder *pro donato*, et qu'ainsi son titre demeurera révocable pour ingratitude ou survenance d'enfants et sera susceptible de réduction en cas d'excès de la quotité disponible. (Gabriel Demante, *Traité de l'enregistrement.*)

La même solution doit avoir lieu dans le cas où la saisie ayant été faite contre l'acquéreur, ce dernier s'est rendu enchérisseur sur surenchère.

L'appliquerons-nous également à l'héritier bénéficiaire qui est devenu adjudicataire d'un immeuble de la succession? En sa qualité d'héritier, il est propriétaire de tous les biens de la succession, et l'acceptation bénéficiaire qu'il en fait ne peut être considérée comme une renonciation; elle modifie mais elle ne détruit pas les effets de la saisine. En se rendant adjudicataire, il n'acquiert pas un nouveau droit, il confirme seulement celui qu'il avait déjà. Pour lui, l'adjudication n'est pas un acte translatif, mais un acte simplement confirmatif. Ce serait donc aller contre le principe général de la loi que de la soumettre à la transcription: Telle est l'opinion de MM. Rivière et Huguet (n. 120) et de M. Troplong. (n. 102). Ce raisonnement est-il bien juridique? Sans doute l'héritier, malgré son acceptation bénéficiaire, reste héritier et conserve son titre et ses droits sur les biens de la succession. Mais quel est donc l'effet du bénéfice d'inventaire? La loi nous l'apprend (802,2.) « De ne pas confondre les biens personnels de l'héritier avec ceux de la succession, et de lui conserver contre elle le droit de réclamer le paiement de ses créances. » Mais à l'égard de qui cet effet se produit-il? A l'égard seulement des créanciers et des légataires pour lesquels le défunt est réputé vivant, et vis-à-vis desquels l'héritier bénéficiaire n'est plus qu'un administrateur comptable (803). A l'égard de toutes autres personnes, il est un simple héritier, représentant le défunt, *est verus herus et verus dominus rerum hereditariarum*. La condition est ainsi d'une nature mixte. Or, si nous nous reportons à l'art. 3 de la loi nouvelle, nous voyons que la transcription n'a d'effet qu'à l'égard des tiers qui ont des droits sur l'immeuble, c'est-à-dire dans le cas dont s'agit, à l'égard des ayants-cause du défunt; et pour eux, l'héritier bénéficiaire n'est pas propriétaire, il est simplement administrateur comptable, un véritable étranger: A leur égard donc, l'adjudication est pour l'héritier bénéficiaire un titre distinct de son titre successif,et pour faire valoir ce nouveau titre contre eux, il a besoin de remplir toutes les formalités ordinaires et avant tout la transcription. Telle est la doctrine d'un grand nombre d'auteurs, et aussi de la Cour de cassation.(27 Mai 1835, Reg. rej. Sir. 35, 1, 341.) — 12 Août

1839 ; Sir. 39, 1, 781 et 782. — 26 février 1862 ; Sir. 62, 1. 609. Civ. rej. — 28 Juillet 1862 ; Sir. 62, 1. 988).

Quand c'est un étranger, au lieu de l'acquéreur lui-même, qui se rend adjudicataire, il y a évidemment transmission de propriété, et par suite nécessité de transcription. On a soulevé à ce sujet une grande et difficile controverse. On s'est demandé si cette adjudication n'avait pas pour effet de résoudre le droit de l'acquéreur, et de rendre l'adjudicataire l'ayant-cause direct du vendeur. Il y a de puissants motifs en faveur de la résolution ; nous croyons cependant que l'adjudicataire est l'ayant-cause direct du tiers-détenteur, parce que la loi conserve sur l'immeuble adjugé les droits des créanciers personnels de ce dernier, et lui attribue le surplus du prix d'adjudication qui peut rester après le paiement de toutes les dettes.

En est-il de même dans le cas d'une adjudication sur dixième, après aliénation volontaire au profit d'un autre que le tiers détenteur ? Il y a également translation de propriété, et par suite nécessité de transcrire, mais y a-t-il maintien du contrat ou résolution ? On s'appuie pour prouver la résolution du contrat sur l'art. 2188 aux termes duquel la loi ordonne à l'adjudicataire, en sus de son prix, de restituer à l'acquéreur ou donataire dépossédé les frais et loyaux coûts du contrat. Sur ce point nous adoptons l'opinion contraire de MM. Aubry et Rau, qui la formulent en termes si précis, que nous ne pouvons mieux faire que de les citer. (V 3. p. 535, note 109).

« En exerçant la surenchère, les créanciers ne contestent nullement la transmission de propriété qui s'est opérée par le titre d'acquisition du tiers détenteur ; ils refusent simplement de dégager ce dernier, au prix par lui offert,

de l'obligation réelle à laquelle il se trouve soumis, et re-
prennent, sous la condition de porter le prix à un dixième
en sus, le droit de faire vendre l'immeuble sur lui comme
ils auraient pu le faire s'il n'avait pas purgé. Tout le monde
reconnaissant que le tiers détenteur reste propriétaire de
l'immeuble par lui acquis jusqu'au jugement d'adjudication,
c'est-à-dire jusqu'au moment où la propriété de cet immeuble passe sur la tête de l'adjudicataire, il est impossible de
concevoir un seul instant de raison pendant lequel la pré-
tendue résolution du titre d'acquisition du tiers détenteur,
aurait fait revivre la propriété dans la personne du précédent propriétaire. Et c'est cependant ce qui serait absolument indispensable pour que ce titre se trouvât véritablement résolu dans le sens de l'art. 1183. » — (V. Vernet
Revue pratique, 1865, XX, p. 126).

La question, douteuse pendant quelques temps au
sujet des adjudications sur enchère du sixième ou sur folle
enchère, ne l'est plus depuis la loi du 21 mai 1858. Ces
adjudications ne résolvent pas d'une manière complète la
transmission de propriété qui s'est opérée au profit du premier adjudicataire. Elles ont plutôt pour effet de lui subs-
tituer le second adjudicataire. La première adjudication
subsiste encore à l'égard de l'ancien propriétaire ; la transmission de la propriété n'est résolue que dans la personne
du premier adjudicataire et en faveur seulement des créanciers. De là cette conséquence, qu'il suffit de faire transcrire l'un des deux jugements d'adjudication. Il est cependant encore des auteurs qui, voyant à tort dans la seconde
adjudication une résolution complète de la première, exi-
gent la transcription du dernier jugement, même quand le
premier a été transcrit.

Dans les adjudications sur licitations, il faut distinguer la qualité des personnes qui se rendent adjudicataires. Si le jugement est rendu au profit d'un seul des copartageants, il y a là un véritable partage, un acte déclaratif que la loi exclue formellement de la transcription. — S'il est rendu au profit de plusieurs copartageants qui acquièrent conjointement, on se retrouve en face de la même controverse que celle que nous avons déjà vue au sujet des actes qui ne font cesser l'indivision que d'une manière partielle. Nous avons dit que la jurisprudence et quelques auteurs voyaient là une vente, et qu'une partie de la doctrine y voyait un partage ; et nous avons adhéré à la première opinion, nous la suivons encore ici. — Pas de difficulté, s'il est rendu au profit d'un seul ou de plusieurs étrangers, il y a mutation de propriété, donc nécessité de transcrire.

Au sujet des jugements qui peuvent par eux-mêmes opérer une mutation de propriété, il nous reste à examiner une question fort délicate, fort grave cependant, et féconde en conséquences pratiques.

Les jugements d'adjudication ne sont pas en effet les seuls qui soient translatifs de propriété, il y a encore les jugements d'expropriation pour cause d'utilité publique ; quoiqu'ils ne soient pas des adjudications proprement dites, ils produisent le même effet. La loi ne les a pas cependant compris dans ses dispositions, et les a passés entièrement sous silence. Il en est de même des cessions amiables consenties par les propriétaires des terrains soumis à l'expropriation ; la loi de 1855 n'en fait aucune mention quoiqu'elles soient soumises à des règles tout-à-fait spéciales. Ici une distinction est nécessaire ; on peut dire que tant que les formalités indiquées par l'art 2 de la loi du 31 mai

1841 n'ont pas été remplies, ces cessions doivent être considérés comme des actes de vente ordinaires, soumises par suite à la transcription, en vertu de l'art. 1. § 1er de la loi de 1855. Une fois ces formalités remplies, on ne peut plus les classer dans cette catégorie, à cause des effets tout particuliers qu'elles sont appelées à produire.

Que devons-nous conclure de ce silence de la loi?

L'expropriation pour cause d'utilité publique, a été réglementée par une loi spéciale, la loi du 3 mai 1841. Doit-on s'en tenir encore à cette loi, depuis celle de 1855, en ce qui concerne le transfert de la propriété à l'égard des tiers, ou bien doit-on admettre qu'elle a été modifiée par cette dernière et soumettre les jugements d'expropriation pour cause d'utilité publique, et les cessions amiables faites en prévision de ces jugements, à la formalité de la transcription, en leur appliquant tous les effets qu'elle produit d'après les nouvelles dispositions?

Des intérêts fort graves sont ici en jeu. En effet:

L'application de la loi de 1855 entraîne les conséquences suivantes:

1° L'administration ne devient propriétaire à l'égard des tiers qu'à compter de la transcription.

2° Les inscriptions peuvent être prises jusqu'à ce moment, mais non après, même celles des hypothèques légales qui n'ont plus de cause, et qui ne sont plus dans l'année de l'art. 8.

3° Et les créanciers subrogés dans l'hypothèque légale de la femme doivent se présenter dans le rang des dates de leurs mentions de subrogation en marge de l'hypothèque.

L'application de la loi de 1841 énumère des conséquences différentes, et qui sont les suivantes:

1° Le contrat ou le jugement rend l'Etat propriétaire, même à l'égard des tiers ;

2° Les inscriptions peuvent être prises, même dans la quinzaine ;

3 Les hypothèques légales sont toujours valables sans être inscrites;

4° Les créanciers subrogés dans l'hypothèque légale de la femme peuvent se présenter dans le rang des dates certaines des actes de subrogation.

D'après une première opinion, c'est la loi de 1855 qui doit l'emporter sur celle de 1841. Les arguments sur lesquels on a bâti ce système sont les suivants :

1° L'objet principal de la loi de 1855, en rédigeant la formule générale de la transcription, n'a pas été de déterminer d'après leur forme les actes qui doivent y être soumis, mais de rechercher dans leur nature et dans leurs effets les éléments particuliers qui les en rendent susceptibles. « Tout acte, » dit-elle. Rien de plus général ni de plus absolu. On ne peut pas dire qu'elle a cherché une formule restrictive. Aucun acte donc qui renferme l'élément indiqué ne peut lui échapper, pas plus les jugements ou cessions dont nous parlons que tout autre acte, et il est inutile de se réfugier dans les alinéas 3 et 4 de l'art. 1, pour prétendre que la loi a entendu faire une distinction entre les actes volontaires et les jugements, et établir une règle spéciale pour chacun d'eux. Ces alinéas 3 et 4 ne sont que des applications particulières du principe fondamental posé dans l'alinéa 1 du même article.

2° D'ailleurs, si on ne veut pas y comprendre ces jugements ou cessions, pourquoi y comprend-on les adjudications par-devant notaires, les actes ou jugements par lesquels le propriétaire d'un mur en cède la mitoyenneté à un propriétaire voisin, ceux par lesquels on est obligé de céder un droit de passage à un propriétaire enclavé (682)? On peut dire que ce sont là cependant de véritables aliénations forcées.

3· Il n'y a pas à tenir compte de la publicité qui entoure ces actes. Ce n'est qu'une publicité imparfaite et temporaire, appelée à disparaître bien vite, et qui est loin d'égaler la publicité qui résulte de la transcription.

4· On apporte ainsi sans doute des changements à la loi de 1841, loi spéciale dont les règles sont en dehors du droit commun, il est vrai, mais qui se rattachent encore à des principes généraux, dont elles adoptent les conséquences pour en faire une application pure et simple. C'est ainsi qu'elle a adopté sans modification aucune les dispositions de la loi ordinaire en ce qui concerne la transmission de la propriété soit entre les parties elles-mêmes, soit à l'égard des tiers, telle qu'elle était organisée avant la loi de 1855. Cette dernière loi a changé cette organisation; elle a, par suite, aboli indirectement les dispositions par lesquelles la loi de 1841 en faisait l'application. Et il y a une contradiction flagrante à continuer à faire à un cas spécial l'application d'un principe général qui a été formellement rejeté : c'est vouloir apporter dans le droit une perturbation et un bouleversement complets.

Ainsi raisonnent les partisans de la loi de 1855.

Ceux de la loi de 1841 leur répondent :

1· La loi de 1841 est une loi spéciale, limitée dans son application et dans ses effets; formant, comme toute loi de ce genre, un corps à part, et se distinguant de toutes les autres lois qui ont un caractère plus ou moins général. On ne peut en détacher ou modifier une seule partie sans détruire l'ensemble, tant que le législateur ne la modifie pas lui-même par une disposition toute particulière. Elle repousse toute analogie, toute ressemblance, toute similitude, et n'admet que les raisonnements directs et déduits d'elle-même. Sans doute, elle peut renfermer des applications d'un principe général du droit commun; mais en les adoptant, elle les fait siennes, et en fait des principes pour elle. Le principe général peut désormais changer et être détruit : les applications dont elle s'est emparée subsistent quand même et ont une existence inséparable de la loi elle-même. Ainsi, au sujet de la transmission de propriété, la loi de 1841 pouvait se contenter de renvoyer au régime alors admis du Code civil et de l'art. 834 du Code de procédure : elle n'a pas cru cela suffisant; elle a voulu bien constater qu'elle se l'appropriait, qu'elle le faisait sien, qu'elle en faisait un élément de sa propre existence. Ainsi, les art. 16 et 17 disent :

« Le jugement sera, immédiatement après l'accomplissement des formalités prescrites par l'art. 15 de la loi, transcrit au bureau de la conservation des hypothèques de l'arrondissement, conformément à l'art. 2181 du Code civil. Dans la quinzaine de la transcription, les priviléges et hypothèques conventionnelles, judiciaires ou légales, seront inscrits. A défaut d'inscription, etc. » La transcription est prise dans cette loi comme la formalité préliminaire de la purge; et une preuve que la loi de 1841 s'est bien approprié la disposition de l'art. 834 du Code de procédure; c'est que la transcription est facultative d'après ce dernier article, tandis que la loi de 1841 l'a rendue obligatoire pour les jugements d'expropriation.

On ne peut donc pas dire que le législateur, en modifiant le régime de la mutation de la propriété par la loi de
1855, a entendu aussi modifier la loi de 1841 en ce qu'elle
se rattache à ce régime. Il aurait dû exprimer formellement
sa volonté ; il ne l'a pas fait, on ne trouve même aucune
déclaration indirecte qui prouve qu'il l'ait eue un seul
instant.

2° Une preuve contraire résulterait d'une déclaration faite
par les commissaires du Gouvernement à la commission du
Sénat, chargée du rapport sur la loi de 1855, dans laquelle
ils ont dit au sujet des créanciers hypothécaires ou privilé-
giés « qu'il n'était nullement dérogé à la loi du 3 mai 1841,
qu'ainsi les délais accordés par cette loi aux parties intéressées étaient intégralement maintenues. »

3° L'argument que l'on tire de la généralité des termes de
l'art. 1 (alinéa) de la loi de 1855 peut être combattu par
ce même motif de la spécialité de la loi de 1851. On peut
dire, en effet, que ces termes, aussi généraux qu'ils soient,
ne concernent que les actes translatifs du droit commun, et
on peut ainsi facilement expliquer la disposition particulière
faite par le législateur pour les jugements d'adjudication.
Comme, en effet, ce sont des modes de transfert qui s'éloignent un peu de la forme ordinaire, le législateur a pu
craindre qu'on ne voulût pas les comprendre dans sa formule générale. Et si il a agi ainsi pour les jugements d'adjudication, on ne comprend pas qu'il ait gardé le silence sur
les modes de transfert de la loi de 1841 qui s'éloignent encore plus de la forme ordinaire, si, comme on le prétend, il
avait voulu les soumettre à la transcription.

4° Pourquoi d'ailleurs, le législateur aurait-il songé à les
y soumettre. Quoiqu'en disent les adversaires de la loi de

1841, cette loi renferme un système complet de publicité, auquel celui de la nouvelle loi n'ajouterait aucun avantage : enquêtes avant le jugement, avertissements collectifs par voie d'affiches ou d'insertions dans les journaux, notifications individuelles, enfin publication par les mêmes moyens du jugement d'expropriation, sans parler de la publicité générale qui entoure toujours ces mesures d'utilité publique. Rien ne manque, pas même la transcription, qui est facultative d'après le droit commun, mais qui est ici obligatoire. Elle n'est, il est vrai, que la formalité préliminaire de la purge, mais elle n'en produit pas moins ses effets de publicité.

§ III°

Jugements soumis à la mention.

— En soumettant à la transcription les actes translatifs de propriété, en reprenant l'œuvre si heureusement commencée par la loi de Brumaire et si malheureusement abandonnée par le code de 1804, le législateur de 1855 a fait un grand pas dans la voie de la publicité. Mais si, après avoir livré à la publicité les actes translatifs, il n'avait pas complété son système, en y livrant également les actes ou jugements qui peuvent enlever tout effet à ces actes, les détruire, les réduire au néant, les faire considérer enfin comme s'ils n'a-vaient jamais existé, il aurait été loin d'atteindre son but, et au lieu de faire produire des avantages à son système, il lui aurait fait produire des inconvénients aussi fâcheux, aussi nuisibles, sinon plus que sous le régime de la clan-destinité entière. Il arrive souvent, en effet, que les actes

translatifs de propriété sont soumis à des causes de résolution, de nullité ou de réscision. Parmi ces cause , les unes
sont indiquées par l'acte lui-même, telles que les résolu-
tions de plein droit ; il est facile aux tiers de les connaître ;
les autres, au contraire, sont en dehors de l'acte qui a été
transcrit, et restant par suite clandestines, ne peuvent être
connues d'eux. Il faut un jugement pour qu'elles se mani-
festent et produisent leurs effets. Si ces jugements ne sont
pas livrés à la publicité, les tiers se trouvent en face d'actes transcrits qui n'existent pas en réalité. Il leur est impossible d'échapper à la fraude, et on peut dire que c'est la
loi elle-même qui les expose à des erreurs fatales.

Le législateur a vu heureusement les dangers dans lesquels il allait mettre le crédit, et il a su les éviter par son
art. 4, ainsi formulé. « Tout jugement prononçant la résolution, nullité ou rescision d'un acte tanscrit, doit dans le
mois à dater du jour où il a acquis l'autorité de la chose
jugée, être mentionné en marge de la transcription faite sur
le registre. »

Ces jugements n'opèrent pas réellement une mutation
de propriété; attendu que par une fiction de la loi, la
propriété est supposée être toujours restée sur la tête de
l'ancien propriétaire Mais il y a eu déplacement momentané
et ce déplacement a été constaté ; la rétrocession doit l'être
également.

Il faut cependant distinguer entre ces jugements. Ils ont
des effets bien différents, suivant les contrats auxquels ils
se rapportent, qui peuvent être nuls, résolubles, annulables
ou rescindables.

Les contrats sont nuls quand l'un des éléments essentiels
à leur formation fait absolument défaut ; ils sont resolubles,

lorsqu'ils sont affectés d'une condition susceptible de les révoquer rétroactivement, et d'annuler tous leurs effets tant dans
le passé que pour l'avenir. Cette condition résolutoire peut
être de deux espèces : elle peut avoir lieu de plein droit,
c'est-à-dire que l'événement qui la constitue lui fait produire tous ses effets dès son accomplissement, et sans recourir à la justice ; ou bien cette condition, en germe dans
le contrat, a besoin pour agir d'être reconnue par un jugement : — Ils sont annulables ou rescindables d'une manière
générale, quand sans être nuls, ils ne sont pas cependant
parfaits, parce qu'ils sont entachés d'un vice qui permet de
leur enlever tout effet. Mais pour que cette annulation ait
lieu, il faut la demander à la justice qui la prononce.

En principe donc, les jugements n'interviennent pas dans
les contrats nuls *ab initio*, et les contrats résolubles de plein
droit. Mais ils prononcent eux-mêmes la résolution, la nullité ou la rescision des autres. Ces derniers sont ceux dont
l'art. 4 a voulu parler.

D'un autre côté il arrive souvent que des difficultés surgissent au sujet des contrats nuls et des contrats résolubles
de plein droit, et qu'il est nécessaire de les faire constater
par des jugements. Ces jugements n'ont ici d'autre effet que
de reconnaître l'existence d'un fait et de l'enregistrer.

Doit-on cependant les soumettre à la publicité en vertu de
l'art. 4 ? Ils ne rentrent pas évidemment dans son texte ;
on peut soutenir qu'ils rentrent dans son esprit ; mais on se
trouve arrêté ici par le caractère de pénalité que renferme
cette disposition (2ᵐᵉ alinéa) caractère qui empêche toute
interprétation extensive.

Étant admis le caractère rétroactif des jugements dont nous
parlons, il y avait à se préoccuper de sauvegarder complè-

15

tement le droit des tiers. Ces jugements, en effet, anéantissent tous les droits qui ont été conférés sur la chose par le propriétaire apparent, et empêchent la constitution de nouveaux droits pour l'avenir. La mention ne préviendra que les ayants-cause postérieurs, ceux qui traiteront à l'avenir avec celui contre lequel jugement a été porté. Quant à ceux qui avaient traité avant le jugement, ils voient leurs droits tomber et s'évanouir sans avoir été prévenus, sans même le plus souvent avoir pu se douter qu'ils couraient un aussi grand danger. Le législateur n'a pas songé à écarter ce grand inconvénient. Des exemples lui étaient cependant donnés par d'autres législations. En Allemagne, la résolution ne retroagit pas au préjudice des ayants-cause du possesseur de l'immeuble, elle n'opère que sur les droits constitués depuis l'exercice de l'action rendue publique. — Même dans notre droit, on trouve un cas exceptionnel, conforme à ce système : celui de révocation d'une donation pour cause d'ingratitude. Cette révocation, d'après l'art. 958, ne peut préjudicier aux droits acquis du donataire par des tiers, antérieurement à l'inscription faite de l'extrait de la demande en révocation en marge de la transcription de la donation.

Le mode de publicité auquel sont soumis les jugements prononçant la résolution, la nullité ou la rescision des actes transcrits, diffère entièrement de celui de la transcription. On ne copie pas intégralement les jugements sur le registre, on se contente de mettre en marge de la transcription de l'acte résolu, annulé ou rescindé, une note indiquant la date et la nature du jugement. On ne peut que féliciter le législateur d'avoir ainsi obtenu un grand résultat par un moyen des plus simples ; on ne peut que l'encourager et l'engager à l'appliquer à beaucoup d'autres cas, par ex. : à ous les

actes et jugements portant renonciation à des droits transcrits.

La transcription est facultative ; pour la mention, au contraire, la loi fixe un délai ; elle doit être faite dans le mois à
dater du jour où le jugement a acquis l'autorité de la chose
jugée. Et ce ne sont pas les parties elles-mêmes, ou du
moins celles qui y ont intérêt, qui la font opérer. La loi les
décharge de ce soin qu'elles pourraient négliger ; elle a
voulu assurer l'accomplissement de cette formalité, et elle en
a chargé l'avoué qui a obtenu le jugement.

Elle est allée encore plus loin, elle a établi une sanction
pénale :

« L'avoué, dit-elle, qui a obtenu le jugement est tenu,
sous peine de cent francs d'amende, de faire opérer cette
mention en remettant un bordereau rédigé et signé par lui
au conservateur qui lui en donne récépissé. »

On voit les grandes différences qui existent entre ces
deux modes de publicité ; la mention et la transcription,
notamment au point de vue de la sanction ; pour l'une une
simple amende, pour l'autre l'inefficacité de l'acte à l'égard
des tiers. On peut dire que la première est insignifiante, et
même très-insuffisante, si l'on considère les dangers que la
clandestinité des jugements de résolution, nullité ou rescision des actes transcrits peut faire courir aux tiers. Le motif qui a dirigé le législateur est difficile à expliquer. Sans
doute, en obligeant l'avoué à remplir cette formalité sous
peine d'amende, il en a assuré l'accomplissement. Mais il
aurait dû y ajouter une sanction pour le bénéficiaire lui-
même du jugement, en lui en enlevant les bénéfices, tant
que la mention n'en serait point faite.

CHAPITRE IIe

FORME DE LA TRANSCRIPTION

1. Comment se fait la transcription ;
2. En quel cas elle se fait ;
3. Quelles sont les personnes qui peuvent ou qui doivent la requérir.

§ 1er.

COMMENT ELLE SE FAIT

En ordonnant la transcription de tous les actes qui peuvent emmener une modification, un changement dans le droit de propriété d'un immeuble, le législateur avait pour but de mettre les tiers à même de connaître ces changements et ces modifications, et pour atteindre ce but, il devait autant que possible, par le moyen matériel le plus simple, le plus facile, le moins dispendieux, chercher à faire en sorte que ces actes fussent toujours à la portée de tous, que chacun pût en avoir communication à tout instant et immédiatement ; et vu leur nombre incalculable, il avait à établir un mode d'arrangement, de classification qui ne portât atteinte aux droits de personne, qui évitât tout désordre et toute perte, et qui rendît les recherches le moins longues possibles.

Deux systèmes se présentaient à son choix.

D'abord, celui qui avait été admis par la loi de Brumaire an VII et consacré par le Code de 1804 (art. 2181).

Il consistait à faire la reproduction complète et entière

des actes, suivant l'ordre de leur dépôt sur un registre tenu à cet effet au bureau des hypothèques, et mis sous les yeux du public par l'obligation imposée au conservateur de délivrer à quiconque l'en requiert copie des actes qui y sont transcrits.

Et puis, celui qui fut proposé en 1844, lors des études qui furent faites sur la réforme à opérer du régime hypothécaire. Il consistait à tenir un registre sur lequel on reportait jour par jour, sans intervalle ni lacune, par simple extrait et par ordre de présentation, les actes soumis à la transcription. Des copies entières de ces actes, signées par des officiers ministériels responsables ou par les parties elles-mêmes, étaient déposées au bureau, où elles restaient classées suivant l'ordre du registre, qui devenait ainsi un simple répertoire donnant toutes les facilités pour se reporter à l'acte lui-même.

En 1855, lors de la rédaction de la loi, la commission du Conseil d'État chargée de ce soin, crut devoir adopter ce nouveau système qui lui paraissait plus simple et moins dispendieux, alors surtout qu'un bien plus grand nombre d'actes allaient être soumis à cette formalité. La commission du Corps législatif n'adopta pas son avis et revint au système de la loi de Brumaire qui est maintenant celui de 1855. Ces deux systèmes ont chacun leurs avantages et leurs inconvénients. Le premier, en effet, obligeant à copier les actes en entier demande beaucoup de temps, est très-dispendieux, et en grande partie inutile parce que dans les actes il y a toujours un grand nombre de clauses et de développements qui servent simplement de renseignements pour les parties, mais dont les tiers n'ont que faire. D'un autre côté, il évite toute chance de perte et facilite les recherches; de plus, ces clauses que renferment notamment les actes notariés, et que l'on prétend être inutiles et surabondantes, s'enchaînent le plus souvent et forment un tout complet d'où sort l'interprétation exacte du contrat; en faisant un extrait de ces clauses, ou en les retranchant, il se pourrait bien qu'on ne reproduisît plus l'intention exacte des parties; de là, des inconvénients et des procès.

Le second système, proposé en 1844 et adopté d'abord par le Conseil d'Etat, offre une grande économie de temps; il est aussi simple que l'autre, et surtout il s'adapte bien mieux à l'utilité que dans la pratique journalière on retire de la transcription. Ce n'est que dans les cas bien rares que l'on demande à connaître *in extenso* les actes mêmes qui ont été transcrits; on demande au conservateur de faire savoir s'il existe ou non des transcriptions contre un tel, sur l'immeuble qu'il possède, et par extraits succincts, quelles sont ces transcriptions. Quant au danger qu'il fait courir aux actes, en les exposant à de nombreuses chances de perte, il est du moins un peu chimérique. Comment se fait-il, en effet, qu'on ne redoute pas un danger pareil pour les minutes des notaires et les minutes des jugements aux greffes, ou que du moins on n'en tienne pas compte? Suivant nous, la loi aurait mieux fait en adoptant ce dernier système.

Ainsi, les actes sont copiés en entier sur un registre suivant l'ordre de leur présentation au bureau. Ce registre est loin d'atteindre par lui seul le résultat demandé. Il a fallu lui en adjoindre deux autres, celui des dépôts et celui du répertoire. D'un côté, en effet, il est impossible de transcrire les actes instantanément et sous les yeux des parties; il en est qui sont trop longs, et il arrive souvent qu'on en présente plusieurs en même temps, ou bien le même jour,

Pour qu'il n'en résulte cependant aucun inconvénient pour les intéressés, régis par le principe : *Qui prior est tempore, potior est jure*, on a établi un registre sur lequel les conservateurs doivent inscrire jour par jour et par ordre numérique les remises des actes qui leur sont faites. D'un autre côté, les actes étant transcrits les uns à la suite des autres sans aucun autre ordre que celui de leur présentation, il eut été bien difficile d'aller chercher dans ce pêle-mêle à travers des centaines de volumes, celui dont on a spécialement besoin, et surtout il eut été impossible aux conservateurs de répondre à cette question qui leur est généralement posée ; y a-t-il des transcriptions contre Pierre ou Paul sur les immeubles qu'il possède ou qu'il a possédés depuis telle époque dans l'arrondissement de votre bureau ? Un autre registre était donc indispensable. Il fallait un répertoire, une table par ordre alphabétique ou autrement qui indiquât où se trouvait dans le registre des transcriptions l'acte demandé. Ce nouveau registre est aujourd'hui tenu par ordre alphabétique des noms des propriétaires. A chacun d'eux est ouverte une case divisée en deux parties, dans l'une desquelles on porte l'actif, c'est-à-dire les acquisitions, et de l'autre le passif, c'est-à-dire les aliénations ou les constitutions de droits réels. Telle est, dans sa généralité le mécanisme de la publicité en fonction de nos jours.

Les actes doivent être transcrits dans leur entier. Cette règle ne doit pas être prise dans toute la rigueur de ses termes ; il ne faut pas en conclure qu'un acte qui renferme plusieurs conventions, dont l'une seulement est translative, doive être entièrement transcrit, par ex. : quand dans un contrat de mariage contenant une clause d'ameublissement, il y en a d'autres tout-à-fait étrangères, soit des stipulations

permises par l'art. 1525, ou des libéralités que les tiers
font aux époux, ou que les époux se font entr'eux ; de
même qnand un acte renferme plusieurs ventes faites par
une même personne à plusieurs autres acquérant distinctement, ou encore quand une adjudication en plusieurs lots a
eu lieu, et que les lots ont été attribués à des adjudicataires
distincts. Ces conventions en effet ont chacune une existence propre et ne dépendent eu rien les unes des autres
quoiqu'elles soient relatées dans un seul écrit. On doit donc
les séparer et ne transcrire que ce qui concerne chacune des
conventions.

Lors de la discussion de la loi, on a voulu distinguer entre
les actes suivant leur forme, entre les actes authentiques et
les actes sous-seings privés, pour n'admettre que les premiers à la formalité de la transcription.

On prétendait, dans une première opinion, que les actes
sous-seings privés, appliqués à des mutations immobilières
ne renferment que des périls à cause des obscurités, des
fautes, des nullités, des irrégularités que l'on y trouve le
plus souvent, et des procès nombreux auxquels leur interprétation donne lieu. D'ailleurs, rien n'empêche à un homme
sans foi de simuler un acte sous-seing privé, et de le faire
transcrire, et en ce cas la transcription, loin d'être un avantage, favorise la fraude, et met le trouble dans le crédit. De
plus, à quoi sera utile la transcription, si l'original du sous-
seing privé vient à se perdre, s'il est détruit ou altéré ; opérée par une seule des parties, elle ne fait pas foi contre
l'autre ; l'intérêt des tiers se trouve par suite compromis.

Dans une seconde opinion, on suivait un système intermédiaire, on admettait en principe la transcription des actes sous-seings privés, mais on exigeait qu'ils fussent aupa-

ravant déposés dans l'étude d'un notaire, et que les signatures des parties fussent reconnnues par elles. Ainsi, on pouvait éviter tous les inconvénients de ces actes qui n'étaient plus exposés à être perdus ou altérés. Les fonctionnaires d'ailleurs pouvaient avertir les parties des vices dont ils étaient entachés.

Enfin, dans une troisième opinion, on assimilait complétement les actes sous seing-privé aux actes authentiques, sans les soumettre à aucune forme préparatoire. M. de Belleyme résumait ainsi dans son rapport les arguments que l'on invoquait :

« Il ne faut pas grossir outre mesure les dangers des actes sous seing-privé. Depuis que le Code existe, on s'en sert ; une multitude infinie de transactions de toute nature s'opère de cette manière, et cependant on n'est pas inondé d'actes faux ou altérés.....

» La question des frais n'est pas indifférente, car une multitude de personnes rédigent elles-mêmes sous seing-privé une foule d'actes, et ne paient d'honoraires à personne...,

» Mais, par-dessus tout, il y aurait une grave atteinte portée à la facilité et à la liberté des transactions.....

» Décider qu'on n'admettra à la transcription que les actes authentiques, cela équivaut à prohiber les actes sous-seing-privé pour toutes les conventions sujettes à la transcription.

» Si l'acte sous seing-privé ne peut pas être librement transcrit par une seule des parties contractantes, c'est sa proscription.

» Le mauvais vouloir, la mort ou l'éloignement d'un des contractants rendent la situation de l'autre trop périlleuse.

» Or, supprimer l'usage des actes sous seing-privé, pour les ventes, les servitudes, les baux à long terme et les quittances anticipées de loyer, c'est une grave perturbation produite dans les habitudes des transactions privées.

» Il y aurait là un fait, une atteinte sérieuse aux principes du Code civil : à côté de l'obligation nouvelle de la transcription viendrait se placer celle de l'acte authentique. »

A ces arguments, nous ajouterons celui qui résulte du but général que la loi a donné à la transcription, qui est celui seulement d'avertir les tiers de l'existence d'un acte qui peut les intéresser, en leur laissant le soin de voir si cet acte réunit les conditions nécessaires à son existence réelle et à sa validité.

Il n'y avait pas évidemment à tenir compte de l'opinion qui réclamait le dépôt de l'acte sous seing-privé dans l'étude d'un notaire. Si, en effet, le dépôt est fait par les deux parties, et si des corrections y sont faites sur l'indication du notaire, on n'a plus un acte sous seing-privé, mais un véritable acte authentique. Si le dépôt est fait par une seule des parties, il ne sert à rien ; on ne peut le modifier, et l'acte n'en acquiert pas plus de valeur : ce sont des frais inutiles.

Ainsi, il n'y a pas à distinguer la forme des actes présentés à la transcription ; le conservateur est tenu de les admettre tous. Mais il faut qu'ils soient enregistrés. La transcription, en effet, est soumise à un droit de un et demi pour cent, qui est perçu au moment de l'enregistrement, et le conservateur ne peut transcrire tant que le droit n'est pas payé, ou du moins supposé payé, car il peut arriver que le receveur oublie de le percevoir.

. L'art 2149 défend aux conservateurs de refuser ou de retarder la transcription des actes de mutation, « en aucun cas » ajoute-t-il. L'art 34 de la loi du 11 brumaire an VII parlait des transcriptions requises conformément à la loi ; par là les conservateurs avaient une certaine latitude d'appréciation. Faut-il dire que depuis 1804 et même sous la loi de 1855, les conservateurs doivent obéir scrupuleusement à toutes les réquisitions sans les examiner, sans les apprécier sans rechercher si elles sont ou non conformes à la loi, si elles sont utiles ou sans objet? Nous croyons que le conservateur sans pouvoir refuser la transcription d'un acte en se basant sur sa nature, peut cependant refuser de transcrire un acte dont l'état matériel est tel qu'il méconnaît évidemment une condition expresse ou implicite de la loi; par ex. : quand il n'est pas enregistré, ou quand il est écrit en langue étrangère.

§ II°

En quel lieu elle se fait.

La transcription doit être faite au bureau de la conservation des hypothèques dans le ressort duquel est situé l'immeuble désigné dans l'acte soumis à la formalité. Il est inutile d'ajouter que si l'immeuble se trouve situé en même temps dans plusieurs arrondissements, ou si l'acte comprenait plusieurs immeubles situés dans divers arrondissements, la transcription devrait être faite au bureau de chaque arrondissement; nous avons déjà fait application de cette règle dans le cas d'échange quand les immeubles échangés ne se trouvent pas dans le même arrondissement, — Les transferts des actions immobilisées de la Banque de France doivent être transcrits à Paris.

§ III°

Quelles sont les personnes qui peuvent ou qui doivent requérir la transcription.

La transcription est facultative, en ce sens que son défaut d'accomplissement n'entraîne pas la nullité de l'acte; la mutation entre les parties est indépendante de cette formalité, puisque c'est le consentement seul qui suffit; mais, tant qu'elle n'a pas eu lieu, le contrat est supposé inexistant à l'égard des tiers. C'est là la sanction de la loi que nous allons examiner dans un instant. L'acquéreur n'est donc pas formellement obligé de faire transcrire son contrat, sauf à lui à supporter les conséquences de sa négligence.

Mais d'autres personnes peuvent se trouver intéressées à l'accomplissement de cette formalité ; le vendeur par exemple pour conserver son privilège et en même temps son action résolutoire. Étant intéressé, il peut faire transcrire, si l'acquéreur ne le fait pas, et alors même que ce dernier s'y opposerait.

Il importe peu, d'ailleurs, que ce soit le bénéficiaire de l'acte ou non qui fasse transcrire ; un mandataire, un simple gérant d'affaires peuvent la requérir également, et le conservateur engagerait sa responsabilité en ne transcrivant pas. Il s'engagerait encore en ne répondant pas à la réquisition d'une personne incapable de s'obliger, mais intéressée à l'accomplissement de cette formalité ; le paiement des frais est en ce cas valable, qu'il soit fait par un mineur, un interdit, une femme mariée, ou toute autre personne n'ayant pas la jouissance entière de ses droits.

Quand la transcription intéresse de pareilles personnes, la loi n'oblige pas directement, il est vrai, par une disposition expresse et formelle, ceux qui sont chargés de les représenter et d'administrer leurs biens et affaires, à la faire opérer, mais elle les y oblige d'une manière indirecte en les rendant responsables de son inaccomplissement.

Parmi ces personnes, il faut comprendre :

1. Le mari administrateur des biens de sa femme ;

2. Le père, administrateur pendant le mariage des biens personnels de ses enfants mineurs (389).

3. Les tuteurs des mineurs et interdits. Les curateurs ne peuvent y être compris d'après les principes généraux du droit et d'après la nature de leurs fonctions ; cependant si on argumentait par analogie de l'art. 940 qui les rend responsables du défaut de transcription des donations, il faudrait également les y comprendre.

4. L'administrateur provisoire désigné pour prendre soin de la personne et des biens d'un défendeur en interdiction (497. C. c.) ou d'un majeur qui sans être interdit a été placé dans une maison d'aliénés. (Art. 32, loi du 30 juin 1838).

5. Les administrateurs des établissements publics.

6. Les envoyés en possession provisoire des biens d'un présumé absent (125. C. c.).

7. Les syndics d'une faillite (490. de com.).

8. Les mandataires, quand ils ont accepté un mandat général (1988. C. c.) ou bien quand ils s'en sont chargés par un mandat spécial.

Faut-il considérer aussi les notaires comme obligés à faire
opérer la transcription des actes de mutation qu'ils pas-
sent ? Non. En principe, la loi ne leur impose pas l'obligation de s'occuper des suites de l'opération à laquelle ils ont
prêté leur ministère et de veiller à l'accomplissement des
conditions nécessaires pour en assurer l'effet. Il est vrai que
le plus souvent ils s'en occupent en vertu d'un mandat
verbal, et on peut alors les rendre responsables non à
cause de leur qualité de notaire, mais de celle de mandataire, et on ne peut induire cette dernière qualité de la
première. Celui qui l'invoquerait serait obligé de l'établir
d'après les règles du droit commun ; la simple présomption ne suffirait pas ; la preuve testimoniale ne .erait admise que jusqu'à 150 francs; au-delà il faudrait une preuve
littérale. La Cour de cassation en a cependant jugé autrement dans un de ses arrêts du 14 février 1855.

Il en est de même des avoués constitués à l'effet de faire
une enchère. La transcription des jugements d'adjudication
est un acte extrajudiciaire qui ne rentre pas dans leur ministère. Nous avons vu que la loi, par une disposition spéciale,
les a exceptionnellement chargés sous peine d'amende de la
publicité des jugements emportant résolution, nullité ou rescision des actes soumis à la transcription.

On ne doit pas non plus considérer comme responsables
du défaut de transcription, et par suite comme obligés de la
faire opérer :

1. Le mari lorsque la femme a conservé l'administration
de son patrimoine propre et personnel, par ex. : quand elle
est mariée sous le régime de la séparation de biens, ou bien
sous le régime dotal (1576) ;

2. Les curateurs des mineurs émancipés ;

3. Les subrogés-tuteurs des mineurs en tutelle ;

4. Les conseils judiciaires des prodigues (513) ou des personnes frappées d'une demi-interdiction (499) ;

5. Le procureur de la République.

CHAPITRE III

DES EFFETS DE LA TRANSCRIPTION

ET DE LA SANCTION DU DÉFAUT DE SON ACCOMPLISSEMENT

Avant la loi de 1855, la propriété se transférait, soit à l'égard des parties contractantes, soit à l'égard des tiers, par le seul effet du consentement. Depuis cette loi, une distinction est nécessaire ; entre les parties contractantes, la propriété se transfère par le seul effet du consentement; mais pour que la propriété soit opérée aussi à l'égard des tiers, il faut en outre une formalité spéciale, la transcription. On pourrait croire au premier abord que cette dernière formalité est obligatoire et indispensable. Un système parfait de la transmission de la propriété l'exigerait en effet. Laissant subsister entièrement le principe du Code civil en ce qui concerne les rapports des parties contractantes, le législateur aurait dû entrer hardiment dans une réforme radicale et absolue en ce qui concerne les tiers, et, prenant la transcription pour base, organiser un système de toutes pièces. Maintenu par un trop grand respect des lois établies, il n'a fait qu'une tentative assez timide. Au lieu de rendre la transcription obligatoire, il la laisse facultative; au lieu de refuser tout effet aux contrats translatifs qui n'auraient pas été soumis à cette formalité, il lui en laisse produire une partie ; au lieu de faire des règles fixes, déterminées, invariables, claires et simples, il s'arrête à des distinctions, à des subtilités, à des considérations de personnes, en sorte que tout est relatif dans son œuvre et que l'application de ses dispositions fait surgir des difficultés sans nombre.

C'est ainsi qu'il détermine l'effet de la transcription dans son art. 3 : « Jusqu'à la transcription, les droits résultant des actes et jugements énoncés aux articles précédents, ne peuvent être opposés aux tiers qui ont des droits sur l'immeuble et qui les ont conservés en se conformant aux lois. »

Il résulte de ce texte que le contrat, quoique non transcrit, produit des effets, non-seulement entre les parties contractantes, mais aussi à l'égard de certaines personnes, et qu'à l'égard de certaines autres il ne peut en produire que quand il est complété par la formalité de la transcription. Ces dernières seulement donc peuvent se prévaloir du défaut de transcription des actes ou jugements qu'on prétendrait leur opposer. Nous avons à rechercher quelles sont ces personnes, et à fixer les conditions que la loi exige d'elles pour leur accorder un pareil droit.

D'après l'art. 3, deux conditions principales sont requises ; il faut :

1° Que l'on ait acquis des droits sur un immeuble considéré déterminément, soit du chef du dernier propriétaire ou de ses représentants, soit du chef des précédents propriétaires ;

2° Et que l'on ait conservé ces droits par les moyens de publicité fixés par la loi.

Il est d'abord certaines personnes qui ne peuvent remplir aucune de ces conditions :

1° Le vendeur lui-même. — Il s'est dépouillé de la propriété par le seul effet du consentement qu'il a donné au contrat, et d'après les principes du code civil, qui seuls lui sont applicables, il doit la garantie. — Il n'est pas davantage autorisé à opposer le défaut de transcription de la vente par lui consentie, au sous-acquéreur de l'immeuble, qui lui a fait transcrire son contrat. (Aubry et Rau, 2e vol. p. 309 texte).

2° Les héritiers du vendeur et ses successeurs universels ou à titre universel.—Représentant le défunt, ils sont tenus des mêmes obligations que lui, et doivent aussi la garantie ; ils sont considérés comme ayant été parties à l'acte, et par suite, ce n'est pas à la loi de 1855 qu'il faut se reporter pour en juger les effets à leur égard, mais aux principes du Code civil.

Cette règle s'applique aussi bien aux héritiers purs et simples qu'aux héritiers bénéficiaires, les uns aussi bien que les autres sont également non recevables à opposer le défaut de transcription.

Il est cependant des cas dans lesquels il faut distinguer :

Supposons, en effet, que le défunt, après avoir vendu un immeuble à un étranger, qui n'a pas fait transcrire son titre, l'a vendu une seconde fois à l'un de ses héritiers présomptifs qui a requis la transcription du sien. Ce dernier peut-il opposer au premier acquéreur le défaut de transcription ? Il ne le peut pas, s'il accepte purement et simplement la succession, et alors même qu'il s'y trouverait appelé concurremment avec d'autres, parce qu'il est devenu avec ces derniers garant de la vente faite par le *de cujus* à l'étranger, et que l'exception de garantie est indivisible.— Il le peut au

16

contraire, s'il a accepté sous bénéfice d'inventaire et alors même qu'il serait unique héritier, parce que l'immeuble qui lui a été vendu par le *de cujus*, était rentré dans son patrimoine avant l'ouverture de la succession, et que le bénéfice d'inventaire a pour effet spécial d'empêcher son patrimoine de se confondre avec l'hérédité, de manière que, tout en conservant sa qualité d'héritier, il reste, en tant qu'il s'agit de la conservation de ses propres droits, un tiers par rapport aux actes passés par le défunt. MM, Flandin et Dalloz ont voulu combattre cette solution en se basant sur les art. 941 et 1072 du code, et en cherchant à prouver que l'immeuble vendu à l'héritier bénéficiaire faisait encore partie de la succession. Ils sont ainsi sortis de l'hypothèse, et leur argument porte à faux.

3° Les simples créanciers chirographaires. On ne peut pas dire d'eux qu'ils ont des droits acquis spécialement sur l'immeuble vendu et qu'ils ont quelque formalité à remplir pour les conserver. Sans doute leur débiteur est tenu de ses engagements envers eux sur tous ses biens (2092) ; mais ils n'ont contre lui qu'un simple droit de créance, sans aucun droit réel qui porte directement sur les biens qu'il possède. Ils ne remplissent donc pas les conditions nécessaires pour être mis au rang des tiers de l'art. 3, qui peuvent opposer le défaut de transcription. Ce n'est pas qu'ils ne soient autant que ces derniers intéressés à connaître l'état de fortune de celui avec qui ils sont en rapport ; le crédit personnel ne mérite pas moins d'être protégé que le crédit foncier. Mais la loi de 1855 n'avait en vue que ce dernier, et son seul but a été par suite de garantir les acquéreurs de droits réels. Un moment les créanciers chirographaires ont pu croire que le législateur allait, sans le vouloir, leur

permettre d'user du bénéfice de l'art. 3 ; dans la première
rédaction de cet art. en effet, on n'avait pas mis ces mots :
« qui ont des droits sur l'immeuble » Par suite de cette
omission ils auraient pu se prétendre compris dans cette catégorie privilégiée. Mais le législateur ne tenait pas à ce que
cette prétention pût être admise, et a ajouté ces quelques
mots pour l'écarter expressément. Ce fait, établi par M. de
Belleyme dans son rapport, a été en outre confirmé dans le
cours de la discussion par M. Rouher, un des commissaires
du Gouvernement.

Reprenons maintenant successivement chacune des conditions nécessaires pour pouvoir opposer le défaut de transcription.

1re *Condition*. — Il faut que l'on ait des droits sur l'immeuble considéré déterminément, soit du chef du propriétaire
lui-même ou de ses représentants, soit du chef des précédents propriétaires. Peu importe que ces droits soient réels,
tels que le droit de propriété, d'usufruit, de servitude ou
d'hypothèque, ou personnels tels que le droit de bail ou
d'antichrèse, pourvu qu'ils soient sujets à transcription et
qu'ils aient été transmis, peu importe encore que ces droits
proviennent d'une convention passée avec l'auteur de l'acte
non transcrit, ou de la loi elle-même.

Nous venons de voir que les créanciers chirographaires,
ne remplissant pas cette condition ne pouvaient invoquer
le bénéfice de l'art. 3, et que d'ailleurs le législateur avait
entendu formellement les en exclure. Mais il est des hypothèses dans lesquelles des conflits peuvent quand même surgir entre les acquéreurs d'immeubles et les créanciers chirographaires des aliénateurs, et donner lieu à de graves
complications, qu'il est utile d'examiner :

1re hypothèse. — En vertu de l'art. 2111 du Code civil, les créanciers d'une succession peuvent, dans le cas d'une demande en séparation de patrimoines, prendre une inscription sur chacun des immeubles dépendant de la succession pour la conservation de leurs droits. S'ils viennent à prendre inscription sur un immeuble que le défunt a aliéné par un acte qui n'a pas été transcrit, peuvent-ils opposer à l'acquéreur le défaut d'accomplissement de cette formalité?

Nous adopterons la solution négative avec les auteurs qui admettent que cette inscription ne confère pas un véritable privilège aux créanciers, et qui reconnaissent que ses effets conformes à ceux de la séparation de patrimoines portent contre les créanciers des héritiers et non contre les ayants-cause du défunt. — Les auteurs qui y voient un privilège adoptent, au contraire, la solution affirmative.

2º hypothèse. — La saisie immobilière pratiquée par les créanciers chirographaires ne modifie-t-elle pas leurs droits, et ne leur permet-elle pas d'opposer le défaut de transcription à l'acquéreur du débiteur? Si la saisie est faite et transcrite avant que l'aliénation n'ait acquis date certaine, quoiqu'elle ait eu lieu antérieurement, elle sera valable et permettra de repousser la demande en distraction formée par l'acquéreur. Si elle est faite et transcrite après cette dernière, elle sera nulle au contraire contre l'acquéreur dont la demande en distraction devra être acceptée. Il ne peut pas y avoir de doute dans ces deux cas. Mais il en est différemment dans celui où la saisie est faite avant ou après l'aliénation, et est transcrite postérieurement à la date de l'aliénation, mais antérieurement à sa transcription. Cette question a donné lieu à des opinions diverses.

1. D'après une première opinion, les personnes qui ont

pratiqué une saisie sur un immeuble aliéné par le débiteur, avant que la saisie n'ait été transcrite, ne sont pas, en leur qualité de créanciers saisissants, autorisés à exciper du défaut de transcription de l'acte d'aliénation, pour repousser la demande en distraction formée par l'acquéreur, parce que la transcription de la saisie ne confère au saisissant aucun droit sur l'immeuble qui n'en demeure pas moins jusqu'au jugement d'adjudication la propriété du saisi, quoique la facul. s de disposer ait été restreinte dans sa personne et qu'il ne puisse plus aliéner l'immeuble au détriment de la poursuite.

Et il en est ainsi non-seulement des créanciers chirographaires, mais aussi des créanciers hypothécaires, auxquels la saisie ne confère aucun droit nouveau, distinct de celui qu'ils tiennent de leur hypothèque. (Aubry et Rau 2. vol. p. 312 et 313.)

2. Dans une deuxième opinion, on distingue entre le cas où la saisie a eu lieu avant l'aliénation et celui où elle n'a eu lieu qu'après. Dans le premier cas, les créanciers avaient le droit de faire la saisie, elle est valable *ab initio*; et du moment qu'elle a été faite valablement, il y a droit acquis pour eux; leur droit personnel s'est transformé en droit réel; leurs créances sont désormais garanties par des droits spéciaux et déterminés; pourvu qu'ils conservent ce droit en se conformant aux lois, ils pourront l'opposer à tous les ayants-cause du débiteur qui n'ont acquis des droits que depuis la saisie, et qui ne se sont pas soumis à temps aux dispositions de la loi pour les rendre opposables aux tiers.

Dans le second cas, il en est tout différemment. Si le débiteur a déjà aliéné l'immeuble quand la saisie est faite, elle porte à faux, elle est nulle et non avenue, elle ne peut conférer aucun droit aux créanciers saisissants. En n'exigeant aucune garantie du débiteur pour leurs créances, ils l'ont laissé libre de disposer de sa fortune à son gré, de l'augmenter, de la diminuer suivant sa libre volonté, et de même que tout bien par lui acquis rentre dans leur gage, tout bien dont il se dépouille en sort et échappe à leur action sans qu'ils puissent s'y opposer; à chaque instant ainsi leur gage se modifie et ils doivent le prendre tel qu'il se trouve au moment de la saisie.

Dans ce système, on distingue encore entre les créanciers chirographaires et les créanciers hypothécaires. Ces derniers peuvent dans tous les cas, que leur saisie ait été faite avant ou après l'aliénation, et transcrite après seulement, opposer le défaut de transcription à l'acquéreur.

3. Un troisième système rejette toutes ces distinctions subtiles. Il admet que le défaut de transcription peut être opposé soit par les créanciers hypothécaires, soit par les créanciers chirographaires, que la saisie ait eu lieu avant ou après l'aliénation. Pour lui, toute la difficulté est de savoir si la saisie donne un droit réel aux créanciers. Si elle le leur donne, on ne peut leur refuser de reconnaître qu'ils remplissent exactement les deux conditions de l'art. 3 : ils ont un droit réel et déterminé sur l'immeuble ; ils l'ont conservé en se conformant aux lois. Donc, ils sont des tiers pouvant user du bénéfice de cet article. Si au contraire la saisie ne leur donne pas un droit réel c'est le premier système qui doit l'emporter.

Mais il est difficile de soutenir que la saisie ne confère pas au saisissant un droit réel *sui generis*. Un droit réel, en effet, n'est autre que celui qui crée un rapport immédiat

entre une chose et la personne au pouvoir de laquelle elle
est soumise, rapport qui donne à la personne la faculté de
s'attribuer directement l'utilité totale ou partielle d'une
chose. Or, la saisie a pour effet d'établir ce rapport. En
effet, tant que le créancier se contente du gage général de
l'art. 2192, le débiteur peut disposer de ses biens à son
gré, il en a la libre et entière jouissance ; il possède le droit
de propriété dans toute sa plénitude. Dès que la saisie a été
opérée, que se passe-t-il ? La capacité du saisi est grave-
ment modifiée. « Le saisi, dit M. Colmet d'Ange (sur Boit-
tard, 1, 2, n. 921) ne cesse point sans doute d'être propriétaire, mais son administration, sa jouissance, son droit
de disposer, toutes les parties de son droit de propriété re-
çoivent de graves atteintes (art. 682). » MM. Persil et Pas-
calis disent de même dans leurs rapports sur la loi du
21 juin 1841 : « La saisie affecte la propriété. » L'art. 686
est formel. La partie saisie ne peut, à compter du jour de
la transcription de la saisie, aliéner les immeubles sur lesquels elle porte, à peine de nullité et sans qu'il soit besoin
de la faire prononcer. Le débiteur reste propriétaire ; mais
la saisie lui enlève la possession pour la transmettre aux
créanciers ; elle nantit ces derniers de leur gage, et leur
donne un véritable droit de suite. Ainsi, en vertu de l'article 68 du Code de procédure, les créanciers saisissants peuvent réclamer que l'administration des biens soit enlevée au
débiteur et remise entre leurs mains, ou confiée à un tiers
qui possède pour eux. S'ils ne réclament pas, le débiteur
conserve la possession et l'administration des biens saisis,
mais cette possession n'est plus qu'une simple détention,
puisque la loi l'assimile à un séquestre judiciaire et qu'il est
obligé de rendre compte à ses créanciers. Ce même article

leur permet de faire procéder à la coupe et à la vente des fruits pendants par les racines, et l'art. 682 qui le suit immobilise les fruits ou la valeur qui en est retirée par la vente, pour qu'ils soient distribués entre les créanciers avec le prix principal de l'immeuble. N'y a-t-il pas là un rapport direct et immédiat entre la personne saisissante et l'immeuble saisi, et un véritable droit de rétention? Comment peut-on dire après cela que la saisie n'ajoute rien aux droits des créanciers et les laisse tels qu'ils étaient à l'origine? Cela est évidemment inadmissible.

On objecte que la saisie est faite en vertu d'un droit personnel et que la transcription qui la suit ne peut avoir la puissance de changer la nature d'un droit, de convertir un droit personnel en un droit réel. Cela est en effet difficile à concevoir; aussi ne disons-nous pas que c'est la transcription qui produit cet effet mais bien la saisie elle-même qui d'ailleurs n'opère pas une transformation aussi radicale qu'on veut le dire, attendu qu'elle n'est que la mise en action, la réalisation du droit que tout créancier a sur les biens de son débiteur, droit personnel sans doute, mais dans le fond duquel on retrouve une certaine idée d'élément réel.

On dit encore que la saisie faite après l'aliénation n'est pas valable, parce qu'elle porte sur des biens qui sont sortis du patrimoine du débiteur. C'est là résoudre la question par la question même. Car il s'agit de savoir si au regard des créanciers, ces biens doivent être considérés comme sortis du patrimoine du débiteur. Et ici les arguments par analogie abondent. Ne peut-on pas dire de même qu'une créance hypothécaire constituée par le propriétaire après la vente de son immeuble et inscrite avant la transcription de l'aliénation n'est pas valable parce qu'elle porte sur un immeuble qui n'était plus la propriété de l'emprunteur, quand elle a été créée ? Ne peut-on pas dire également que la seconde vente transcrite avant la première, n'est pas valable, qu'elle est en réalité la vente de la chose d'autrui ? Cependant on considère cette créance et cette seconde vente comme existant et devant produire tous leurs effets. Pourquoi n'admettrait-on pas de même que la saisie faite dans de pareilles conditions est valable aussi ? Est-ce que les termes de l'art. 3 distinguent ? Est-ce qu'ils font des restrictions aux hypothèques, aux aliénations ? Ne renferment-ils pas une disposition tout-à-fait générale ? Des droits sur l'immeuble, disent-ils, conservés conformément à la loi. La saisie transcrite confère un droit réel, de même que l'hypothèque, de même que la vente ou tout autre contrat translatif ou constitutif de droit réel. Pourquoi l'exclure de la loi de 1855 ? Pourquoi en faire une exception ? L'esprit de la loi ne la demande pas plus que son texte. Le législateur a voulu exclure les créanciers chirographaires ; cela est vrai ; mais il a entendu parler des créanciers chirographaires simples, qui n'ont pas d'autre qualité, qui n'ont pas réalisé leurs droits, qui, se contentant du gage général des art. 2092 et 2093, n'ont pas usé du bénéfice que la loi leur accorde en leur permettant de mettre au jour la force latente que leurs droits renferment.

Si les créanciers chirographaires peuvent par la saisie bénéficier de l'art. 3 de la loi, à bien plus forte raison les créanciers hypothécaires le pourront-ils ? Car ils ont déjà un droit réel et la saisie n'en est que la mise à exécution.

3° hypothèse. — Un commerçant a aliéné un immeuble. Il tombe en faillite avant que le contrat n'ait été transcrit.

Les créanciers pourront-ils opposer le défaut de transcription et réclamer l'immeuble ? Cette question a beaucoup d'analogie avec la précédente; de même que le saisi, le failli est dépossédé de ses biens ; son incapacité est même plus grande, car il ne peut même pas hypothéquer, tandis que ce droit est encore laissé au saisi. On peut donc dire que la faillite confère également aux créanciers un droit réel, qui est établi à l'égard des tiers, non plus par la transcription, mais d'abord par un jugement entouré de la plus grande publicité, et ensuite par une inscription sur les biens du failli (490, C. de c.). Nous admettons par suite, de même que dans l'hypothèse précédente, que les créanciers peuvent remplir les conditions exigées pour bénéficier de l'art. 3 de la loi de 1855, quoiqu'on puisse dire encore ici que la faillite prend le patrimoine du commerçant tel qu'il est au moment du jugement, et que la vente que le commerçant a faite est pleinement valable, attendu que les créanciers n'avaient en ce moment aucun droit sur l'immeuble. — On a d'autant plus raison de donner aux créanciers un pareil bénéfice que la loi annule elle-même dans leur intérêt les hypothèques restées occultes jusqu'au moment de la faillite.

Cette solution est généralement admise. Mais les auteurs se divisent sur le point de savoir à quel moment le droit réel des créanciers doit être considéré comme existant à l'égard des tiers. Les uns prétendent que c'est à partir de l'instant où le jugement déclaratif est prononcé. C'est à ce moment, disent-ils, que le dessaisissement du failli a lieu et que naît pour les créanciers un droit réel *sui generis* désormais à l'abri de toute atteinte de la part des ayant-cause : le jugement a même un effet rétroactif, puisqu'il annule les actes translatifs ou constitutifs de droits réels qui ont été passés par le failli à partir de l'époque de sa cessation de paiement, et même pendant la période de dix jours qui l'a précédée. — Les autres admettent qu'il faut que le syndic ait pris inscription en conformité de l'art. 190, et que c'est à partir seulement de l'accomplissement de cette formalité que les créanciers rentrent dans la catégorie des tiers autorisés à se prévaloir du défaut de transcription. Jusque-là, en effet, les droits propres et distincts que leur a conférés sur les biens de leur débiteur, le jugement déclaratif de la faillite ne tombent pas dans le régime de la publicité admis par la loi de 1855, et, par suite, on ne peut pas leur appliquer plus tôt les dispositions de cette loi.

Cette dernière opinion nous paraît plus logique et doit être préférée.

Une autre conséquence de cette première règle, que pour opposer le défaut de transcription il faut avoir un droit sur l'immeuble du chef des aliénateurs ou des précédents propriétaires, est que l'acte d'acquisition est opposable, indépendamment de toute transcription, à un tiers possédant l'immeuble sans titre ou en vertu d'un titre émané à *non domino*. Mais serait-il opposable à un tiers qui ne serait pas l'ayant-cause de l'aliénateur, mais qui aurait acquis l'immeuble *à non domino justâ causa et bonâ fide*, et qui pourrait invoquer l'usucapion par 10 ou 20 ans, lors même qu'il n'aurait pas fait transcrire son titre ? L'aliénateur lui-même pourrait-il opposer à ce dernier le défaut de transcription ? Ces deux questions n'en font qu'une, et la solution admise pour l'une entraîne la solution de l'autre. La dernière est plus générale et renferme le principe. C'est d'elle seulement que nous allons nous occuper.

L'affirmative est enseignée par des jurisconsultes considérables qui présentent surtout ce double argument :

1. La loi, dans l'art. 3, en parlant des tiers qui ont des
droits sur l'immeuble n'a entendu faire aucune restriction,
et a eu en vue tous les droits réels quelconques que l'on
peut avoir ; or, le propriétaire même de l'immeuble est cer-
tes au premier rang de ceux qui ont des droits sur cet immeuble. Donc, il est fondé à opposer le défaut de transcription du titre que l'acquéreur *à non domino* lui oppose.

2° D'après ce même art. 3, un titre translatif n'a de valeur contre les tiers qui satisfont aux conditions de la loi,
qu'autant qu'il a été transcrit. Or, la possession de dix et
vingt ans, quoiqu'accompagnée de bonne foi, a besoin de
reposer sur un juste titre. Comment pourra-t-on invoquer
ce juste titre contre le propriétaire, considéré comme tiers,
tant qu'il ne sera pas transcrit? (Demolombe, XXIV, 462).

3° On peut dire encore que le législateur a fait lui-même
une application de cette règle dans l'art. 2180, par lequel il
dispose que la prescription de 10 ou 20 ans ne commencera
à courir au profit du détenteur contre les créanciers hypothécaires, qu'à partir du jour où le titre qui forme la base de
la prescription aura été transcrit. Troplong, *Trans.* n. 177
et s. — Dalloz, Rép. général V° *Transcription* n°s 508 et s.
— Lyon, 17 février 1834, Sir., 35, 2, 18.

La doctrine contraire soutenue également par de grands
jurisconsultes nous paraît plus juridique.

1° On ne peut pas conclure de la généralité des termes
de l'art. 3 que tous ceux qui ont des droits sur l'immeuble
et par suite le véritable propriétaire peuvent invoquer le défaut de transcription. Il ne faut jamais oublier que la loi de
1855 a eu pour but spécial de consolider le crédit foncier

en donnant de la sécurité aux acquéreurs et aux créanciers, et qu'elle n'a nullement cherché à protéger le propriétaire négligent que la perte de la possession constitue suffisamment en demeure de faire valoir ses droits.

2° La transcription n'est pas un élément indispensable à la validité des actes translatifs de propriété, elle n'est exigée qu'à l'égard de certains tiers, parmi lesquels ne se trouve pas le véritable propriétaire. On ne peut donc pas dire qu'un titre non transcrit n'est pas un juste titre.

3° L'art. 2180 ne doit pas être invoqué comme une preuve contraire ; il s'explique facilement par la nécessité qu'il y a pour le créancier d'avoir un indice certain de la mutation de propriété ; et la seule substitution de personnes dans la détention de l'immeuble étant insuffisante, le législateur a dû chercher un autre moyen de la lui révéler.

5° Enfin le droit de propriété que l'acquéreur prétend avoir, ne repose pas seulement sur le juste titre, mais a-vant tout sur la possession de 10 ou 20 ans. A quoi peut servir alors de transcrire le titre? La transcription opérée n'a aucune efficacité ; elle n'en acquiert qu'après l'accomplissement de l'usucapion ; le titre ne sert qu'à colorer la possession, il ne transfère pas la propriété par lui-même. Or, la loi de 1855 n'a voulu soumettre à la transcription que les actes qui doivent et peuvent par eux-mêmes transférer la propriété (Mourlon, II, 512. — Aubry et Rau, 2. 321, texte et note 106. — Agen, 24 novembre 1841, Sir., 42, 2. 177).

Le véritable propriétaire ne pourra donc pas opposer le défaut de transcription au possesseur de bonne foi, et comme il ne peut transmettre plus de droits qu'il n'en a lui-même, ses ayants-cause ne le pourront pas non plus.

Il y a là, à un autre point de vue, une exception au principe qui résulte des expressions générales de l'art. 3, que toute personne qui a acquis du chef du vendeur un droit sur l'immeuble peut se prévaloir du défaut de transcription de l'aliénation. Cette exception est-elle la seule ?

M. Troplong (*Transcription*), a cru en trouver une autre dans le cas où un tiers reçoit, à titre de donation, un immeuble que le donateur a déjà vendu, et où le tiers fait transcrire avant l'acquéreur. M. Troplong s'efforce de prouver que la première aliénation doit être maintenue malgré la donation, et que le donataire peut repousser la revendication de l'acquéreur en se basant sur ce motif : que son titre ne peut être valable à son égard, attendu qu'il n'a pas été transcrit. Cependant, ce donataire remplit bien les conditions exigées par l'art. 3, il a sur l'immeuble un droit réel acquis du chef du vendeur, et nous supposons qu'il l'a conservé en faisant transcrire son titre. Pourquoi M. Troplong lui refuse-t-il alors le bénéfice de la loi ?

Les motifs de son opinion sont curieux à examiner :

1° Il invoque d'abord les principes du droit civil. M. Troplong n'ayant pas jugé à propos de nous dire quels étaient ces principes, qui devaient sans doute lui paraître évidents, puisqu'il les passe sous silence, mais que nous ne savons point apercevoir, nous nous contentons de faire comme lui, d'enregistrer cet argument qui ne prouve rien, et de passer outre.

2° Il invoque ensuite les règles du Code civil en matière de transcription de donation. Or, ce n'est pas l'art. 741 qui vient à son appui, car il dit : « Le défaut de transcription pourra être opposé par toutes personnes ayant intérêt, excepté toutefois celles qui sont chargées de faire faire la transcription ou leurs ayant-cause, et le donateur, » et l'explication de cet article se trouve dans l'art. 27 de l'ordonnance de février 1731. M. Troplong a, il est vrai, un système tout particulier sur l'interprétation de ces textes pour arriver à prouver qu'un donataire ne peut opposer à un acquéreur antérieur le défaut de transcription ; système basé sur l'art. 1072, qui concerne les substitutions, et qui n'est qu'une simple exception, et dont il cherche par tous les moyens à faire le principe fondamental.

3° Il invoque encore l'esprit de la loi du 23 mars 1855, qui a été, dit-il, de favoriser le crédit foncier et de protéger ceux qui ont traité à titre onéreux... Il est vrai, le législateur a voulu favoriser le crédit foncier, mais a-t-il voulu, pour atteindre ce but, sacrifier injustement les droits de personnes qui méritent tout aussi bien que les autres son intérêt et sa protection? A-t-il voulu enlever toute sécurité aux droits des donateurs et les empêcher de bien administrer les biens qu'ils possèdent en les exposant à en être dépouillés à chaque instant? Non, bien certainement, il ne l'a pas fait, il ne pouvait pas le vouloir. Mais, objecte M. Troplong, les donataires *certant de lucro captando*, et les acheteurs, *de damno vitando*. Nous répondrons à M. Troplong que les donataires se sont soumis aux prescriptions de la loi, tandis que les acquéreurs n'ont pas voulu leur obéir ; que, par suite, ces derniers sont coupables et que c'est de leur faute si leurs droits ne sont pas garantis; elle leur offre tous les moyens de sécurité. Tant pis pour eux si, par une négligence répréhensible, ils s'exposent à perdre leurs droits. *Jura non dormientibus succurrunt.*

4° Il invoque enfin l'action paulienne que l'acquéreur pourra toujours exercer contre le donataire. — Toujours !

M. Troplong va certainement trop loin ; il n'a pas songé à tous les cas ; il en est évidemment où cette action ne peut être admise. Car elle suppose l'intention frauduleuse, et l'insolvabilité résultant pour le donateur du fait de sa libéralité. L'intention ne peut pas avoir lieu dans le cas où l'héritier d'un vendeur fait donation d'un immeuble aliéné par le défunt, mais qu'il avait encore en sa possession au moment de son décès.

D'ailleurs M. Troplong ne peut pas réserver cet argument pour les donations seulement ; il a tout autant de raison de l'appliquer au second acheteur qui a eu connaissance de la première vente au moment de son contrat. La fraude y est tout aussi manifeste. Cependant M. Troplong ne veut pas admettre l'action paulienne en ce cas. Pourquoi cette distinction ?

Il est difficile de ne pas admettre que ce jurisconsulte a tort de soutenir que le donataire ne peut pas, comme un acquéreur à titre onéreux, invoquer le défaut de transcription contre un acquéreur antérieur en date, et il n'y a pas lieu de voir là une exception au principe.

2ᵉ *Condition.* — La deuxième condition est qu'il faut avoir conservé ses droits par les moyens de publicité fixés par la loi.

Ainsi, entre deux acheteurs, qui n'ont ni l'un ni l'autre satisfait au principe de la publicité, la préférence se règle eu égard à la date certaine de leurs titres comme sous l'empire du Code. Mais si l'un d'eux a eu la précaution de conserver ses propres droits, il est admis à opposer aux autres le défaut de transcription de leurs titres.

Il ne faut pas oublier cependant qu'il est un cas où cette condition n'est plus requise, c'est lorsqu'une personne,

usant des bénéfices de l'art. 1100 oppose le défaut de
transcription non de son propre chef, mais du chef de la
personne de qui il tient lui-même son droit, et qui a eu le
soin de conserver le sien en se conformant aux lois. Ainsi,
un sous-acquéreur qui n'a pas fait transcrire son titre peut
du chef de son vendeur qui a fait transcrire, opposer aux
ayants-cause du vendeur originaire l'absence d'une transcription antérieure à celle du titre de son auteur. Et ce
sous-acquéreur peut transmettre un droit semblable à ses
héritiers et même à ses ayants-droits.

Cette condition de la conservation des droits trouve des
applications très-intéressantes dans les conflits qui peuvent
surgir entre des personnes tenant leurs droits d'auteurs différents. En principe, il ne suffit pas aux ayans-cause d'une
personne de s'être eux-mêmes soumis aux règles de la loi
pour pouvoir repousser les droits de leurs adversaires, il
faut de plus que cette personne dont ils tiennent leurs
droits ait aussi rempli la formalité de la transcription par
rapport aux actes qui l'ont elle-même rendue propriétaire.
Le fondement de ce principe se trouve dans l'effet que la
loi de 1855 a donné à la transcription de dessaisir le vendeur de son droit de propriété à l'égard des tiers et d'en investir l'acquéreur.

Une conséquence immédiate de ce principe est qu'un
sous-acquéreur n'est admis à opposer le défaut de transcription aux ayants-cause du vendeur originaire qu'autant
que l'acte passé au profit du premier acquéreur a été lui-
même transcrit avant que ces ayants-cause du vendeur originaire aient fait transcrire leurs propres titres.

Par exemple : Pierre vend son immeuble à Primus qui
ne fait pas transcrire. Primus revend le même immeuble

17

à Secundus. Suffira-t-il à ce dernier de transcrire son titre d'acquisition pour être complétement à couvert des actes que pourra consentir Pierre, le vendeur originaire ? Ne devrait-il pas faire transcrire aussi le titre de son auteur ? Suivant la règle que nous avons émise, il le devra également.

Tout le monde, cependant, n'accepte pas cette solution. On dit que Secundus a exactement suivi les prescriptions de la loi indiquées par l'art. 3 ; il a acquis un droit réel du chef de l'aliénateur, et ce droit, il l'a conservé en remplissant la formalité de publicité exigée. Que peut-on lui reprocher ? La loi ne lui demande pas davantage. D'ailleurs, la question a été traitée lors de la discussion, et M. Allart l'a résolue en disant que la transcription opère la purge à l'égard de tous ceux qui n'ont pas fait inscrire leurs droits antérieurement.

Quelle peut être la valeur de ces arguments ? Appliqués à deux acquéreurs, tous deux ayant-cause de la même personne, ils sont parfaitement valables : car entre eux la préférence se détermine par la priorité des transcriptions, et celui qui s'est mis le premier en règle est investi le premier de son droit contre l'autre, alors même que leur auteur commun n'aurait pas lui-même fait transcrire. Mais l'hypothèse que nous examinons en ce moment est différente : nous parlons d'un cas où la collision existe entre des personnes qui tiennent leurs droits d'auteurs différents ; et les arguments, valables pour la première hypothèse, perdent ici toute leur force et tombent bien vite devant les considérations suivantes :

Le but de la loi de 1855 a été de modifier la théorie de la transmission de la propriété admise par le Code civil, de la rendre plus conforme aux rapports sociaux et plus favorable

au crédit général. C'est ainsi que laissant subsister entre les
parties le principe du transfert de la propriété par le seul
effet du consentement, elle l'a aboli à l'égard des tiers
pour lesquels elle a établi un autre mode spécial, mode de
publicité, la transcription. Donc, tant que cette formalité
n'a pas eu lieu, la vente ne peut avoir d'effet à l'égard des
tiers. Appliquons cela à notre hypothèse. La vente faite par
Pierre à Primus n'ayant pas été transcrite, n'existe pas pour
les tiers, c'est-à-dire pour ceux qui ont ou qui pourront
acquérir à leur tour des droits du chef de Pierre. Si Primus
vient à vendre de son côté, quel droit transfère-t-il à Secundus? Un droit incomplet, un droit qui n'existe qu'à l'égard
de son vendeur lui-même, et qu'il ne peut pas opposer aux
tiers. *Et nemo plus juris in alium transferre potest quàm ipse
habet.* Mais, dit-on, Secundus, sous-acquéreur, en faisant
transcrire son titre, complète la première vente et la rend opposable aux tiers. Pas le moins du monde. Secundus, il est
vrai, a rendu complète la vente que lui a faite Primus; mais
ce n'est pas de celle-là qu'il s'agit : c'est de celle faite par
Pierre à Primus. Il y a là deux actes bien distincts, indépendants l'un de l'autre, deux transmissions de propriété, et
chacune d'elles exige une formalité spéciale; or, nous ne
voyons ici qu'une formalité, quoiqu'il y ait deux actes; l'un
d'eux reste donc incomplet. Secundus pourra opposer sa
transcription aux ayants-cause de Primus, mais il ne pourra
jamais opposer aux ayants-cause de Pierre, vendeur originaire, que les droits que Primus, premier acquéreur, pouvait lui-même leur opposer. Or, à leur égard, la vente de
Pierre, non transcrite, n'existe pas et ne pourra jamais
exister que par l'accomplissement de cette formalité. Secundus se verra ainsi obligé à la faire également transcrire

D'ailleurs le principe de la matière est nettement posé par la loi dans son art. 1, qui soumet à la transcription *tous* les actes translatifs de de propriété immobilière; et l'art. 3 n'est que la sanction des dispositions de cet article. C'est ce qu'on paraît oublier quand on prétend que tout acquéreur n'a d'autre titre à faire transcrire que le sien propre pour consolider sa propriété envers et contre tous.

Quant aux inductions plus ou moins hasardées qu'on a voulu tirer des travaux préparatoires, il n'y a pas lieu d'en tenir grand compte parce qu'elles sont basées sur quelques paroles prononcées par une ou deux personnes lors de la discussion, qui n'ont d'autre valeur que celle d'une opinion tout à fait personnelle. Elles disparaissent au surplus bien vite si, laissant de côté l'argumentation juridique, on veut examiner un instant l'organisation des conservations hypothécaires. Nous avons expliqué comment, à côté du registre des transcriptions, on était obligé d'avoir un registre-répertoire par ordre alphabétique des noms de tous les propriétaires dont les actes ont été transcrits, et comment ce registre est tenu. Chacun de ces noms a une case à lui seul divisée en deux parties : dans l'une, on met les aliénations que l'individu a faites, et dans l'autre ses acquisitions. Appliquons notre cas. Pierre a vendu à Primus, mais l'acte de vente n'est pas transcrit. Il ne peut pas être porté au passif de Pierre sur le répertoire du conservateur. Primus a vendu à son tour à Secundus, qui fait transcrire. Le conservateur porte d'un côté la mutation au passif de Primus; de l'autre, à l'actif de Secundus. Nous voyons que jamais il n'est question de Pierre, et si en ce moment des renseignements sont demandés au conservateur sur les ventes que ce dernier a pu faire, le conservateur répondra par un certificat négatif d transcription. Si maintenant Pierre fait une seconde vente à Tertius, et que ce dernier fasse transcrire, le conservateur portera la mutation au passif de Pierre et à l'actif de Tertius. Qu'après cela un tiers veuille prendre connaissance des ventes faites par Pierre, il y verra que Pierre a vendu un immeuble à Tertius : il ne pourra pas être question de la vente qu'il avait faite auparavant à Primus.

Et il importerait peu que dans l'acte de l'aliénation faite par Primus à Secundus se trouvât relatée celle consentie par Pierre à Primus. Car le devoir du conservateur est purement et simplement de copier l'acte avec une exactitude rigoureuse sur son registre, et nulle part la loi ne lui a imposé la lourde obligation de lire les actes, de les étudier, d'en faire des extraits. Ce serait d'ailleurs l'exposer à des omissions, à des erreurs, et engager sa responsabilité, qui l'est déjà bien assez.

Nous avons vu ainsi les conditions imposées par l'art. 3 pour pouvoir opposer le défaut de transcription. Mais nous avons vu plus haut qu'il y a des personnes qui sont obligées de faire opérer la transcription dans l'intérêt d'autres personnes qu'elles représentent. Il peut arriver que les conditions de l'art. 3 se trouvent remplies précisément par ces personnes qui sont responsables de l'accomplissement de la formalité.

Qu'arrive-t-il dans cette circonstance ? Une chose très-simple : c'est qu'il y a là une bonne occasion d'appliquer le principe : *quem de evictione tenet actio, eumdem agentem repellit exceptio.* Ainsi, le défaut de transcription ne peut être opposé par ceux qui sont chargés de la faire opérer. Le législateur lui-même a fait une application de cette règle au sujet des donations; et quoique la loi de 1855 n'en parle pas, tout nous porte à croire qu'une pareille décision doit être admise pour les transcriptions ordonnées par la loi nouvelle.

Nous soumettons à cette règle les successeurs universels ou à titre universel de ces personnes.

Nous n'y soumettrons pas leurs successeurs particuliers, parce qu'ils ne sont pas tenus des obligations de ceux dont ils ont acquis des droits, quoique l'art. 941 du Code civil les mette pour les donations sur le même rang que les successeurs universels ; on peut dire que c'est là une disposition exhorbitante, en dehors de toutes règles du droit commun, et qui, par suite, ne doit être appliquée que quand elle est formellement prescrite.

Doit-on également considérer comme une fin de non-recevoir la connaissance qu'un second acquéreur a eue de la première aliénation, et doit-on pour ce motif l'empêcher d'opposer le défaut de transcription au premier acquéreur, s'il a lui-même fait transcrire son titre ? Non, d'après une opinion soutenue par la Cour de cassation et la majorité des auteurs. Mais cette opinion n'est pas acceptée par tous, malgré les puissants arguments qu'on peut invoquer en sa faveur. Elle a son origine dans l'ancien droit qui n'admettait pas que l'insinuation proscrite pour les donations ou substitutions pût être suppléée par une connaissance de fait (Pothier, *Subst. et don.*). La loi de Brumaire n'avait aucune disposition relative ; mais la Cour de cassation l'a adoptée dans son arrêt du 3 Thermidor an XIII. Le Code civil la consacre formellement par son art. 1071 en matière de substitution ; et quoiqu'il n'en parle pas au sujet des donations, on l'y applique généralement par analogie.

La loi de 1855 a gardé le silence sur son compte. Que faut-il en conclure ? Tout naturellement qu'elle s'en est rapportée à la théorie qui existait en ce moment pour les actes à titre gratuit, et qu'elle a voulu la laisser appliquer aux actes à titre onéreux. D'ailleurs, l'art. 1352 ne dit-il pas ? « Nulle preuve n'est admise contre la présomption de la loi, lorsque, sur le fondement de cette présomption, la loi annule certains actes, si elle n'a d'ailleurs réservé la preuve contraire. » Or, l'aliénation non transcrite est réputée nulle à l'égard des tiers.

Mais cette restriction doit être admise cependant dans le cas où il y a fraude manifeste entre le premier et le second acheteur à l'effet de dépouiller le premier, ainsi que l'a déclaré M. Suin dans son exposé des motifs : « Mais il est de principe que s'il avait été fait par le même propriétaire deux ou plusieurs aliénations du même immeuble ou des mêmes droits réels, celle qui aurait été transcrite la première exclurait toutes les autres, à moins que celui qui, le premier, a rempli cette formalité, n'eût participé à la fraude. » Troplong, *App.*, p. XI.)

Mais faut-il n'admettre dans ce cas que la fraude évidente, palpable, celle qui résulterait, par exemple, de la violence ou des manœuvres employées par le second acheteur pour empêcher le premier de faire transcrire son titre ? L'interprétation doit être ici rigoureuse et étroite. (Garsonnet, *Revue pratique*, 1871, t. XXXI, p. 244.)

Jusqu'à l'heure nous avons supposé qu'un des acquéreurs n'avait pas transcrit. Supposons maintenant qu'ils ont transcrit tous deux. Celui dont l'acte a subi le premier cette formalité doit l'emporter sur l'autre. Ne faut-il pas cependant distinguer suivant les cas ? S'ils ont fait transcrire leurs titres à des jours différents ; il ne peut y avoir de doute sur la date de la transcription. Mais s'ils ont fait trans-

'crire le même jour, quel est celui qui doit être considéré
comme le premier ? De nombreux systèmes ont été inven-
tés pour résoudre cette difficulté ; nous ne les discuterons
pas. Le législateur n'ayant pas émis pour les transcriptions
une disposition analogue à celle de l'art. 2147 pour les
inscriptions, nous nous en tiendrons à l'opinion la plus simple et la plus absolue ; que l'acte qui a été porté le premier
sur le registre des transcriptions doit l'emporter sur tous
les autres, d'abord, parce que le législateur parle de l'acte
premier transcrit ; ensuite parce que le conservateur est
obligé d'inscrire les actes sur le registre des dépôts dans
l'ordre où ils se sont présentés, et puis de les transcrire
suivant cet ordre ; et enfin parce qu'on ne peut de même
que pour les hypothèques mettre les transcriptions en concours. — Mais le conservateur, dit-on, peut manquer à
son devoir ; il se rend alors responsable vis-à-vis de celui
au droit de qui il porte préjudice ; de même que l'acheteur
évincé a le droit de recourir contre son vendeur et de lui
réclamer, non-seulement la restitution de son prix, mais
encore des dommages intérêts (1).

1 Une loi toute récente, votée par l'Assemblée Nationale le 5 Janvier 1875, et promulguée au *Journal officiel* le 16 du même mois, a
modifié la tenue du registre des dépôts au bureau des hypothèques, où
désormais tous les actes sans distinction devront être portés jour par
jour et par ordre numérique. Ce registre devra être tenu en double, et
un des doubles devra dans les 30 jours qui suivront sa clôture être déposé au greffe du tribunal civil d'un arrondissement autre que celui où
réside le conservateur. Dans son rapport du 5 Janvier 1875, M. Denor-
mandie dit à ce sujet : « Le registre des dépôts tenu en vertu de la 'oi
a une portée légale considérable, car on y mentionne la conservation
des actes destinés à assurer une situation qui appartient aux plus dili-
gents, sauf accomplissement ultérieur des formalités par le conservateur » Cette loi ne paraît pas devoir modifier la solution que nous
adoptons pour le concours de transcriptions à la même date.

RÉSUMÉ — CONCLUSION

LÉGISLATION ÉTRANGÈRE

§ 1er.

Au commencement de ce travail, nous avons recherché, d'après le droit naturel et philosophique et en-dehors de toute législation, les bases d'une véritable organisation de la propriété, et nous les avons trouvées dans la distinction qui résulte de l'analyse du droit de propriété, considéré dans son application : d'un côté entre les rapports des parties contractantes entr'elles, et les rapports de ces dernières avec les tiers non intervenus à l'acte et d'un autre côté entre les deux grands intérêts locaux qui correspondent à ces rapports, la circulation des biens et le crédit public. Cette distinction nous a servi à déterminer les deux règles fondamentales qui s'imposent au législateur et qui sont : la première, de simplifier autant que possible la transmission de la propriété entre les parties, et la seconde, de multiplier, au contraire, les garanties pour la transmission à l'égard des tiers.

Après avoir ainsi posé le but auquel le législateur devait tendre, nous avons cherché à connaître les efforts qu'il a faits pour le conquérir, et d'abord dans le droit romain.

Là, nous l'avons trouvé en face d'une société de guerriers, d'ignorants, et d'une propriété basée sur le fait brutal, la force, la prise de possession par les armes, et nous l'avons vu obligé de sanctionner un pareil état de choses, et de lui appliquer des règles conformes, où se manifeste par des formes matérielles, multiples et compliquées (*mancipatio*, *cessio in jure*, *traditio*), la puissance de l'homme sur la chose. Peu à peu les mœurs s'adoucissant, il a pu simplifier les formes et introduire quelques principes du droit naturel, mais sans jamais pouvoir enlever complètement l'élément matériel, qui cependant, vers la fin, consistait dans une simple tradition, et sans jamais se préoccuper de l'intérêt des tiers.

De Rome, traversant les Alpes, et le suivant en Gaule, nous le voyons sur ce nouveau champ de bataille, soutenir une pareille lutte contre les formalités sacramentelles des vieux rites germains, et leurs pratiques rigoureuses où le fait matériel de la prise de possession domine entièrement, et où l'esprit reste inaperçu, parvenir peu à peu à les faire disparaître, et ne conserver définitivement que la tradition qui se spiritualisait tous les jours davantage et qui finit par n'être plus qu'une vaine abstraction. Il n'a pu encore ici faire assez de progrès pour arriver à proclamer le principe essentiellement spiritualiste de la transmission de la propriété entre les parties par le seul effet du consentement. Mais, d'un autre côté, il a commencé à tenir compte de l'intérêt des tiers, et il a fait quelques efforts pour le mettre sous la sauvegarde de la publicité.

Ses efforts ont été inutiles jusqu'au moment où la grande réforme sociale de 89 a créé un nouvel état de choses et lui a permis d'appliquer à son aise les principes du droit naturel.

Par la loi de Brumaire an VII, il a organisé un premier système de publicité très-imparfait, très-incomplet, il est vrai, et a admis implicitement le principe de la transmission de la propriété par le seul effet du consentement.

Dans la grande loi de 1814, il a consacré formellement ce principe, mais par la plus fâcheuse des circonstances, et par la plus grande des aberrations vraiment inexplicable, il a rejeté en général l'idée toute nouvelle de la publicité, et il n'a voulu l'appliquer qu'à des cas de très-peu d'importance, sacrifiant ainsi l'intérêt de tous.

Au bout de quelques années, les instances des jurisconsultes, des économistes et des hommes d'affaires sont devenues si pressantes, qu'il a été obligé de songer à les satisfaire et à compléter le système de la transmission de la propriété, en livrant à la publicité les actes susceptibles soit d'opérer une mutation de propriété, soit d'en modifier considérablement la valeur.

C'est là l'œuvre de la loi de 1855, qui nous régit encore. Nous avons étudié cette loi dans celles de ses dispositions qui se rattachent directement à notre sujet.

§ II.

Maintenant, nous pouvons nous demander si le législateur a réellement atteint le but, et s'il s'est conformé aux règles qui s'imposaient à lui pour une organisation parfaite.

En ce qui concerne les parties elles-mêmes, on ne peut lui demander davantage que de rejeter tout acte matériel et de reconnaître que par sa seule volonté, un propriétaire peut se dépouiller de sa propriété et en investir un autre. La liberté que doit avoir l'homme de disposer à son gré du fruit de son travail le veut ainsi ; et le législateur l'a reconnu formellement.

En ce qui concerne les tiers, il avait à déclarer nuls et

inexistants à leur égard tous actes clandestins, et à établir un système par lequel tout acte dont les effets se produisent sur la propriété soit pour la transférer d'une personne à une autre, soit pour la modifier d'une manière quelconque, pût être porté à leur connaissance, et mis à leur disposition. Ce n'est pas ce qu'il a fait complétement. Aussi des critiques assez sévères lui sont adressés à ce sujet :

1° Lors de la discussion même de la loi, un de ses adversaires, M. Lequien, prétendit qu'elle allait faire revivre le régime féodal avec sa distinction particulière du domaine direct et du domaine utile. On lui répondit que sans doute la transcription tirait son origine d'une des institutions du régime féodal, le nantissement, qui en avait donné l'idée première, mais qu'il y avait loin de là à établir le régime féodal tout entier.

2. Nous avons réfuté déjà le reproche qu'on a voulu lui faire d'avoir abrogé le principe du transfert de la propriété par le seul effet du consentement admis par le code, et d'avoir établi ce principe tout nouveau que la transcription était indispensable pour transférer la propriété même entre les parties contractantes.

3. On a dit encore que l'effet de la transcription était à peu près nul, attendu qu'elle ne prouvait rien quant à la validité de l'acte. Ceux qui parlent ainsi présentent comme un exemple à suivre le système admis par l'Allemagne, qui donne une entière sécurité aux tiers en faisant considérer tout acte transcrit comme inattaquable. Ils oublient que ce système est basé sur une organisation de la propriété entièrement différente de la nôtre et est en harmonie avec la législation de ce pays. Son introduction est repoussée par notre organisation de la propriété et l'état général de notre

législation, avec lesquels s'accorde bien mieux la théorie
de la loi de 1855 qui consiste à prévenir les tiers de l'existence des actes en leur laissant le soin de rechercher la
preuve des droits et leur validité, et qui leur permet le plus
souvent d'arriver à une certitude complète, parce que l'acte
transcrit les met nécessairement sur la voie des renseignements.

4. Un reproche plus fondé et tiré également de l'étude
du système allemand lui a été adressé au sujet de la tenue
des registres au bureau des hypothèques. Ce sont les personnes en effet et non les fonds eux-mêmes qui ont un compte
ouvert sur les registres fonciers. Sans doute la méthode du
registre répertoire par noms de personnes a des avantages
surtout pour le cas où l'on veut rechercher l'état de fortune
d'une personne. Mais un véritable système de la publicité
demande qu'il y ait aussi un registre tenu par individualité de
fonds. C'est là le seul moyen d'arriver à bien établir l'état
civil de la propriété.

Il faut avouer que ce moyen est actuellement à peu près
impossible à réaliser en France, parce qu'il exige une division cadastrale parfaite, qui n'existe malheureusement pas
et qui n'existera pas sans doute de longtemps, malgré les
efforts qui ont été tentés jusqu'à ce jour, ainsi qu'on peut
le voir par les discussions relatives au cadastre qui ont eu
lieu au Sénat, sous l'Empire, en 1856, 1861, 1863, 1865
et notamment en 1866, où de nombreuses pétitions mar-
chant à grands pas dans le progrès, avaient pour objet de
demander non-seulement l'égale répartition de l'impôt entre
les contribuables, mais encore l'établissement du livre constitutif de la propriété foncière. Repoussée par le Sénat, cette
grande question fut maintenue dans le courant des idées par

l'enquête officieuse si activement dirigée par le président
Bonjean. Un instant oublié depuis les tristes événements
de 1870 et 1871, elle paraît renaître aujourd'hui et attirer
de nouveau l'attention générale. Il est à désirer qu'elle arrive au plus tôt à un résultat complet.

8° Il est une critique plus sérieuse qui mérite d'être faite
au législateur. Nous avons vu en effet qu'il a exempté de la
transcription les transmissions par succession légitime ou
testamentaire et les actes déclaratifs, et d'autres actes susceptibles de modifier l'état de la propriété ; il a craint en
les y soumettant de toucher au Code civil, de le détruire en
le modifiant, ou du moins de lui enlever tout prestige. Cette
crainte est par trop puérile ; elle tient un peu du fanatisme
et de l'idolâtrie, et nous ajouterons qu'elle est souveraine-
ment indigne du législateur. Quel que soit, en effet, le respect que l'on puisse avoir pour cette grande œuvre, elle
n'est pas tellement parfaite qu'on ne puisse lui adresser des
critiques bien sévères, et y constater des défauts notables.
D'ailleurs on sait que jamais œuvre d'homme n'a atteint
l'infinie perfection ; on peut même dire qu'une œuvre législative peut l'atteindre moins que tout autre, parce qu'elle
ne peut être considérée comme parfaite que mise en rapport direct avec l'état de la société au moment de sa confec-
tion. Au bout de quelques temps, les mœurs ont changé,
des idées nouvelles se sont fait jour ; des besoins nouveaux
se sont produits ; les rapports sociaux se sont transformés ; il
n'y a plus, dès lors de conformité entre l'ancienne législation et le nouvel état de choses ; et il n'est pas à supposer
que le législateur aura la présomption de faire revenir la
société en arrière ; l'humanité marche vers un but inconnu
que l'on se perd à vouloir chercher, et le devoir du législa-

teur est de la suivre et même de la favoriser dans sa marche, et non de l'arrêter, et de la rendre immobile, et pour
cela il doit tenir les lois en conformité continuelle avec ses
besoins.

Il était donc du devoir du législateur de 1855 de satisfaire
complètement le crédit public qui exigeait de lui une publicité complète, qui demandait d'avoir à sa connaissance tous
les actes qui peuvent d'une manière totale ou partielle opérer des changements dans la propriété.

6° Le législateur aurait encore bien fait de ne pas laisser
subsister à côté du régime de la transcription, spécial aux
actes entre-vifs et à titre onéreux qu'il établissait par sa
nouvelle loi, un autre régime de la transcription appliqué
spécialement par le Code civil aux actes de transmission à
titre gratuit tels que les donations et les substitutions.

§ III

Nous terminerons ce travail par un aperçu très-rapide
des législations étrangères.

Dans toutes, on peut constater que la publicité y a été
recherchée par des systèmes qui peuvent différer entre eux
plus ou moins sur les détails, mais qui à peu près tous sont
basés sur la transcription, de même que le système français; de sorte que l'on peut conclure de cette universalité
que la publicité des actes modificatifs de la propriété répond
à un véritable besoin social.

I. — Pays qui appliquent la transcription :

1° Le Code sarde et le nouveau Code italien ont un régime de publicité à peu près identique au nôtre, c'est-à-
dire basé sur la transcription ou l'inscription des actes pri-

vés, excepté quelques différences de détail qui ne modifient pas la théorie générale ;

2° Longtemps la Belgique a conservé et suivi notre Code civil ; mais elle a devancé la France dans la voie des réformes. Par la loi du 16 décembre 1851 notamment, elle a changé de fond en comble le régime hypothécaire, et cette loi renferme un titre préliminaire sur la transmission des droits réels, dont les dispositions sont analogues à celles de notre loi du 25 mars 1855 ;

3° La Hollande, qui avait aussi adopté notre Code de 1804, s'est empressée plus vite encore de combler la lacune laissée dans la transmission de la propriété. Dès 1838, elle a organisé la transcription et en a prescrit l'accomplissement sous peine de nullité à l'égard des tiers de tous les actes sans exception, même sous seing-privé, translatifs, déclaratifs et modificatifs de la propriété immobilière; et par une loi sur le notariat, du 9 juillet 1842, elle a ordonné aux notaires, sous peine d'amende, d'énoncer dans tous les actes relatifs à des biens-fonds l'indication cadastrale ;

4° Le législateur grec a, dans sa loi du 29 octobre 1856, adopté le plan de notre loi de 1855; mais il a refusé d'admettre notre principe de la transmission en ce qui concerne les parties contractantes. Il a déclaré que le transfert n'aurait eu, même entre ces dernières, que par la transcription ; jusqu'à ce qu'elle a lieu, l'acheteur n'a qu'un droit de créance contre son vendeur. On reconnaît là la théorie du droit romain. Seulement, la transcription a remplacé la tradition ;

5° En Suisse, les cantons de Genève (loi des 28 juin 1820 et 28 juin 1830), du Valais, de Saint-Gall et de Soleure, suivent un régime de publicité qui offre beaucoup d'analogies avec le régime français. Le canton de Vaud est arrivé (loi du 24 décembre 1840) à établir un système qui est le plus parfait de tous, et tel qu'on en poursuit la réalisation en France ; les hypothèques sont inscrites sur un registre spécial, et les transmissions sont portées sur un autre ; toutes sont indiquées sur le livre cadastral, à l'article du livre concernant la parcelle hypothéquée ou aliénée. Avec le concours de ces trois registres, rien n'échappe à la publicité, et les recherches y sont on ne peut plus faciles.

6. En Amérique, aux Etats-Unis, le contrat rédigé dans les formes les plus brèves, attesté par deux témoins, reconnu devant un magistrat, est enregistré dans un livre public. La reconnaissance et l'enregistrement effectuent le transfert de la propriété. C'est là un système simple et pratique.

A New-York, on retrouve quelque chose ayant beaucoup de rapports avec notre transcription ; il faut surtout y noter la grande modicité des frais.

7. En Russie, les immeubles sont aliénés par acte dressé sur les registres fonciers. Cet acte est présenté ensuite au tribunal compétent, qui fait procéder à la tradition avec une grande solennité par des membres du tribunal de police ; on rassemble les voisins, on lit le titre de vente, et on fait la tradition, dont on dresse acte.

II. — Dans les autres Etats du Nord et du Centre de l'Europe, on trouve des systèmes spéciaux, assez compliqués qu'il serait difficile d'appliquer à un grand pays décentralisateur.

1. En Suède, on en trouve un qui ressemble beaucoup à l'ancien système des appropriances usité en Bretagne. Mais on y distingue les domaines ruraux des propriétés urbaines. Pour les premières, on doit d'abord présenter l'acte de vente

18

devant le juge du district de la situation de l'immeuble, et
lecture en est donnée à trois audiences publiques. L'acte est
ratifié par le juge si au bout de l'an et jour aucune réclama-
tion ne s'est produite. Pour les propriétés urbaines, l'acte
d'aliénation est lu publiquement trois fois à un mois d'intervalle à l'hôtel de ville. Douze semaines après la troisième
lecture, si personne n'a réclamé, la vente est confirmée par
le conseil de ville.

2. En Danemark, nous retrouvons la transcription, mais
organisée tout autrement qu'en France. Elle doit être précédée de la publication de l'acte devant un tribunal et suivie
de la délivrance de l'immeuble. Cette délivrance s'opère par
la tradition d'un document authentique servant de titre de
propriété; ce titre doit être lu une fois en justice pour prévenir les tiers que le vendeur est dépouillé complétement de
la propriété de l'immeuble et que, par suite, il ne peut plus
l'aliéner ni l'hypothéquer;

3. En Allemagne, règne un système tout-à-fait curieux
dont l'origine remonte à la loi du 20 décembre 1783 sur les
hypothèques et au Code général prussien du premier juin
1794, mais qui a subi d'importantes modifications par suite
des lois toutes récentes sur le régime hypothécaire promul-
guées le 5 mai 1872.[1]

---

[1] Cette loi de l'Allemagne de 1872 renferme un fait très-curieux à
noter. Elle a résolu le problème de la mobilisation du crédit foncier,
tenté en France par le Code hypothécaire du 9 Messidor an III et la loi
sur les déclarations foncières de la même date. Elle permet en effet de
créer des dettes qui n'affectent que tel ou tel fonds du débiteur. Existant *per se*, elles sont indépendantes de toute obligation personnelle,
tirent toute leur force de l'inscription au livre et durent autant que dure
l'inscription. Une fois inscrites le juge conservateur délivre au propriétaire un titre qui n'est, à vrai dire, que l'inscription détachée et qui se
tranforme en un effet négociable. (Paul Gide, *Annuaire de la Législation
étrangère*, année 1872.)

La base de ce système est l'inscription ou intabulation sur le registre de la propriété, appelé Grund-Buch ou livre foncier, inscription qui n'a aucun rapport avec la transcription des autres pays. Chacune des localités possède un de ces registres publics, dans lequel les immeubles sont individuellement décrits. Tous les actes translatifs de proprié té, constitutifs ou modificatifs de droits réels y sont mentionnés. C'est cette formalité substantielle qui fait la propriété; et celui-là seul en est investi qui est inscrit; une fois portés sur ces registres, la validité des actes ne peut être contestée ni attaquée. — On conçoit la nécessité qu'il y a par suite de soumettre les titres avant leur inscription à un contrôle préalable et à une vérification scrupuleuse. — Lorsqu'il intervient donc une convention de nature à être inscrite, les parties se présentent devant l'autorité compétente qui préside à la rédaction de l'acte, lui donne un caractère authentique et le fait mentionner dans le livre foncier. — Ces formalités constituent l'intabulation, et opèrent le transfert de la propriété. L'autorité qui intervient n'exerce qu'une juridiction gracieuse et en cas de contestation, les parties doivent se rendre devant les tribunaux ordinaires. En Bavière et en Prusse, les registres fonciers sont tenus par les tribunaux; dans le Wurtemberg et dans plusieurs autres États, par les conseils de la commune.

Le livre foncier publie l'état même de la propriété foncière « Il est la représentation et la description de l'état juridique du sol, de même que le cadastre est la représentation et la description de son état matériel » (Paul Gide, *loc cit*).

Chez nous la publication est personnelle, et, par suite, relative ; la sécurité qu'elle peut procurer ne peut être que relative aussi. En Prusse, la publicité est réelle et abso-

lue et donne aussi une sécurité absolue. Les deux adminis-
trations du cadastre, et du livre foncier fonctionnent dans
les mêmes ressorts et entretiennent des rapports incessants;
tous les changements dans l'état matériel de l'immeuble
après avoir été constaté par l'administration du cadastre sont
communiqués par elle à l'administration du livre foncier, et
à l'inverse tout changement juridique de l'immeuble, une
fois inscrit au livre foncier est communiqué par le conservateur à l'administration du cadastre; et ainsi il existe toujours une concordance exacte entre eux.

Mais il peut arriver qu'une personne ait des prétentions à
faire valoir, ou à sauvegarder des droits qu'elle ne peut pas
encore invoquer parce qu'elle ne les a pas définitivement
acquis, et qu'ils n'existent pour elle qu'en espérance. Le
législateur allemand n'a pas voulu la laisser sans secours et
dans l'impuissance de mettre ses droits à l'abri de toute
atteinte; il leur a donc permis de s'inscrire sur un registre
par ce qu'on appelle la prénotation, et si elle vient à triompher ou si le droit lui est acquis, elle n'est tenue de
respecter que les droits réels que les tiers peuvent avoir sur
l'immeuble et qu'ils ont inscrits avant la prénotation.

4° Enfin, l'Angleterre a un système tout particulier aussi,
mais très-défectueux au point de vue de la publicité. —
Chaque maison ou terre est munie d'un titre qui la concerne exclusivement et dans lequel elle est minutieusement
décrite. Il n'y a pas d'autres preuves de propriété que la
présentation de ce titre. Pour s'assurer donc du droit de
propriété de quelqu'un sur un immeuble, il n'y a qu'à lui
demander son titre; s'il ne peut le présenter, c'est
qu'il n'est pas propriétaire; et pour transférer la propriété,
il n'y a qu'à faire tradition du titre. Si le propriétaire veut

emprunter, il remet également au prêteur les titres des immeubles qu'il lui donne en gage ; mais comme la possession
des titres emporte droit de propriété, et afin que le prêteur
ne s'en serve pas pour dépouiller son débiteur, on mentionne sur les titres, qu'ils n'ont été remis que comme garantie d'une somme de tant prêtée à tel taux. Il n'est pas
utile de faire ressortir les inconvénients d'un pareil système,
et les entraves qu'il apporte à la circulation des biens, surtout quand ils sont grevés de quelques charges. Depuis
quelques années, l'attention publique éveillée réclame avec
instance une réforme que le gouvernement ne peut tarder à
concéder.

POSITIONS

1o DROIT ROMAIN

I. La décision d'Ulpien sur la retranslation *ipso jure* de la propriété par l'effet de la condition résolutoire est une opinion personnelle à ce jurisconsulte, mais qui a triomphé dans le droit de Justinien (L. 41 D. *De rei vindi* et LL. 29 et 30. D. *De mortis causâ donat.*)

II. Le désaccord entre les parties sur la cause de la tradition n'empêche pas en principe la translation de propriété. Il y a opposition entre la loi 36 D. *De acq. rer. dom.* (41. 1) de Julien, et la loi 18 pr. d'Ulpien, *de rebus creditis* (12. 1).

III. L'infidélité du mandataire empêche-t-elle le mandant d'acquérir par lui la propriété? Il y a opposition entre Julien, L. 37, § 6. D. *De acq. rer. dom.* (41. 1) qui soutient l'affirmative, et Ulpien, L. 13. D. *De donat.* (39. 5) qui soutient la négative.

IV. En matière d'échange, Celse et Paul professaient une théorie différente en ce qui concerne les risques (L. 16. *De cond. causa data*, et l. 5. § I. *de præ. verbis*).

V. L'opposition qui paraît exister entre la loi 49 (*mandati, vel contrâ*, 17. 1) et la loi 35 (*De acq. rer. dom.*) n'est qu'apparente.

1o DROIT CIVIL FRANÇAIS

I. Tout acte qui ne fait cesser l'indivision qu'à l'égard d'un seul ou de plusieurs copropriétaires d'un objet déterminé, doit être considéré comme translatif de propriété et par suite soumis à la transcription.

II. Le privilége conservé au vendeur par la transcription ne doit pas être considéré comme une partie retenue du droit de

propriété, mais comme un droit réel d'hypothèque plus énergiquement protégé par la loi que l'hypothèque ordinaire.

III. Pour que la prescription de 10 ou 20 ans puisse être opposée; il n'est pas nécessaire de faire transcrire le juste titre sur
lequel elle est basée.

IV. La cession d'une action en réméré doit être transcrite.

V. L'emphytéose est un simple bail de longue durée, et non
un droit réel susceptible d'hypothèques. L'acte qui la constitue
doit par suite être transcrit en vertu de l'al. 2 de l'art. 3, et
non en vertu de l'al. 1. de l'art. 1".

VI. En principe la transaction n'est pas translative de propriété.

3. — DROIT ADMINISTRATIF

I. Les ventes administratives doivent être transcrites.

II. La loi du 3 Mai 1841, n'a pas été modifiée par la loi de 1855,
en sorte que les jugements ou cessions d'expropriation pour cau.
se d'utilité publique ne doivent pas être transcrites pour opérer le
transfert de la propriété à l'égard des tiers.

4. — DROIT COMMERCIAL

I. Quand le tiers acquéreur du failli n'a pas transcrit, on peut
lui opposer le défaut de transcription au profit de la masse des
créanciers, mais après seulement que le syndic a pris inscription conformément à l'art. 507 du Code de com.

II. La propriété des navires se transfère : 1° Entre les parties
par le seul effet du consentement, quoiqu'un acte écrit, authentique ou sous seing-privé, soit toujours nécessaire *ad probatio-
nem non ad solemnitatem* ; 2° Et à l'égard des tiers, par la transcription sur l'acte de francisation.

5. — PROCÉDURE CIVILE

I. La saisie faite avant l'acte de vente et transcrite seulement
après, mais avant que l'acte ne soit lui-même transcrit, donne au
créancier saisissant le droit d'opposer à l'acquéreur le défaut de
transcription.

11. Depuis le nouvel art. 770 du Code de Procédure civile, le adjudications sur folle enchère, ou sur surenchère du sixième ne résolvent plus les premières adjudications qu'elles laissen subsister, mais subrogent les adjudicataires définitifs aux premiers adjudicataires.

Vu par le Professeur Président de la thèse :

P. DELOYNES.

Vu par le Doyen de la Faculté de droit :

A. COURAUD.

Permis d'imprimer :
Le Recteur de l'Académie :

SEGUIN

TABLE DES MATIÈRES

Bordeaux. — Typ. L. Codere.

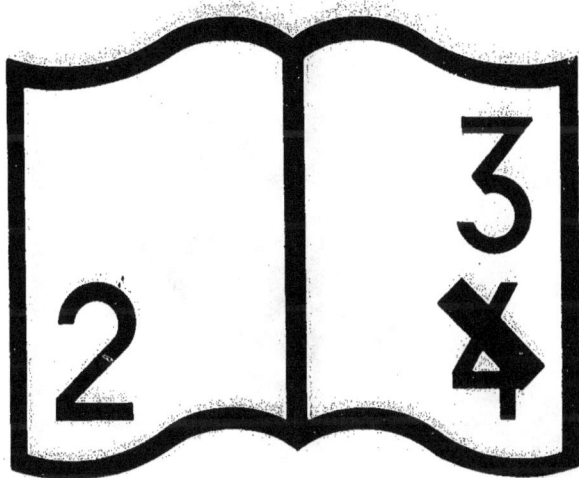

Pagination incorrecte — date incorrecte

NF Z 43-120-12

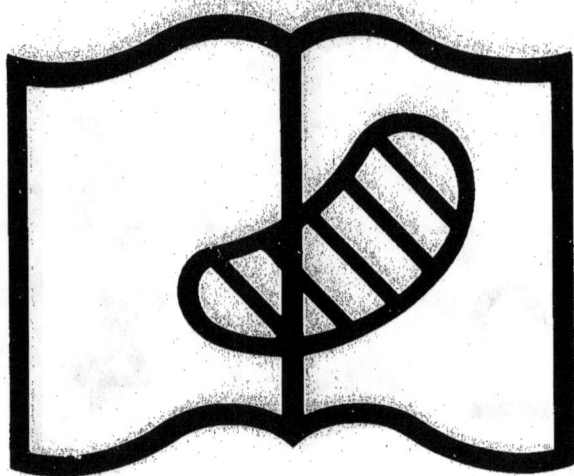

Original illisible

NF Z 43-120-10

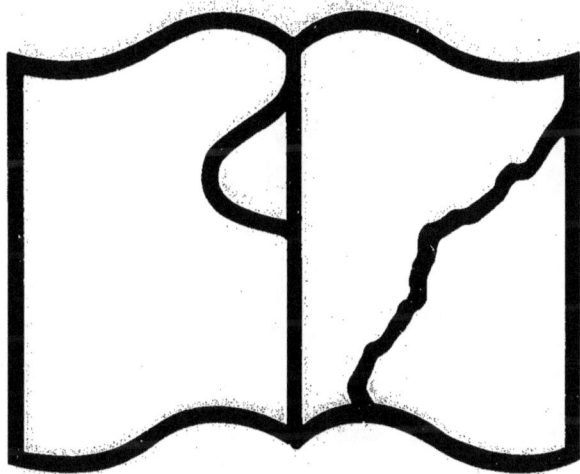

Texte détérioré — reliure défectueuse

NF Z 43-120-11

www.ingramcontent.com/pod-product-compliance
Lightning Source LLC
Chambersburg PA
CBHW070243200326
41518CB00010B/1672